TEMPORA

HISTORISCH-POLITISCHE WELTKUNDE

Kursmaterialien Geschichte
Sekundarstufe II/Kollegstufe

Die europäische Expansion

Kolonialismus und Imperialismus 1492–1918

Von Asmut Brückmann

Ernst Klett Schulbuchverlag
Stuttgart Düsseldorf Berlin Leipzig

HISTORISCH-POLITISCHE WELTKUNDE

Herausgegeben von
Prof. Dr. Hans-Jürgen Pandel und Prof. Dr. Joachim Rohlfes

Karten: Willi Stegner, Justus Perthes, Gotha

Einband: Manfred Muraro

Titelbild: Ausschnitt aus dem bekannten Kupferstich von Theodor de Bry (1528–1598), der die Landung der Spanier auf Haiti im Dezember 1492 darstellt (▷ S. 11). Bis heute illustriert de Brys Bild immer wieder Darstellungen der beginnenden europäischen Expansion und ihrer Folgen.
Während Kolumbus berichtet, er habe die Insel durch Entfaltung des königlichen Banners in Besitz genommen, kennzeichnet de Bry diesen staatsrechtlichen Akt in der Aufrichtung eines Kreuzes, das gleichzeitig als Symbol christlicher Missionstätigkeit zu verstehen ist (▷ Farbtafel 1) – „Entdeckte" Inseln oder Küstenregionen wurden von den Spaniern häufig durch die Errichtung eines Kreuzes aus Holz oder Stein für die spanische Krone in Besitz genommen.

Gedruckt auf Papier aus
chlorfrei gebleichtem Zellstoff, säurefrei.
Umschlag mit PP-Folie kaschiert,
umweltverträglich und recycelbar.

1. Auflage 1 5 4 3 2 1 | 1997 96 95 94 93

Alle Drucke dieser Auflage können im Unterricht nebeneinander benutzt werden, sie sind untereinander unverändert. Die letzte Zahl bezeichnet das Jahr dieses Druckes.

Redaktion: Helmut Heuß, Stefan Wolters, Verlagsredakteure

Gesamtherstellung: Ludwig Auer GmbH, Donauwörth
ISBN 3-12-456090-6

Inhalt

Einleitung

Die europäische Expansion ist ein Vorgang von universaler Tragweite. In einem Zeitraum von etwa vierhundert Jahren durchdrangen die Europäer fast den gesamten Erdball und trugen ihre Vorstellungen von Zivilisation, Kultur, Wirtschaft und Politik mehr oder weniger gewaltsam in die ganze Welt. Heute muß man darum die Erde als eine zusammenhängende Einheit betrachten, deren Teile wirtschaftlich und politisch miteinander verbunden sind. Eine Abkapselung oder Isolierung einzelner Regionen oder Erdteile, die vor rund fünfhundert Jahren noch ein durchaus eigenständiges Leben führten, ist heute nicht mehr möglich. Das integrierende Element ist das von den Europäern verwirklichte, auf Marktwirtschaft und Kapitalismus oder sozialistischen Vorstellungen basierende Weltsystem christlich-abendländischer Prägung, das sich allerdings auf Kosten und zu Lasten anderer Kulturen und anderer gesellschaftlicher und politischer Systeme ausbreitete. Die historischen Stichworte für diese Entwicklung sind Kolonialismus und Imperialismus.

Da die Voraussetzung eines Ausgreifens über den europäischen Kontinent hinaus die Beherrschung der Meere durch eine schlagkräftige und leistungsfähige Kriegs- und Handelsflotte war, verschob sich das weltpolitische Gewicht mehr und mehr zu den atlantischen Staaten. Gleichzeitig damit wurde auf wirtschaftlichem Gebiet zwischen Industrieländern und Ländern der Dritten Welt eine neue Form der internationalen Arbeitsteilung verwirklicht, die gravierende strukturelle Abhängigkeitsverhältnisse zur Folge hatte.

Begreiflicherweise hat das Phänomen der europäischen Expansion und besonders der Imperialismus schon früh das Interesse der Historiker gefunden, die versuchten, in theoretischen Modellen Phasen, Motive und Charakteristika dieses wichtigen Vorgangs zu ergründen und zu beschreiben. In der klassischen Imperialismus-Forschung geht man in der Regel von der Annahme aus, das eigentliche Zeitalter des Imperialismus habe etwa um 1880 begonnen und sei mit dem Ersten Weltkrieg oder spätestens mit der Dekolonisierung nach dem Zweiten Weltkrieg zum Abschluß gekommen. Zur klareren Abgrenzung wird die vorhergegangene europäische Expansion seit dem 16. Jahrhundert (vor allem durch Spanien und Portugal einerseits und Großbritannien und die Niederlande andererseits) als Phase des Kolonialismus bezeichnet. Die besonderen Charakteristika des modernen Imperialismus sieht man dabei in ökonomischen, sozialen und nationalen Faktoren. In den letzten Jahren sind jedoch einige Historiker zu der Überzeugung gekommen, man müsse den Prozeß der europäischen Expansion stärker in seiner Kontinuität sehen, da die verschiedenartigen Formen der Herrschaft der Europäer nicht als Phänomene grundsätzlich verschiedener Epochen zu verstehen seien, sondern als unterschiedliche Erscheinungsformen ein und desselben Prozesses. Die vorliegenden Kursmaterialien versuchen, diesen neueren historischen Erkenntnissen Rechnung zu tragen, indem sie die Kontinuität der europäischen Expansion in den Vordergrund stellen, ohne jedoch die zweifellos vorhandenen Brüche und Entwicklungsschübe sowie den Formenwandel der imperialen Herrschaft zu leugnen. Die Darstellung kann im Rahmen eines Schulbuchs selbstverständlich nicht den Anspruch einer vollständigen Präsentation dieses vielschichtigen und weiträumigen Phänomens erheben. Statt dessen sollen an zentralen Beispielen Motive, Abläufe, Formen und Folgen der europäischen Expansion beleuchtet werden. Der historische Rahmen wird durch die sogenannten Entdeckungsreisen des 15. und 16. Jahrhunderts auf der einen Seite und – aus mehr pragmatischen Erwägungen heraus – den Ersten Weltkrieg auf der anderen Seite gesetzt. Inhaltlich spricht allerdings vieles dafür, daß mit diesem Datum die Expansion der Europäer noch nicht ihr Ende gefunden hat, sondern in gewandelten Formen weiterbesteht.

Hinweise und Kontroversen zu dieser Problematik finden sich am Ende des Buches.

In ihrer ersten Phase, dem sogenannten Kolonialismus, fand die Expansion der Europäer zwei unterschiedliche, von den jeweiligen Trägern und Motiven abhängige Ausprägungen, die man als Kolonialismus der Krone und Kolonialismus des Kaufmanns bezeichnen könnte. Für die Charakterisierung der ersten Form wurde Spanien mit der Kolonisierung Amerikas am Beispiel Mexikos gewählt, während auf die Darstellung der Eroberung des Inkareichs verzichtet und die portugiesische Kolonialpolitik nur am Rande erwähnt wird. Die zweite Form wird am Beispiel der britischen East India Company behandelt, die sicherlich ähnlich bedeutsame niederländische Ostindienkompanie jedoch vernachlässigt.

Die Konzentration auf typische Beispiele bestimmte auch die Themenauswahl für die zweite Phase, den modernen Imperialismus. Am Vorgehen Großbritanniens, das in dieser Hinsicht in Europa eine Vorreiterrolle spielte, können gut die verschiedenen Formen indirekter und direkter Herrschaft in Übersee und der allmähliche Übergang vom Handel zur Herrschaft studiert werden. Das Deutsche Reich als Land ohne nennenswerte koloniale Vergangenheit bietet sich mit seiner zunehmend aggressiver werdenden Weltpolitik als klassisches Modell imperialistischer Politik des ausgehenden 19. Jahrhunderts an. Die Außenpolitik Frankreichs bleibt am Rande und findet nur im Zusammenhang mit den Konflikten mit Großbritannien und Deutschland Erwähnung. Für alle diese Länder gilt, daß sie ihr Ausdehnungsgebiet primär in Übersee suchten. Als typisches Beispiel eines kontinentalen Imperialismus soll schließlich die russische Ausdehnung nach Asien dienen. Die sicherlich ebenso wichtige und auch als imperialistisch zu interpretierende Expansion der USA über den nordamerikanischen Kontinent wurde aus den oben erwähnten Gründen ausgeklammert. Das gleiche gilt für Japan, das besonders am Ende des 19. Jahrhunderts und dann auch noch in den ersten Jahrzehnten dieses Jahrhunderts ein aggressives Expansionsstreben entfaltete.

In Abkehr von der vielfach europazentrierten Sichtweise der Ereignisse sollen auch die von den Europäern unterworfenen und beherrschten Völker und Staaten zu ihrem Recht kommen. An den Beispielen China und Namibia wird das Eindringen der Europäer aus dem Blickwinkel der Opfer der Kolonisierung beleuchtet. Auch das Reich der Mexica (Azteken) in Mexiko und das Imperium der Mogule in Indien werden als durchaus eigenständige Kulturen gewürdigt, die allerdings auf Grund ihrer inneren Struktur den Europäern unterlegen waren. Bei der Auswahl der Materialien ist leider zu spüren, daß die Taten der Sieger in der Regel besser dokumentiert sind als die der Verlierer, deren Zeugnisse häufig von den neuen Herren vernichtet wurden. Immerhin gibt es einige bemerkenswerte Dokumente wie das Tagebuch des Nama-Häuptlings Hendrik Witbooi oder die Aufzeichnungen der Azteken über den Untergang ihres Reiches, die darum besondere Beachtung verdienen.

1. Kolonialismus der Krone: Das Beispiel Spanien

Die Hauptmotive der Expansion der Europäer, die mit dem Ende des 15. Jahrhunderts einsetzte, waren Entdeckung, Eroberung, Missionierung, Ausbeutung und Kolonisierung. Eine grundlegende Veränderung der Welt war die Folge. Nach der Entdeckung des amerikanischen Doppelkontinents begannen die Menschen erstmals, die Welt als ganze in den Blick zu bekommen. Eine Verschiebung der politischen Kräfteverhältnisse in Europa zugunsten der seefahrenden Nationen setzte ein. Weltweite Imperien entstanden, die zunächst nur durch die Klammer des Handels und die Ausrichtung der Kolonialgebiete auf das Mutterland zusammengehalten wurden. Politische Aktivitäten der europäischen Staaten bekamen nun zunehmend weltpolitische Dimensionen.
Als wirtschaftliche Konsequenz kristallisierten sich bereits damals erste Strukturen eines Welthandelssystems heraus. Der Edelmetallexport aus den Kolonien hatte globale Verschiebungen der wirtschaftlichen Machtverhältnisse und Handelsströme zur Folge. Und nicht zuletzt begann mit der Expansion der Europäer nach Übersee auch die kulturelle Durchdringung der Welt mit der christlich-abendländischen Zivilisation.

1434	Gil Eanes umrundet als erster Kap Bojador (Mauretanien), das bis dahin als unbezwingbar galt.
1453	Die muslimischen Osmanen erobern Konstantinopel und behindern so den Handelsverkehr zwischen Abendland und Orient.
1488	Bartolomeo Diaz erreicht als erster die Südspitze Afrikas und eröffnet den östlichen Seeweg nach Indien.
1492	Christoph Kolumbus entdeckt auf der Suche nach dem westlichen Seeweg nach Indien Amerika (zunächst die sog. „westindischen" Inseln).
1494	Im Vertrag von Tordesillas teilen Spanien und Portugal die Welt in zwei Einflußsphären.
1498	Vasco da Gama erreicht als erster auf dem östlichen Seeweg Indien.
1519–1521	Hernán Cortés erobert das Reich der Azteken in Mexiko.
1519–1522	Eine Flotte unter Fernando Magellan umsegelt als erste die Welt in westlicher Richtung.
1531–1533	Francisco Pizarro erobert das Inkareich mit seiner Hauptstadt Cuzco.

1.1 Die Entdeckung der Neuen Welt

Zwei Motivkomplexe waren es vor allem, die sich zu einem mächtigen Impuls verbanden und so die europäische Expansion am Ende des 15. Jahrhunderts vorantrieben: Das Erwachen des Geistes durch die Wiederentdeckung der Antike in der Renaissance, das den gedanklichen Horizont erweiterte und zu genaueren Kenntnissen und verbesserten Methoden der Nautik und Kartographie führte, und: politisch-ökonomische Veränderungen im Wirtschaftsraum des Mittelmeers, aufgrund derer die Suche nach neuen Handelswegen notwendig wurde.

Die Wiederentdeckung der Antike

Führende Wissenschaftler des 15. Jahrhunderts wie z. B. der Pariser Professor Pierre d'Ailly und Enea Silvio Piccolomini, der spätere Papst Pius II., hatten keinen Zweifel an der Kugelgestalt der Erde, deren Umfang bereits Eratosthenes (275–195

v. Chr.) erstaunlich genau berechnet hatte. Kolumbus hat diese Schriften gelesen und mit Randbemerkungen versehen. Außerdem fand man bei den Geschichtsschreibern des Altertums Berichte von Seereisen und Expeditionen rund um Afrika in sagenumwobene ferne Länder mit unermeßlichen Reichtümern, die die forschende Neugier weckten.

Auf der Basis der kartographischen und astronomischen Leistungen der hellenistischen Wissenschaft und arabischer Astronomen und Geographen, die in Spanien und Sizilien wirkten, wurden in der berühmten Kartographenschule von Palma de Mallorca seit etwa 1300 Karten von recht großer Genauigkeit gezeichnet. Bekannt geworden ist vor allem die Weltkarte des Florentiner Kosmographen Paolo Toscanelli (1397–1482), weil sie – mit ihren geographischen Irrtümern – die Grundlage für die Reise des Kolumbus bildete.

Nautische Instrumente und Schiffsbau

Als Hilfsmittel zur Navigation dienten Instrumente zur Messung der Sternen- und Sonnenhöhe (Astrolabium, Quadrant und Jakobsstab) und dazu gehörende Tabellen, mit denen man aus der Kombination von gemessener Höhe und Datum die geographische Breite ablesen konnte. Die Benutzung des Kompaß, der aus China stammt, bürgerte sich seit der Mitte des 15. Jahrhunderts auf Seereisen allgemein ein. So konnten erfahrene Seefahrer erstmals die Küsten verlassen und auf das offene Meer hinaus segeln. Wesentlich war auch die wachsende Verbreitung der Karavelle, eines neuen seetüchtigen Schiffstyps, der zu Beginn des 15. Jahrhunderts entwickelt wurde.

Wirtschaftliche Triebkräfte

Der Fernhandel mit den begehrten Produkten des Orients (Gewürze: Pfeffer, Nelken, Muskat, Zimt, Ingwer; Luxusartikel: Teppiche, Seide, Brokat, Damast, Edelsteine), der gegen Ende des Mittelalters für den europäischen Markt aufgrund wachsender Nachfrage immer größere Bedeutung gewann, lag auf der Meeresroute durch den Indischen Ozean weitgehend in den Händen arabischer Händler und Kaufleute. Der Landweg über die Seidenstraße wurde durch politische Unruhen in Innerasien und die Eroberung Konstantinopels durch die Osmanen 1453 fast ganz versperrt. Deshalb wandten sich schon früh italienische, vor allem Genueser Kaufleute in den westlichen Mittelmeerraum, gründeten Niederlassungen in Kastilien und darüber hinaus in Portugal und Marokko, wo sie die wirtschaftliche Entwicklung förderten. Gleichzeitig begann das Forschen nach neuen Handelswegen in den Orient.

Als verstärkende Faktoren wirkten die Verlockungen des Goldes und die Suche nach neuen Sklavenmärkten. Der wachsende Warenverkehr in Europa hatte den Bedarf nach Edelmetall zur Münzprägung geweckt und löste den Wunsch aus, das geheimnisvolle Goldland im Innern Afrikas zu finden; und da das Angebot an menschlicher Ware aus dem Orient, die auf europäischen Märkten verkauft werden konnte, knapper und teurer geworden war, richtete sich der Blick geschäftstüchtiger Sklavenhändler auf das „schwarze Gold" Afrikas.

Der Kolonialismus der Krone

Vor dem Hintergrund dieses Bündels unterschiedlicher Motive und Voraussetzungen ergriffen zunächst die Herrscher Portugals und dann auch Spaniens die entscheidende Initiative. Dahinter steckt der Wunsch nach Vergrößerung und Stärkung der königlichen Macht und der Erschließung neuer Einnahmequellen, die zusätzlich noch durch in der Kreuzzugsidee wurzelnde Impulse gespeist wurden: Auf die Reconquista, die Rückeroberung des islamischen Spanien aus der Hand der „Ungläubigen", sollte die Conquista, die Eroberung und Inbesitznahme neuer Länder für die christliche Religion, folgen. Die iberischen Herrscher und die von ihnen auf den Weg geschickten Conquistadoren verstanden sich in diesem Sinne als Kreuzfahrer im globalen Rahmen.

Heinrich der Seefahrer und Portugal

In der Person des portugiesischen Prinzen Heinrich (1394–1460) verbanden sich exemplarisch forschendes Interesse, das Streben nach Gewinn und die Kreuzzugsidee. Er wurde zum Inspirator und zur treibenden Kraft der portugiesischen Entdeckungen, die sich zum Zeitpunkt seines Todes bereits bis Sierra Leone erstreckten. Daß Heinrich in Sagrès eine Seefahrerschule gegründet und eine nautische Forschungsstätte mit einem Stab von Wissenschaftlern um sich gesammelt habe, wie häufig behauptet wird, muß bezweifelt werden. Die zeitgenössischen Quellen machen darüber jedenfalls keine Aussage. Doch war der weitere Weg der portugiesischen Expansion vorgezeichnet: 1487 erreichte Bartolomeo Diaz die Südspitze Afrikas, 1498 ankerte Vasco da Gama im Hafen von Kalikut in Indien. Den so entdeckten Seeweg nach Indien sicherten die Portugiesen durch befestigte Stützpunkte an der afrikanischen und indischen Küste, trieben von dort aus Handel und drangen 1514 sogar bis China vor. Dieses weitmaschige Handelsimperium sicherten sie mit Waffengewalt und verdrängten so nach und nach die im Indischen Ozean seit Mitte des 15. Jahrhunderts tonangebenden arabischen Händler.

Spanien und die Reconquista

Spanien war nach der 1469 erfolgten Vermählung der kastilischen Thronerbin Isabella (1451–1504) mit Ferdinand (1452–1516), dem Erben Aragons, auf dem Weg zu einem modernen Staatswesen. Die tatkräftigen Monarchen festigten ihre Herrschaft nach innen, indem sie in einem vierjährigen Erbfolgekrieg den portugiesischen König, der Erbansprüche auf Kastilien angemeldet hatte, und zahlreiche mit ihm sympathisierende spanische Adlige niederschlugen und zentrale Behörden mit einem fachlich gebildeten, der Krone ergebenen Beamtenapparat vornehmlich bürgerlicher Herkunft einrichteten. Diese Konsolidierung wurde ergänzt durch eine Expansion nach außen, wodurch die Kampf- und Machtgelüste des Adels für die Interessen des Staates genutzt werden konnten: Von 1482 bis 1492 wurde die letzte noch bestehende Bastion der Muslime auf europäischem Boden, das islamische Königreich Granada, erobert.

Die Initiative des Kolumbus

All dies macht verständlich, warum der Plan einer Expedition nach Indien in westlicher Richtung, den ein Genueser Seefahrer namens Christoph Kolumbus 1486 dem spanischen Hof vorlegte, zwar das Interesse des Herrscherpaares weckte, aber zunächst auf „die lange Bank“ geschoben wurde.

Christoph Kolumbus war 1451 als Sohn eines Genueser Tuchwebers und Händlers geboren worden und hatte schon früh an Handels- und Kaperfahrten teilgenommen. In den siebziger Jahren des 15. Jahrhunderts hielt er sich in Lissabon auf, wo er eine Familie gründete. Beim Studium von Aufzeichnungen und Seekarten aus dem Nachlaß seines Schwiegervaters, der im Auftrag Heinrichs des Seefahrers die Insel Porto Santo kolonisiert hatte, und durch Gespräche mit portugiesischen Seefahrern und Entdeckern wird sich in Kolumbus die Überzeugung festgesetzt haben, daß sich im Westen des Ozeans eine große Landmasse befinden müsse, bei der es sich nur um die Ostküste Asiens handeln könne.

Als Kolumbus von Kontakten des portugiesischen Hofes mit dem berühmten Kosmographen Toscanelli erfuhr, wandte er sich ebenfalls an diese wissenschaftliche Autorität und berichtete ihm von seinem Plan, westwärts über den Atlantik nach Indien zu segeln. Toscanellis äußerst positives Antwortschreiben bestärkte Kolumbus in seinem Vorhaben. 1483 bat er König Johann von Portugal um finanzielle und sachliche Unterstützung für seine Expedition. Eine Prüfungskommission lehnte das Projekt jedoch ab.

Einige Jahre später verhielt sich der spanische Hof nicht anders. Doch als sich die Reconquista mit der Eroberung Granadas dem Abschluß näherte, wurden die Verhandlungen zwischen dem spanischen Hof und Kolumbus wieder aufgenommen und durch einen Vertrag am 17. April 1492 zum Abschluß gebracht. Daraufhin wurde ein kleines Geschwader von drei Karavellen zusammengestellt, der „Pinta“, der „Niña“ und der „Santa Maria“. Am 3. August 1492 stachen die Schiffe vom Hafen in Palos aus in See.

Die Entdeckung Amerikas

Nach einem Zwischenhalt auf Gomera erblickte die Expedition erstmals am 12. Oktober 1492 wieder Land, eine Insel, die von Kolumbus durch einen notariellen Akt formell für die spanischen Könige in Besitz genommen und San Salvador genannt wurde. Dabei handelte es sich um die heute zu den Bahamas gehörende Watling

Insel. Auf der Weiterfahrt wurden u. a. Kuba (Santa Maria de la Concepcion) und Haiti (La Española) entdeckt, wo die „Santa Maria" strandete. Kolumbus war überzeugt, im Reich des Großkhans gelandet zu sein. Nach der Gründung des Forts Navidad am Weihnachtstag des Jahres 1492, wo Kolumbus 38 Mann Besatzung zurückließ, machten sich die restlichen zwei Schiffe wieder auf den Heimweg. Am 15. März 1493 erreichten sie den Starthafen Palos. Der Entdecker wurde mit großen Ehren empfangen und reich belohnt. Nach drei weiteren nicht ganz so glücklich verlaufenen Reisen, bei denen er auch das amerikanische Festland erreichte, starb Kolumbus 1506 in Valladolid, nach wie vor überzeugt, den westlichen Seeweg nach Indien gefunden zu haben.

Erst der Florentiner Entdeckungsreisende Amerigo Vespucci (1451–1512), der 1501/02 die südamerikanische Küste bis weit nach Süden erforschte, kam zu der Ansicht, daß es sich bei der Landmasse im Westen des Ozeans um einen eigenen Kontinent handeln müsse. Daraufhin machte der deutsche Geograph Matthias Ringmann in der Einleitung zu der berühmten „Cosmographia" des Humanisten Martin Waldseemüller 1507 den Vorschlag, ihm zu Ehren den neuen Kontinent „America" zu nennen, wobei er sich allerdings nur auf den Südteil bezog. Der Vorschlag setzte sich rasch durch, und schließlich übertrug der bedeutende niederländische Kartograph Mercator, der in Duisburg wirkte, 1538 diesen Namen auf den gesamten Doppelkontinent.

Die Teilung der Welt

Bereits 1479 hatten Spanien und Portugal im Vertrag von Alcáçovas ihre Interessensphären in der Weise voneinander abgegrenzt, daß die Region südlich der Kanarischen Inseln als portugiesisches Einflußgebiet festgelegt wurde. Nach der Entdeckung des Kolumbus forderten die Portugiesen, daß diese Grenzlinie nach Westen verlängert werden müsse, wodurch Mittel- und Südamerika an Portugal gefallen wären. Der spanische Hof dagegen favorisierte verständlicherweise eine Trennlinie von Norden nach Süden. Er wandte sich an Papst Alexander VI., der in einem Edikt vom 4. Mai 1493 Spanien alle Gebiete jenseits einer Linie von 100 Meilen westlich der Azoren und Kapverdischen Inseln mit der Verpflichtung zur Heidenmission übertrug. Endgültig beigelegt wurden die Differenzen zwischen Spanien und Portugal durch den Vertrag von Tordesillas vom 2. Juli 1494, in dem man sich auf eine Grenzlinie von Pol zu Pol 370 Meilen westlich der Kapverdischen Inseln einigte. Damit war die Welt unter den beiden führenden Seemächten der Zeit aufgeteilt.

Ansätze zu einem modernen Völkerrecht

Die rechtliche Begründung für die Inbesitznahme der Neuen Welt hatte 1513 der spanische Kronjurist Palacios Rubios in einem Gutachten, dem sog. Requerimiento, geliefert. Kurz zusammengefaßt lautet die Argumentation folgendermaßen: Gott als Schöpfer der Welt hat durch seinen Stellvertreter, den Papst, die neu

Völkerrecht. Unter Völkerrecht versteht man die Grundsätze und Regeln, die den Beziehungen zwischen Staaten in Krieg und Frieden zugrunde liegen. Diese Prinzipien können auf Gewohnheitsrecht beruhen oder vertraglich vereinbart sein. Dabei geht man von einer grundsätzlichen Gleichheit der souveränen Staaten und der in ihnen lebenden Völker aus. Ein entscheidendes Problem liegt darin, daß es keine Instanz gibt, die Verletzungen des Völkerrechts mit legitimer Gewalt sanktionieren kann. Auch der Einfluß der UNO in dieser Hinsicht ist begrenzt. Historisch hat sich das Völkerrecht seit der Zeitenwende entwickelt. In der Antike und im Mittelalter gab es von der Stoa und in der Scholastik geprägte Vorstellungen eines Weltrechts auf naturrechtlicher Basis. In der politischen Praxis finden sich bereits im Mittelalter politische Vereinbarungen und Handelsverträge, Ansätze eines Seerechts, die Bindung der Kriegsführung an einen gerechten Kriegsgrund und bestimmte diplomatische Regeln. Entscheidend für die Formulierung des klassischen Völkerrechts waren die Bildung der neuzeitlichen Staaten auf europäischem Boden und die weltweiten Entdeckungen und Kolonisierungen durch die europäischen Mächte ab etwa 1500, durch die ein verbindliches Regelwerk notwendig wurde. Neben dem Spanier Francisco de Vitoria ist vor allem der Holländer Hugo Grotius (1583–1645) zu nennen, der erstmals das Prinzip der Freiheit der Meere vertreten hat und als Begründer des modernen Völkerrechts gilt.

1 Die Ankunft des Columbus in der Neuen Welt, Kupferstich von Theodor de Bry aus dem Jahre 1594. Theodor de Bry (1528–1598) war ein von den Spaniern aus Lüttich vertriebener Protestant, der sich in Frankfurt niedergelassen hatte. *Beschreiben und interpretieren Sie das Aussehen und die Tätigkeit der verschiedenen Personengruppen. Inwiefern läßt der Stich Kritik erkennen? Ziehen Sie dazu auch Farbtafel 2 und die entsprechende Bildlegende heran (S. 80).*

entdeckten Länder den spanischen Königen geschenkt; demnach müssen die Eingeborenen ihre neuen Herren anerkennen und das Christentum annehmen. Für den Fall der Weigerung wird mit Krieg und Versklavung gedroht. Schon 1538 setzte sich Francisco de Vitoria (1480–1546), Theologieprofessor in Salamanca, mit dieser Argumentation auseinander. Dabei formulierte er erstmals Grundsätze eines modernen Völkerrechts, das von einer gewissen Gleichberechtigung der Völker ausgeht, indem er die Herrschaftsansprüche des Papstes und des Kaisers begrenzte.

2 **Ein wissenschaftlich interessierter Prinz.** Die Motive Heinrichs des Seefahrers schildert der portugiesische Hofchronist Damião de Góis:

Dieser [Heinrich] war nicht nur ein sehr tapferer Ritter, sondern hatte auch großes Interesse für die Geisteswissenschaften, insbesondere für die Astrologie und Kosmographie. Um diese vornehmen [...] Künste besser ausüben zu können, wählte er nach seiner Rückkehr von der Belagerung Ceutas (seinen Wohnsitz) in einem Teil des Algarve, und zwar auf dem Kap S. Vicente. [...] Von dort beschloß er, seine Schiffe entlang der afrikanischen Küste auszuschicken. So wollte er sein Vorhaben verwirklichen, nämlich von diesen westlichen Gebieten den Seeweg nach dem Orientalischen Indien zu finden. Er war sich sicher, daß dieser bereits in früheren Zeiten gefunden worden war.

Diese Sicherheit, die er durch seine Studien erworben hatte, und nicht durch göttliche Inspiration, wie behauptet worden ist, war die Voraussetzung, um eine so große Aufgabe in Angriff nehmen zu können. [...]

Dies läßt uns glauben, daß der Erfolg des Infanten

auf das Studium der wahren Autoren [...] zurückzuführen ist, die er mit Ausdauer studierte. Ihren Wahrheitsgehalt aber schätzte er ein, wie man von Menschen Geschriebenes einschätzt. Er glaubte zwar, aber zweifelte auch zugleich, so wie man es allem gegenüber tun soll, was von Menschen und ihren Urteilen herrührt. Im [Urteil der Menschen] ist immer Glaube mit Zweifel gepaart. Mit dieser Gewißheit begann nun der Infant, auf eigene Kosten ausgerüstete Schiffe auf Entdeckungsreisen auszuschicken. Denn er wußte aus dem, was er gelesen hatte, daß z. B., wie Ariston berichtet, nach der Belagerung von Troja Menelaos die Meerenge von Gibraltar passiert hat und [von dort] auf dem Seeweg [...] bis ins Rote Meer [...] gesegelt ist. Dieses enthält, nach einigen antiken Kosmographen, schließlich das Arabische und das Persische Meer mit den dazwischenliegenden Küsten. Und von dort gelangt man an eine Küste, die vom Persischen Meer bis nach Indien reicht: auf diesem Roten Meer nahm Menelaos seinen Weg nach Indien. [...] [Damião zählt weitere Reiseberichte antiker Autoren, u. a. von Herodot und Strabo, auf, die Heinrich gelesen hat.]
Unter dem Vorzeichen [...] dieser besagten Zeugnisse [und] auf der Basis von vielem anderen, was der Infant wußte, und aufgrund vieler Informationen, die er täglich von den Mauren aus Alarves und Azenegues bekam, die in afrikanischen Angelegenheiten bewandert waren, ließ er aufs neue jene Schiffahrtswege entdecken, die bereits von den Menschen vergessen worden waren.

Zitiert nach: Eberhard Schmitt (Hg.), Dokumente zur Geschichte der europäischen Expansion, Bd. 2, Die großen Entdeckungen, München 1984, S. 53 f.

a) Charakterisieren Sie die geistige Haltung Heinrichs und grenzen Sie diese von der eines mittelalterlichen Menschen ab.
b) Überlegen Sie, welche Rolle die geistige Haltung eines Menschen für seinen Umgang mit der Natur und der Welt spielt und erläutern Sie das an einigen Beispielen.

3 **Vollmachten für Kolumbus.** Am 17. April 1492 verliehen die Könige von Spanien, Ferdinand und Isabella, Kolumbus weitreichende Vollmachten und statteten ihn mit einem Schutzbrief aus, den er den Herrschern Indiens vorlegen sollte:

a) Auszug aus dem königlichen Privileg:

Zum ersten ernennen Eure Hoheiten als Herrn über die genannten Ozeanischen Meere von heute an den genannten Don Cristóbal Colón zu ihrem Admiral über alle jene Inseln und Festlande, die von ihm und durch seine Bemühungen in den genannten Ozeanischen Meeren entdeckt und gewonnen werden auf Lebenszeit, und nach seinem Tode seine Erben und Nachkommen auf ewig, [...] mit allen jenen Vorrechten und Privilegien, die zu diesem Amt gehören [...].
Ferner ernennen Eure Hoheiten den genannten Don Cristóbal Colón zu ihrem Vizekönig und Generalgouverneur aller genannten Inseln und Festlande, und Inseln, die er, wie erwähnt, in den genannten Meeren entdeckt und gewinnt. Für die Verwaltung von allen und jeder einzelnen der Inseln und Festlande wird er für jedes Amt drei Personen vorschlagen, unter denen Eure Hoheiten diejenige Person auswählen werden, die für ihre Dienste am geeignetsten erscheint. So werden die Länder, die ihn Unser Herr zum Nutzen und Vorteil Eurer Hoheiten finden und gewinnen läßt, besser verwaltet werden. [...]
Des weiteren wollen Eure Hoheiten, daß von allen und jedweden Waren, die gekauft, getauscht, gefunden, gewonnen oder vorgefunden werden innerhalb des Amtsbereichs der genannten Admiralität, welche Eure Hoheiten dem genanten Don Cristóbal Colón von heute an verleihen, dieser nach Abzug aller entstandenen Unkosten den zehnten Teil von allem für sich haben und einnehmen soll, ob es nun Perlen, Edelsteine, Gold, Silber, Spezereien oder irgendwelche anderen Dinge und Handelswaren welcher Art, Bezeichnung oder Gattung auch immer sind; in der Weise also, daß er von dem, was rein und unbelastet bleibt, den zehnten Teil haben und einnehmen und damit nach seinem Gutdünken verfahren soll, wobei die übrigen neun Teile für Eure Hoheiten bleiben.

b) Auszug aus dem an die Herrscher Asiens gerichteten Schutzbrief:

Wir schicken heute den edlen Herrn Christoph Kolumbus mit drei gut ausgerüsteten Karavellen durch die ozeanischen Meere nach Indien [...] um des Dienstes an Gott und der Verbreitung des rechten Glaubens willen sowie auch zu Unserem Vorteil und Nutzen. Und obgleich wir glauben, daß er Unsertwegen und wegen Eurer Liebe zu Uns Euch anempfohlen sein wird, wenn er vielleicht durch Meere, Häfen, Küsten, Länder, Städte und andere Teile Eurer Königreiche, Fürstentümer und Euch untertaner Länder, Orte, Gebiete und Gerichtsbarkeiten kommt, wünschen wir doch sehr, daß er mit seinen Schiffen, Leuten, Waffen, Gütern, seiner Habe und seinen Waren und allem anderen, was er sonst noch mit sich führen mag, überall gut behandelt wird [...]

Zitiert nach: Eberhard Schmitt (Hg.), a. a. O., S. 106 f., 108 f.

a) Arbeiten Sie aus den Dokumenten die Interessen der Vertragspartner heraus.
b) Erörtern Sie den hier vorgetragenen königlichen Rechtsanspruch im Hinblick auf seine politischen und verwaltungsmäßigen Konsequenzen.

4 Glasperlen für die Eingeborenen, eine Insel für die Spanier. Auszug aus dem Bordbuch des Kolumbus vom 11. Oktober 1492[1]:

Zwei Stunden nach Mitternacht tauchte das Land vor ihnen auf, von dem sie etwa zwei Meilen entfernt sein mochten. Sie holten alle Segel ein [...] und drehten bei; so verbrachten sie die Zeit bis zum Freitag, an dem sie dann eine kleine Insel der Bahamas erreichten, die in der Sprache der Indios Guanahani heißt. Schon bald sahen sie nackte Leute am Strand. Der Admiral ging mit dem bewaffneten Boot an Land; zusammen mit Martin Alonso Pinzón und Vicente Yáñez, dessen Bruder, der Kapitän der Niña war. Der Admiral nahm das königliche Banner mit und die beiden Kapitäne zwei Fahnen mit einem grünen Kreuz, die der Admiral als Kennzeichen auf allen seinen Schiffen führte und die die Buchstaben F und Y[2] trugen; über jedem der beiden Buchstaben war eine Krone: der eine stand links, der andere rechts vom waagerechten Balken des Kreuzes. An Land angekommen, sahen sie Bäume von sehr kräftigem Grün und viele Wasserläufe und allerlei Früchte. Der Admiral rief die beiden Kapitäne und die anderen, die an Land gezogen waren, zu sich; ebenso Rodrigo Descovedo, den Notar der Flotte, und Rodrigo Sánchez aus Segovia, und sagte, sie sollten bestätigen und rechtlich bezeugen, daß er vor aller Augen von der Insel Besitz ergriff, wie er es dann auch im Namen des Königs und der Königin, seiner Herren, tat. Er gab die dazu erforderlichen Erklärungen ab, wie sie ausführlicher in den Dokumenten enthalten sind, die dort bei dieser Gelegenheit schriftlich ausgefertigt wurden.
Schon versammelten sich um sie herum zahlreiche Bewohner der Insel. Das Folgende sind wörtliche Äußerungen des Admirals in seinem Buch über die erste Fahrt und die Entdeckung dieser Indien:
„Da ich [sagte er] ihre Freundschaft gewinnen wollte, und bemerkte, daß es Leute waren, die sich eher durch Liebe für unseren heiligen Glauben gewinnen und zu ihm bekennen ließen, gab ich einigen von ihnen ein paar bunte Münzen und einige Ketten aus Glasperlen, die sie sich um den Hals hängten, und allerhand andere Dinge von geringem Wert, an denen sie großes Vergnügen fanden, und uns derart zugetan waren, daß es ein wahres Wunder war. Hernach kamen sie zu den Booten geschwommen, in denen wir uns befanden, und brachten uns Papageien und Knäuel von Baumwollfäden, Wurfspieße und viele andere Dinge und tauschten sie gegen Dinge ein, die wir ihnen gaben, wie kleine Glasperlen und Glöckchen. Kurz gesagt, sie nahmen einfach alles und gaben bereitwillig von allem, was sie besaßen. Aber mir schien es, als seien sie in jeder Hinsicht außerordentlich arme Leute. Sie gehen allesamt nackt herum, wie sie ihre Mutter zur Welt gebracht hat, auch die Frauen. Ich habe allerdings nur eine gesehen, und die war noch sehr jung. Alle Männer, die ich sah, waren ebenfalls jung; ich sah keinen, der älter als dreißig Jahre gewesen wäre: sie waren sehr gut gebaut, von sehr schöner Gestalt und sehr angenehmen Gesichtszügen [...]. Sie tragen keine Waffen und kennen sie auch nicht, denn ich zeigte ihnen Schwerter, und sie faßten sie an der Schneide und schnitten sich aus Unwissenheit [...] Sie sind sicher hervorragende Arbeitskräfte; sie ha-

[1] Das Original dieses wichtigen Dokuments ist verloren gegangen. Die beste Version des Bordbuchs ist in der Zusammenfassung des Bartolomé de Las Casas (▷ S. 26) überliefert, der es zum Teil wörtlich zitiert, längere Passagen aber auch in der dritten Person referiert.
[2] Die Anfangsbuchstaben der spanischen Könige Fernando und Ysabel

ben einen aufgeweckten Verstand, denn ich sehe, daß sie sehr schnell alles nachsagen können, was man ihnen vorspricht. Außerdem glaube ich, daß man sie leicht zum Christentum bekehren könnte, denn es scheint mir, daß sie noch keine Religion haben [...]."

Zitiert nach: Eberhard Schmitt (Hg.), a. a. O., S. 112–114

a) Analysieren Sie die Kriterien und Kategorien, nach denen die Bewohner der Neuen Welt beurteilt werden.
b) Nehmen Sie Stellung zu der Art und Weise der Inbesitznahme der entdeckten Inseln.

5 **Welche Rechte legitimieren die Kolonisierung?** Im Jahre 1538 hielt der Dominikaner und Theologieprofessor von Salamanca, Francisco de Vitoria, der als Begründer des modernen Völkerrechts gilt, Vorlesungen, in denen er sich mit dem Rechtsanspruch der Spanier auf die Länder der Neuen Welt und die Herrschaft über die Eingeborenen auseinandersetzt:

Es gibt sieben unbegründete und sieben oder acht begründete und rechtmäßige Titel [für die Unterwerfung der Eingeborenen], die man vorbringen könnte.
Der erste könnte lauten: Der Kaiser ist der Herr der Welt. Der Kaiser ist aber nicht Herr der Welt. Beweis: Herrschaft kann nur auf natürlichem oder göttlichem oder menschlichem Recht beruhen, aber nach keinem dieser drei hat er Anspruch auf die Weltherrschaft [...].
Der zweite Rechtstitel, auf dem man sich beruft [...], wird auf den Papst zurückgeführt. Man sagt nämlich, der Papst sei Herr der ganzen Welt auch in zeitlichen Dingen, infolgedessen habe er auch die spanischen Könige zu Fürsten der Eingeborenen einsetzen können, und so sei es dann geschehen. [...]
Ich antworte hierauf ganz kurz mit folgenden Thesen: Erstens ist der Papst nicht weltlicher und zeitlicher Herr des Erdkreises, wenn man von Herrschaft und staatlicher Gewalt an sich spricht. [...] Drittens hat der Papst zeitliche Gewalt nur zugunsten der geistlichen Dinge, d. h. soweit es zur Verwaltung der geistlichen Angelegenheiten erforderlich ist. [...] Über die Ungläubigen aber hat er keine geistliche Gewalt, demnach auch keine weltliche. [...] Aus dem Gesagten wird klar, daß die Spanier bei ihrer ersten Fahrt in die Länder der Eingeborenen keinerlei Rechte besaßen, deren Gebiete in Besitz zu nehmen.
Man könnte sich noch auf einen anderen Titel stützen, auf das Recht der Entdeckung, und dies war ursprünglich auch der einzige, auf den man sich berief. [...] Aber über diesen dritten Titel brauchen wir nicht viele Worte zu verlieren, da [...] die Eingeborenen die rechtmäßigen Herren waren, nach öffentlichem wie privatem Recht. [...]
Als vierter Rechtstitel wird der Fall vorausgesetzt, daß die Eingeborenen den christlichen Glauben nicht annehmen wollen, selbst wenn er ihnen dargeboten wird und sie inständig ermahnt werden, ihn zu ergreifen. [...]
Antwort: 1. Ehe die Eingeborenen etwas über den christlichen Glauben gehört hatten, waren sie auch nicht wegen ihres Nichtglaubens an Christus der Sünde des Unglaubens verfallen. [...]
5. Ich bin nicht hinreichend sicher, ob der christliche Glaube [...] den Eingeborenen so vorgetragen und verkündet worden ist, daß sie bei Sündenstrafe zum Glauben verpflichtet wären. [...] Ich habe jedenfalls nichts von Zeichen und Wundern oder von Beispielen so frommen Lebenswandels gehört, dagegen viel von Ärgernis, wüsten Taten und vielfacher Ruchlosigkeit. [...]
6. Selbst wenn der Glaube den Eingeborenen noch so oft mit einleuchtenden Gründen gepredigt wäre, und sie wollten ihn nicht annehmen, dürfte man sie doch nicht mit Krieg überziehen oder ihrer Güter berauben. [...] [Das] leuchtet auch ein, denn der Glaube ist freiwillig. Furcht aber mindert das freie Wollen, und wer sich nur aus sklavischer Angst dem Kultus und den Sakramenten Christi zuwendet, begeht Gotteslästerung. [...]
Begründete Titel für die Unterwerfung der Eingeborenen durch Spanien:
Als erster Rechtstitel könnte genannt werden die natürliche Gemeinschaft und der Verkehr unter den Menschen. Dazu läßt sich folgendes sagen: 1. Die Spanier haben das Recht, in die überseeischen Länder zu ziehen und sich dort aufzuhalten, allerdings ohne den Eingeborenen Schaden zuzufügen, und diese dürfen ihnen dabei nichts in den Weg legen. [...] 2. war es im Anfang der Welt, als alles allen gehörte, jedermann erlaubt, nach seinem Belieben überall hinzugehen. [...] Wenn die Eingeborenen den Spaniern verwehren wollten, was ihnen nach

Völkerrecht zusteht, z. B. den Handel, dann müssen die Spanier zunächst mit Vernunftgründen und gutem Zureden den Anstoß zu beseitigen versuchen und ihnen klar machen, daß sie nicht gekommen sind, um ihnen zu schaden, sondern um friedlichen Verkehr und Umgang mit ihnen zu pflegen, ohne Nachteil für die Eingeborenen. [...]

Zitiert nach: Geschichte in Quellen, Bd. 3, Renaissance, Glaubenskämpfe, Absolutismus, bearb. von Fritz Dickmann, München, 3. Aufl. 1982, S 82–85

a) Stellen Sie die verschiedenen Argumente und Gegenargumente Vitorias zusammen und diskutieren Sie die völkerrechtliche Problematik der Inbesitznahme der Neuen Welt.
b) Inwiefern sind die hier vorgetragenen Überlegungen heute noch relevant und anwendbar?

1.2 Die Eroberung Mexikos

Der Entdeckung folgte die Eroberung. Ein Musterbeispiel für die unerbittliche Expansionskraft der Europäer ist die Eroberung Mexikos durch den Spanier Hernán Cortés. In wenigen Jahren gelang es ihm, das mächtige Reich der Mexica (Azteken) zu unterwerfen, seine blühende Hochkultur zu vernichten, die Bevölkerung zu unterwerfen und fast auszurotten, seine Reichtümer zu plündern und das ganze Land in eine spanische Kolonie umzuwandeln. Wie konnte eine Handvoll Männer ein derart großes Reich so schnell erobern und auf diese Weise ein neues historisches Kapitel von weltgeschichtlichen Dimensionen aufschlagen?

1.2.1 Das Reich der Mexica (Azteken)

Die Wanderung der Mexica

Das Reich Moctezumas II., das Cortés zerstörte, war ein später Emporkömmling in der amerikanischen Geschichte. Erst Anfang des 14. Jahrhunderts ließ sich der Stamm der Mexica auf einer Schilfinsel im Becken von Mexiko nieder. Die später

6 Platz der Drei Kulturen in Mexiko City. Aus den Steinen der zum großen Teil abgebrochenen Tempelpyramide der Mexica errichteten die Spanier eine Kirche.
Welche Kulturen sind hier gemeint? Erörtern Sie, inwiefern die Benennung des Platzes als Ausdruck des heutigen Selbstverständnisses Mexikos zu verstehen ist.

im 18. Jahrhundert aufgekommene Bezeichnung „Azteken" leitet sich von Aztlan ab, der mythischen Heimat des Stammes, die der legendenhaften Überlieferung zufolge im Nordwesten Mexikos auf einer Seeinsel lag. Von dort waren die Mexica unter der Leitung ihres Gottes Huitzilopochtli zu einer großen Wanderung aufgebrochen, die mit der Gründung Tenochtitlans auf der Schilfinsel im „Jahr zwei Haus" (1325 oder 1345) endete.

Tenochtitlan

Die Stadt lag strategisch günstig im Salzsee von Tetzcoco, verfügte über Süßwasser und wurde auf künstlichen Inseln aus fruchtbarer Schlammerde, Wasserpflanzen und Rohrgeflecht, sogenannten Chinampas, bewirtschaftet, die von Kanälen durchzogen waren. Schon früh wurde die Stadt in vier Bezirke mit mehreren Unterbezirken unterteilt, in denen die Sippenverbände (calpulli) Kult und Ackerbau in gemeinschaftlicher Regie übernahmen. Unstimmigkeiten bei der Landverteilung, möglicherweise aber auch Überbevölkerung haben 13 Jahre nach der Gründung Tenochtitlans zur Abspaltung einer Gruppe geführt, die auf einer benachbarten Insel die Schwesterstadt Tlatelolco errichtete. Diese Stadt entwickelte sich bald zu einem Zentrum des Handels und der Kaufleute, während sich die Bewohner Tenochtitlans eher durch kriegerische Aktivitäten hervortaten.

Als Huitzilopochtli seine Anhänger anwies, sich auf der Schilfinsel niederzulassen, soll er ihnen der Überlieferung zufolge den Auftrag gegeben haben, die umliegenden Völker zu unterwerfen und zu Tributzahlungen und Dienstleistungen zu verpflichten. Dieser göttlich legitimierte Eroberungsauftrag bestimmte den Charakter des wachsenden Großreichs. Der Grundstein für das künftige Imperium wurde 1428 gelegt. Damals schlossen sich der Herrscher Tenochtitlans und der Fürst der am östlichen Ufer des Salzsees gelegenen Stadt Tetzcoco mit den Herren Tlacopans, der Hauptstadt der Tepaneken, zum sogenannten „Dreibund" zusammen mit dem Ziel, andere Staaten zu unterwerfen und regelmäßige Tribute von ihnen zu beziehen.

Der Dreibund der Mexica

Durch die Expansionspolitik Moctezumas I. (1440–1468) und vor allem Ahuitzotls (1486–1502) erreichte der Dreibund seine größte Ausdehnung, die Moctezuma II. (1502–1520) zu konsolidieren suchte. Das ethnisch und sprachlich heterogene Reich umfaßte 38 Tributgebiete und erstreckte sich vom mexikanischen Golf bis zum Pazifik. Das riesige Gebiet wurde durch Garnisonen und Umsiedlungen aus Zentralmexiko zusammengehalten und gesichert. Gouverneure führten in einer Art indirekter Herrschaft die Aufsicht über die lokalen Regierungen, die in der Regel im Amt belassen wurden, wie überhaupt der Dreibund sich tolerant gegenüber Sprache und Gebräuchen der Unterworfenen zeigte, solange sie seine Oberhoheit anerkannten. Alle abhängigen Staaten und Städte mußten regelmäßig Tribute abliefern: Nahrungsmittel, Kleidung, Tiere, Sklaven, Federn, Kakaobohnen und vieles mehr, was immer die jeweilige Region liefern und die Imperialmacht gebrauchen konnte. Dazu kamen menschliche Dienstleistungen (Sklaven, Arbeiter zum Tempelbau u. ä.). Über die regelmäßige Abführung der Tribute wachten die Gouverneure, die gleichzeitig Tributverwalter waren. Das Imperium des Dreibunds war Anfang des 16. Jahrhunderts jedoch bereits ein ‚Koloß auf tönernen Füßen', da das ausgedehnte Herrschaftsgebiet auf Dauer nicht sicher zu kontrollieren war. Widersetzlichkeiten gegen die Tributeintreiber waren an der Tagesordnung.

Tenochtitlan hatte inzwischen die Nachbarstadt Tlatelolco eingemeindet und war zu einer repräsentativen Hauptstadt mit weitläufigen Tempelanlagen ausgebaut worden. Etwa 200 000 Menschen wohnten in rund 50 000 festen Häusern auf dem rechteckigen, ca. 1000 Hektar großen Areal der Metropole; ein Aquädukt versorgte die Chinampas und die Stadt mit Süßwasser.

Blumenkriege

In die Regierungszeit Moctezumas I. fällt der Beginn der sogenannten „Blumenkriege". Diese Kriegsform verfolgte vor allem zwei Ziele: Zum einen sollten die Krieger im Kampf trainiert werden, denn Tapferkeit und Erfolg im Krieg boten die Aussicht auf Prestige und gesellschaftlichen Aufstieg; zum anderen sollten möglichst viele gegnerische Krieger gefangen genommen werden, um bei den blutigen Opferzeremonien der Mexica als Nahrung für die Götter zu dienen.

Gesellschaftliche Verhältnisse

An der Spitze des Staates der Mexica stand der „Sprecher" als Erb- und Wahlmonarch: Ein Gremium aus etwa 100 hohen Würdenträgern wählte unter den Nachkommen des verstorbenen Herrschers den neuen Sprecher aus. Kriterien für die Wahl waren moralische Integrität, Klugheit, Redegewandtheit und Tapferkeit im Kampf. Neben ihm stand als sein Stellvertreter die sogenannte „Weibliche Schlange". Unterstützt wurden beide von einem Kronrat aus zwei adligen und zwei nichtadligen Mitgliedern, von denen zwei die obersten Militärführer waren, und einem Staatsrat (13 bis 20 Mitglieder).

Der Adel, der etwa 10% der Bevölkerung umfaßte, setzte sich aus Geburtsadel und Verdienstadel zusammen, den man sich vor allem durch hervorragende Leistungen im Krieg erwerben konnte. Die Zugehörigkeit zum Adel war die Voraussetzung für die Übernahme staatlicher Ämter z. B. als Richter, Heerführer oder Priester. Adlige Herren brauchten keine Steuern zu zahlen, hatten Anspruch auf Anteile an den Tributen und Zuweisung von Land, das von Pächtern oder Sklaven bearbeitet wurde. Die Aristokraten der Mexica bildeten keine fest in sich abgeschlossene Gruppe, da ihr Rang für Aufsteiger offen war; andererseits konnten „Versager" ihn wieder verlieren. Über die Ländereien hatten sie in der Regel nur ein Nutzungsrecht, das der Herrscher jederzeit wieder entziehen konnte. Durch strenge Luxus- und Kleidergesetze wurde der Unterschied zur übrigen Bevölkerung augenfällig gemacht. Der Charakter des Nachwuchses wurde auf besonderen Schulen im Sinne des Systems gebildet.

Die Masse der Bevölkerung bestand aus freien Bauern und Bürgern, die in der Landwirtschaft oder als Handwerker in korporativen Gemeinschaften lebten und arbeiteten. Eine besondere Rolle spielte die Gilde der Kaufleute, vor allem der Fernhändler, die den oft nicht ungefährlichen Warentransport in dem ausgedehnten Reich organisierten. Sie lebten in eigenen Wohnbezirken, waren streng hierarchisch unter dem Regiment von fünf alten Kaufleuten organisiert und besaßen eine eigene Gerichtsbarkeit.

Die Aktivitäten und Funktionen der Frauen waren in erster Linie häuslicher Art: Kindererziehung und Produktion von häuslichen Gütern als Tributleistung (Mehl, Tortillas, Gewebe u. ä.). Eine besondere Rolle scheinen sie bei den Kaufleuten gespielt zu haben; so ist ihre aktive Teilnahme am Fernhandel überliefert. Besondere Wertschätzung genossen die Frauen auch als die Mütter künftiger Krieger und als Priesterinnen bei bestimmten Kulten weiblicher Götter.

Am unteren Ende der sozialen Pyramide standen die Lastenträger und Sklaven. In einer Kultur, die das Rad und Lasttiere noch nicht kannte, waren Träger von großer Bedeutung. Trotz ihrer harten Arbeit genossen sie jedoch nur geringes Ansehen. Die Sklaven standen außerhalb der sozialen Gruppierungen, sie hatten sich freiwillig, zur Buße oder zum Schadenersatz für eine gewisse Zeit einem anderen gleichsam verpfändet, nach Ablauf der Frist waren sie jedoch wieder frei, wie auch ihre Kinder grundsätzlich frei waren.

Religion und Kunst

Das hauptsächlich im Dienste der Prachtentfaltung des Herrscherhauses, des Adels und der Religion stehende Handwerk und Kunstgewerbe gestaltete sich auf einem erstaunlich hohen Niveau: Gold- und Silberschmiedearbeiten, prachtvolle Umhänge aus Federn und kunstvolle Architektur zeugen vom Leistungsstand der Kultur der Mexica, die noch keine Eisenwerkzeuge kannte.

Die wichtigsten Götter des Pantheons der Mexica waren Huitzilopochtli, der oberste Kriegsherr, und sein Rivale Quetzalcóatl, der mythische Priesterkönig aus Tollan, der als Spender jeder Kultur, der Schrift, des Kalenders und der Künste galt. Die Bedeutung Quetzalcóatls, der nach seiner Vertreibung aus der Hauptstadt der Tolteken nach Osten über das Meer ins Exil gegangen war und auf dessen für das Jahr „Eins Rohr" (1519) erwartete Wiederkunft bestimmte Vorzeichen wie die

Erscheinung eines Kometen hinwiesen, spielt zur Erklärung der Leichtigkeit der spanischen Eroberung eine wichtige Rolle. Die Vorstellung eines bärtigen und weißhäutigen Gottes ist jedoch als eine nachträgliche Legendenbildung zu betrachten. Die geradezu eschatologische Bedeutung der Wiederkunft dieses Gottes erklärt die Unsicherheit und das ängstliche Verhalten Moctezumas II. bei der Ankunft Cortés', den er zunächst für den angekündigten Gott hielt.

1.2.2 Die Eroberung und Vernichtung des Reichs der Mexica

Hernán Cortés

Hernán Cortés (1485–1547) stammte aus dem niederen Adel der spanischen Provinz Estremadura. Als Sekretär des Statthalters von Kuba, Diego de Velázquez, erhielt er 1519 den Auftrag, mit einer kleinen Flotte das Festland anzusteuern und von dort ins Innere des Reichs der Mexica vorzustoßen, um das Gebiet für die spanische Krone in Besitz zu nehmen und dort reiche Beute zu machen. Cortés verfügte über diplomatisches Geschick, gepaart mit energischem Durchsetzungsvermögen, Skrupellosigkeit und Glaubenseifer. Insofern repräsentierte er den Conquistador par excellence: Seine Antriebskraft und Dynamik beruhten auf dem Streben nach Reichtum und Prestige, so daß er vom niederen Adel in die höheren Ränge der Aristokratie aufsteigen konnte. Nach Abschluß der Reconquista (▷ S. 8) war dieses Ideal vornehmlich in der Neuen Welt zu verwirklichen, wo reiche Beute und Ruhm winkten. Verstärkt wurde dieses Motiv durch einen echten, zum Teil fanatischen Glauben und Missionierungswillen.

Die Überlegenheit der Spanier

Im wesentlichen waren es vier Ursachen, die den 600 Spaniern den Sieg über das kriegerische Imperium der Mexica ermöglichten. Zunächst einmal hat sicherlich Cortés' Dolmetscherin und Geliebte Malintzin, die von den Spaniern auf den Namen Marina getauft wurde, als Mittlerin zwischen den Neuankömmlingen und der einheimischen Bevölkerung eine wichtige Rolle gespielt. Malintzin war eine von 20 Sklavinnen, die Cortés nach seiner Landung in Tabasco und dem Sieg über die dortigen Indios geschenkt worden waren. Sie fungierte in den nächsten Monaten als unersetzliche Dolmetscherin und Beraterin, die das Nahuatl, die Sprache der Mexica, und einen Mayadialekt beherrschte und die Landessitten gut kannte.
Den Mythos vom zurückerwarteten Gott Quetzalcóatl haben die Eroberer ebenfalls geschickt für ihre Zwecke ausgenutzt. Cortés hat sicherlich die Unentschlossenheit und Ängstlichkeit Moctezumas gespürt, die auf dessen Annahme beruhte, Quetzalcóatl sei zurückgekehrt und wolle nun sein Reich wieder einnehmen. Dieser psychologische Faktor war für die gesamte Haltung der maßgebenden Führung der Mexica von erheblicher Bedeutung.
Psychologisch folgenreich waren wohl auch die den Indios fremden und erschrekkenden Waffen und Tiere der Spanier: Kanonen, Pferde und Reiter, die man anfangs für ein einziges Wesen hielt, und auf den Mann abgerichtete Hunde. Für die Kriegführung entscheidender als die störanfälligen und wenig zielgenauen Feuerwaffen waren die Armbrüste, deren Bolzen die dicken Baumwollpanzer der einheimischen Kämpfer leicht und zielsicher durchbohrten. Die Mexica dagegen lebten waffentechnisch noch in der Steinzeit: Ihre Ausrüstung bestand aus Pfeil und Bogen, mit Obsidiansplittern besetzten Schwertern, Wurfspeeren und Schilden.
Ausschlaggebend war wohl vor allem, daß Cortés die Struktur und Anfälligkeit des Dreibunds zu nutzen wußte und zahlreiche einheimische Bündnispartner gewann, die letztlich maßgeblich zur Eroberung dieses scheinbar so fest gefügten Imperiums beitrugen. Eine wichtige Rolle spielten dabei die kampferprobten Tlaxcalteken, die Cortés 12 000 bis 15 000 Krieger zur Verfügung stellten und auch bei seinen weiteren Eroberungszügen in Mittelamerika unterstützten.

7 Spanier beim Einmarsch in Mexiko. Etwa um 1550 entstandene mexikanische Darstellung. Die Figur rechts ohne Helm stellt Cortés dar.
Beschreiben Sie die Wirkung, die das Auftreten der Spanier auf die Indios gehabt haben muß.

Die Eroberung des Mexica-Reichs

Die Niederwerfung des Dreibunds und seiner führenden Kraft, der Mexica, dauerte rund zwei Jahre. Als die Spanier am 8. November 1519 in Tenochtitlan einzogen, wurden sie von dem ängstlichen Moctezuma offiziell empfangen, nachdem mehrere Versuche fehlgeschlagen waren, die Eindringlinge auf diplomatische Weise oder durch magischen Zauber zum Rückzug zu bewegen. In der Folgezeit gelang es Cortés, Moctezuma und die anderen Herrscher des Dreibunds in seine Gewalt zu bringen, so daß das Imperium praktisch führungslos war.

Die Lage spitzte sich zu, als am 23. Mai 1520 Cortés' Stellvertreter Pedro de Alvarado in dessen Abwesenheit die Kriegerelite der Mexica, die sich zum jährlich zu Ehren Huitzilopochtlis gefeierten Toxcatl-Fest versammelt hatte, aus nicht geklärten Gründen niedermetzeln ließ. Eine Revolte brach los, die Spanier wurden umzingelt und in ihren Wohnbereichen eingeschlossen. Nach Cortés' Rückkehr näherte sich ein Heer des Dreibunds, belagerte die Stadt und versuchte, die Fremdlinge zu vertreiben. Bei dieser Gelegenheit kam Moctezuma am 27. Mai auf ungeklärte Weise ums Leben, als er in Cortés' Auftrag die Belagerer zum Frieden mahnte.

Am 30. Juni unternahm Cortés einen Ausbruchsversuch, der zwar gelang, aber trotzdem als Debakel endete und von den Spaniern als „noche triste“ (traurige Nacht) bezeichnet wurde. Sie verloren etwa die Hälfte ihrer Leute mitsamt deren Waffen und einen großen Teil der Beute und zogen sich zu ihren Verbündeten nach Tlaxcala zurück. Nachdem sie sich erholt und wieder verstärkt hatten, machten sie sich im Frühjahr 1521 erneut auf den Weg nach Tenochtitlan, unterstützt von den Tlaxcalteken und dem Herrscher von Tetzcoco, der sich auf Cortés' Seite geschlagen hatte. 13 Brigantinen, die in Tetzcoco und Tlaxcala gebaut worden waren, sollten die Stadt von der Seeseite her angreifen. Nach dreimonatiger Belagerung brach am 13. August 1521 der Widerstand zusammen. Tenochtitlan wurde geplündert und dem Erdboben gleichgemacht. Bei den Kämpfen sollen etwa 150 000 Mexica, 50 000 einheimische Verbündete und 100 Spanier ihr Leben eingebüßt haben. Damit hatte das mächtige Reich des Dreibunds aufgehört zu existieren.

8 Metropole der Neuen Welt.

Der italienische Humanist Peter Martyr von Anghiera (1457–1526) liefert im 1523 geschriebenen fünften Teil seiner „Acht Dekaden über die Neue Welt" ein anschauliches Bild der Hauptstadt der Mexica.

Die Stadt Tenustitan [Tenochtitlan], die Residenz des großen Königs Muteczuma, liegt in der Mitte des Salzsees. Von welcher Seite man auch zu ihr hinkommen will, der Abstand vom Festland beträgt jeweils anderthalb bis zwei Leugen [Leguas, ca. 6 km]. Tag und Nacht ist der See von ankommenden und abfahrenden Booten belebt. Auch auf den vier steinernen Brückendämmen kann man von allen Seiten in die Metropole gelangen. Die Dämme sind fest gebaut und stellen eine fast durchgehende Verbindung dar; nur an einzelnen Stellen sind sie von Öffnungen unterbrochen. Diese Durchlässe werden von Holzbrücken überspannt; dadurch kann das Wasser bei Flut und Ebbe leicht von der einen Seite zur anderen strömen. Auch lassen sich die Brücken bei drohender Gefahr ohne Schwierigkeit hochziehen. Die Breite der Dämme beträgt die Länge zweier Lanzen. [...] Über einen der Deiche verläuft ohne Unterbrechung eine Wasserleitung zur Stadt. So erhält die ganze Einwohnerschaft Trinkwasser. Angestellten des Königs, die auch über Boote verfügen, sind bestimmte Bezirke zugewiesen, in denen sie für die Bevölkerung Wasser verkaufen; dafür muß eine Abgabe entrichtet werden. [...] Was soll ich noch berichten von den zahlreichen Brücken in der Stadt selbst, auf denen die Nachbarn zu den Nachbarn gelangen! Sie sind aus Holz und so breit, daß zehn Mann nebeneinander hinübergehen können.

Peter Martyr von Anghiera, Acht Dekaden über die Neue Welt, hg. von Hans Klingelhöfer, Bd. 2, Texte zur Forschung, Bd. 6, Darmstadt 1973, S. 44 f.

a) Kennzeichnen Sie die besondere strategische Lage der Stadt.
b) Vergleichen Sie Tenochtitlan mit einer zeitgenössischen europäischen Metropole und beurteilen Sie den „Zivilisationsgrad" Tenochtitlans.

9 Kultur, Handwerk und Gewerbe in Tlatelolco/Tenochtitlan

a) Bernal Diaz del Castillo (1492–1581), der Cortés auf seinem Marsch nach Mexiko als Soldat begleitet hat, beendete 1568 seinen detailgenauen Augenzeugenbericht über die Ereignisse. Hier beschreibt er einen Ritt über den Marktplatz von Tlatelolco:

Wir ritten, begleitet von zahlreichen Kaziken [Häuptlingen], über den großen Marktplatz von Tlatelolco. Dort fanden wir eine unerwartet große Menge Menschen, zahlreiche Verkaufsstände und eine ausgezeichnete Ordnungspolizei. Die Kaziken machten uns auf alle Besonderheiten aufmerksam. Jede Warengattung hatte ihre Plätze. Da gab es Gold- und Silberarbeiten, Juwelen, Stoffe aller Art, Federn, Baumwolle und Sklaven. Der Sklavenmarkt war hier genauso groß wie der Negermarkt der Portugiesen in Guinea. Damit sie nicht fliehen konnten, waren sie mit Halsbändern an lange Stangen geschnallt. Nur wenige durften frei herumgehen. [...]
Wir wollten aber den großen Cue besteigen. Als wir auf dem Weg dorthin an den Vorhöfen des Marktes vorbeikamen, sahen wir noch Kaufleute, welche die Goldkörner aus den Bergwerken verkauften. Sie schütteten ihre wertvolle Ware in große Gänseknochen, deren Wände sie so lange bearbeiteten, bis das Gold durchschien. Je nach der Länge und Dicke dieser Röhren konnte man dafür soundso viele Pakken Zeug oder Kakaobohnen (die heute noch als kleine Münze verwendet werden) oder Sklaven oder andere Waren eintauschen.

Bernal Diaz del Castillo, Wahrhafte Geschichte der Entdekkung und Eroberung von Mexiko, hg. von Georg A. Narciß, Frankfurt a.M. 1980, S. 216–217

b) Peter Martyr von Anghiera beschreibt in seiner Chronik weitere Einzelheiten:

Auf den Plätzen und Märkten in Tenustitan verkauft man auch alles, was zum Hausbau und zur Hausausstattung gehört: Pfosten und Balken, Latten, Kalk, Gips, Ziegel und Bruchsteine, die für den jeweiligen Gebrauch behauen sind. Vielfältige Tonwaren werden angeboten: Krüge, Kannen, Schüsseln, Mischkessel, Platten, Schalen, Becken, Pfannen, Näpfe, Kumpe, alles handgearbeitete Gefäße. Stahl und Eisen kennen die Menschen dort nicht; Gold, Silber, Zinn, Blei und Messing haben sie dagegen im Überfluß. Jeder Käufer wird auf dem

Markt die erwähnten Metalle in der Form bekommen, wie er sie wünscht: im Rohzustand, gegossen, geschmiedet und kunstvoll zu Schmuck verarbeitet. Ihre Handwerker verfügen über eine solche Fertigkeit, daß sie alles, was ihnen in die Augen fällt, schön und naturgetreu nachgestalten und schmieden können. Es gibt keine Vogelart, keinen Kopf und keinen Körper eines Landtieres, wovon Muteczuma nicht naturgetreue Nachbildungen besäße. Wer diese Kunstwerke von weitem sieht, glaubt, daß sie leben. [...]
Etwas anderes darf ich nicht übergehen. Auf dem weiten Gelände des größten Platzes in Tenustitan steht ein gewaltiges Rathaus. Dort sitzen ständig zehn oder zwölf angesehene ältere Männer, die als Rechtskundige alle auftretenden Streitigkeiten entscheiden. Neben ihnen stehen Polizeidiener mit Stäben, die deren Befehle ausführen. Auch Beamte, die Rechnungen und Maße überwachen, sind zur Stelle. Ob sie auch Gewichte kennen, weiß man noch nicht. [...]
Bewunderung verdient auch die vollendete und ungewöhnliche Weise, in der die Eingeborenen alle Güter herstellen, obwohl sie über kein Eisen und keinen Stahl verfügen. Man muß wissen, daß sie jedes Material mit Steinwerkzeugen bearbeiten und zersägen.

Peter Martyr von Anghiera, a. a. O., S. 49 f.

a) Gliedern Sie das in den Quellen genannte Markt- und Wirtschaftsgeschehen in verschiedene Bereiche und zeichnen Sie ein Bild der Strukturen und des Leistungsstands der aztekischen Wirtschaft.
b) Vergleichen Sie Organisation und Niveau der aztektischen Stadtwirtschaft und des Zusammenlebens der Menschen mit vergleichbaren Gemeinschaften in Europa.

10 Moctezuma und Cortés: Treffen zweier Welten

a) Aus Sicht der Mexica. Auf Veranlassung des Franziskanermönchs Bernardino de Sahagún (ca. 1500–1590) haben dessen eingeborene Schüler in der ersten Hälfte des 16. Jahrhunderts aztekische Berichte über die Eroberung Mexikos in ihrer eigenen Sprache, dem Náhuatl, niedergeschrieben:

Als das Jahr „Dreizehn Kaninchen" sich seinem Ende näherte, [...] erschienen sie wieder. [...] Sogleich brachte man Motecuhzoma die Kunde, und er sandte sofort Boten aus, denn er dachte: „Nun ist unser Fürst Quetzalcóatl gekommen!" In seinem Herzen fühlte er: er ist erschienen, er ist zurückgekommen. Nun wird er wieder seinen Thron einnehmen, wie er versprochen hat, ehe er uns verließ. Motecuhzoma schickte fünf hohe Gesandte aus, die die Fremden begrüßen und ihnen Willkommensgeschenke bringen sollten. [...] Motecuhzoma sagte zu ihnen: „Kommt näher, meine Jaguarkrieger, kommt näher! Man sagt, daß unser Herr in sein Land zurückgekehrt ist. Geht, ihn würdig zu empfangen. Hört seine Botschaft! Merkt genau auf das, was er sagt, und behaltet es gut im Gedächtnis!" [...]
Während er seine Gesandten erwartete, konnte Motecuhzoma weder schlafen noch essen. Man durfte nicht mit ihm sprechen. Seufzend ging er umher, erschöpft und niedergeschlagen, alles schien ihm nichtig. [...]
[Nach ihrer Rückkehr] berichteten die Gesandten dem König. Sie erzählten ihm, wie sie die Reise gemacht, welche Wunderdinge sie gesehen hatten und welche seltsame Speisen die Fremden äßen. Motecuhzoma war sehr erstaunt und bestürzt über ihren Bericht, und die Beschreibung der göttlichen Speise entsetzte ihn mehr als alles andere. Sie nährten sich nicht von Blut und menschlichen Herzen! Erschrocken hörte er auch davon, wie die Kanone brüllt, wie ihr Donner trifft, daß man taub und ohnmächtig wird. [...] Und die Gesandten berichteten weiter: „Ihre Kriegstracht und ihre Waffen sind ganz aus Eisen gemacht. Sie kleiden sich ganz in Eisen, mit Eisen bedecken sie ihren Kopf, aus Eisen sind ihre Schwerter, ihre Bogen, ihre Schilde und Lanzen. Sie werden von Hirschen auf dem Rücken getragen, wohin sie wollen. Herr, auf diesen Hirschen sind sie so hoch wie Dächer. Ihr Körper ist ganz verborgen, nur ihre Gesichter sind nicht bedeckt. Ihre Haut ist weiß, wie aus Kalk gemacht. Ihr Haar ist gelb, nur bei einigen schwarz. Sie haben auch lange gelbe Bärte, auch die Backenbärte sind gelb. Ihr Haar ist gelockt, in glänzenden Strähnen. Ihre Speise ist menschlich, wie die von Fürsten.

[...] Ihre Hunde sind große Ungeheuer mit flachen Ohren und langen, hängenden Zungen. Sie haben feurige gelbe Augen, die Funken sprühen und blitzen. Ihre Bäuche sind flach wie Löffel, ihre Flanken sind lang und schmal. Sie sind wild und unermüdlich, sie springen hierhin und dahin, keuchen immer und lassen die Zunge hängen. Sie sind gefleckt wie der Jaguar." Als Motecuhzoma diesen Bericht gehört hatte, griff die Furcht ihn an. Sie schwächte sein Herz bis zur Ohnmacht, es schrumpfte zusammen. Und die Verzweiflung eroberte ihn.

Doch dann sandte er wieder Abgeordnete aus, er schickte seine klügsten Leute, die begabtesten Wahrsager und Zauberer, die er nur finden konnte, und die edelsten und tapfersten Krieger. Sie nahmen Vorräte mit auf die Reise, Hühner, Eier, weiße Maisfladen, und was die Fremden sonst noch benötigen mochten oder was ihnen vielleicht gefallen könnte, trugen sie mit sich. Motecuhzoma schickte auch Gefangene mit. Sie waren für Opfer bestimmt, wenn es die Götter nach Menschenblut gelüstete. Die Gefangenen wurden vor den Fremden geopfert, doch als die Weißen das sahen, schüttelten sie sich vor Abscheu und Ekel. [...]

[Wenig später kommt eine Begegnung zwischen Cortés und Moctezuma zustande.] Dann stand er auf, um Cortés willkommen zu heißen. Er ging auf ihn zu, beugte den Kopf tief herab und redete ihn mit diesen Worten an: „Herr, Du bist müde! Die Reise hat Dich erschöpft, aber nun bist Du auf der Erde angekommen. Du bist gekommen in Deine Stadt nach Mexiko. Du bist hierhergekommen, um auf Deinem Thron zu sitzen, um unter Deinem Thron-Himmel zu sitzen. Die Könige, die schon dahingegangen sind, Deine Stellvertreter, haben ihn geschützt und bewahrt für Deine Ankunft. [...] Wenn sie nur sehen könnten, was ich sehe! Nein, es ist kein Traum. Ich gehe nicht im Schlaf. Ich sehe Dich nicht in meinen Träumen [...] Ich sehe Dich von Angesicht zu Angesicht. Ich war in Todesfurcht, fünf Tage lang, zehn Tage lang, meine Augen starrten in das Reich des Wunders. Und nun bist Du gekommen, aus den Wolken und Nebeln, um wieder auf Deinem Thron zu sitzen. Dies war geweissagt von den Königen, die Deine Stadt verwalteten. Und nun ist es eingetreten. Du bist zu uns zurückgekommen, Du bist aus dem Himmel herabgekommen. Ruhe Dich nun aus. Nimm Besitz von Deinen königlichen Schlössern. Willkommen in Eurem Land, meine Götter!" Als Motecuhzoma geendet hatte, übersetzte Malintzin seine Rede ins Spanische, so daß der Kapitän sie verstehen konnte. Cortés antwortete in seiner seltsamen und wilden Sprache. Zuerst sagte er zu Malintzin: „Sag Motecuhzoma, daß wir seine Freunde sind. Es gibt nichts zu fürchten. Schon seit langer Zeit wollten wir ihn gern sehen, und nun haben wir ihn gesehen und seine Worte gehört. Sag ihm, daß wir ihn schätzen und daß wir zufrieden sind." Dann sagte er zu Motecuhzoma: „Wir sind als Freunde zu Deinem Schloß in Mexiko gekommen. Du hast nichts zu befürchten."

Zitiert nach: Miguel León-Portilla/Renate Heuer (Hg.), Rückkehr der Götter, Die Aufzeichnungen der Azteken über den Untergang ihres Reiches, Köln/Opladen 1962, S. 23 f., 28–30, 53 f.

a) Beschreiben Sie die Erwartenshaltung und die psychische Disposition der Mexica bei der Ankunft der Spanier.
b) Erklären Sie, inwiefern diese psychische Verfassung den Siegeszug der Spanier erleichterte.
c) Welche Charakteristika der Spanier werden in diesem Bericht besonders hervorgehoben?
d) Beschreiben Sie die Wirkung, die Verhalten und Auftreten der Mexica auf die Spanier gehabt haben könnten.

b) Cortés' Bericht über die Rede Moctezumas:

Kurze Zeit nachher aber, nachdem alle meine Leute schon einquartiert waren, kehrte er zurück mit vielen und mannigfaltigen Kleinodien von Gold und Silber und Federbüschen sowie mit fünf- bis sechstausend Stück baumwollenen Gewebes, sehr reich und in verschiedener Art gewoben und gearbeitet. Nachdem er mir das übergeben hatte, setzte er sich auf eine andere Estrade, die schnell für ihn neben der meinigen bereitet wurde, und sitzend redete er zu mir folgendes: „Seit langer Zeit bereits besitzen wir durch unsere Urkunden von unseren Voreltern Kenntnis, daß weder ich noch alle jetzigen Einwohner dieses Landes Eingeborene desselben sind, sondern vielmehr Fremde, die aus sehr entfernten Gegenden stammen. Gleichfalls wissen wir, daß unser Geschlecht durch einen Herrn hierher geführt wurde, dessen Vasallen sie alle waren, und der darauf nach seinem Geburtslande zurückkehrte, später aber wiederkam – doch erst nach so langer Zeit, daß sich die Zurückgebliebenen unterdessen schon mit eingebornen Weibern verheiratet und viele Kinder erzeugt, auch neue Ortschaften gebildet hatten, wo sie lebten. Und als er sie wieder mit sich hinwegzuführen gedachte, wollten sie nicht folgen und ihn nicht einmal mehr als ihren Herrn erkennen, und so entfernte er sich wieder. Wir aber haben stets dafür gehalten, daß jemand von seinen Nachkömmlingen dereinst erscheinen würde, um dieses Land zu unterjochen und uns wiederum zu ihren Vasallen zu machen. Und nach der Gegend, aus welcher Ihr gekommen zu sein versichert, das heißt vom Sonnenaufgange her, und nach Euren Erzählungen von jenem großen Herrn oder Könige, der Euch von dort entsendet hat, glauben wir und halten es für gewiß, daß derselbe unser angestammter Herrscher sei; besonders da Ihr sagt, daß auch er von uns seit langer Zeit schon Kunde besessen. Seid deshalb überzeugt, daß wir Euch gehorchen und Euch als Gebieter und als Statthalter jenes großen Herrn anerkennen werden, von dem Ihr redet. [. . .] Wohl mögt Ihr daher im ganzen Lande, soweit ich es zur Herrschaft besitze, nach Willkür befehlen, denn es wird gehorcht und getan werden, und alles, was wir besitzen, erwartet, was Euch darüber zu verfügen gefällig sein wird. Und da Ihr Euch nun hier in der Heimat und im eigenen Hause befindet, so erlustigt Euch und ruhet aus von der Mühseligkeit des Weges und den Kriegen, die Ihr gehabt habt; denn ich kenne sehr wohl alles, was Euch in dieser Art begegnet ist von Puntunchan bis hierher, und ich weiß wohl, daß die von Cempoal und Tlascaltecal Euch viel Übles von mir gesagt haben; glaubet aber nicht mehr davon, als Ihr mit eigenen Augen sehen werdet, besonders jenen nicht, die meine Feinde sind und zum Teil einst meine Vasallen waren, und die bei Eurer Ankunft gegen mich rebelliert und, nur um sich bei Euch in Gunst zu setzen, Euch solches gesagt haben. [. . .] Jetzt gehe ich in ein anderes Haus, wo ich wohne. Ihr werdet hier mit aller Notdurft für Euch und Eure Leute versorgt werden. Ihr braucht Euch um nichts zu kümmern, denn ihr befindet Euch in Eurem Hause und Eurer Heimat.“ Ich antwortete nun auf alles, was er gesagt hatte, ihn überall befriedigend, wo es mir angemessen schien, und besonders ihn in seinem Glauben bestärkend, daß wirklich Ew. Majestät der längst von ihnen Erwartete sei.

Ferdinand Cortez, Die Eroberung von Mexiko, Drei eigenhändige Berichte von Ferdinand Cortez an Kaiser Karl V., hg. von Ernst Schultze, Hamburg 1907, S. 199–122

Untersuchen und analysieren Sie die unterschiedliche Wiedergabe der Rede Moctezumas in den beiden Darstellungen und arbeiten Sie Schwerpunkte, Zielsetzung und die Position des jeweiligen Schreibers heraus.

11 America. Allegorie von Crispin de Passe (1564–1637). Allegorische Darstellungen der Neuen Welt waren damals weit verbreitet. *Welche europäischen Vorstellungen und Phantasien über den neu entdeckten Kontinent dokumentiert diese Allegorie?*

1.3 Kolonisierung und Ausbeutung der Neuen Welt

1.3.1 Der Aufbau der spanischen Kolonialherrschaft

Zentrale Verwaltung

Den spanischen Königen ging es in erster Linie darum, sich mit Hilfe der Edelmetallieferungen und Steuereinnahmen aus Übersee die Mittel zu verschaffen, um Spanien in den Rang einer europäischen Großmacht zu erheben. Aus diesem Grunde wurde für das umfangreiche Territorium von rund 400 000 qkm ein nach rationalen Gesichtspunkten organisiertes und zentralistisch aufgebautes Verwaltungssystem entwickelt, das bis zum Beginn des 19. Jahrhunderts Bestand hatte. Bereits 1503 hatten die spanischen Könige in Sevilla die sogenannte Casa de la Contratación eingerichtet, eine Art Handelshaus, das den Verkehr von Passagieren und Handelswaren nach Amerika beaufsichtigen und die königlichen Einkünfte aus Übersee kassieren sollte. Diese Institution reichte jedoch nicht aus, um ein so ausgedehntes Gebiet wie Mexiko zu verwalten.

Königliches Patrimonium und Indienrat

Aus diesem Grund wurde 1524 im Zuge einer allgemeinen Zentralisierung der Verwaltung zur Stärkung der Krone der Indienrat als staatliche Zentralbehörde ins Leben gerufen und diesem die Casa de la Contratación untergeordnet. Das Gremium setzte sich aus bürgerlichen Juristen und Geistlichen mit einem Präsidenten an der Spitze zusammen und stellte die oberste Verwaltungs-, Rechts-, Gerichts-, Finanz- und Kircheninstanz für die überseeischen Gebiete dar. Staatsrechtlich wurden diese nicht als Kolonien, sondern als selbständiges Teilreich neben den anderen Erbländern der spanischen Krone betrachtet. Ihre Bewohner wurden als freie Untertanen der Krone angesehen. Die Vergabe von Land und Privilegien fiel allein in die Kompetenz des Monarchen (wobei alter Privat- und Gemeinbesitz der Indios in der Regel respektiert wurde). Erst im 18. Jahrhundert taucht in spanischen Texten der Begriff „colonia“ auf; nichtsdestoweniger stellten die spanischen Überseegebiete de facto durchaus Kolonien in dem Sinne dar, als in ihnen europäische Herrschaft, Besiedlung, wirtschaftliche Ausbeutung und kulturelle Durchdringung verwirklicht wurden. Die Regierung der neuen Länder sollte sich in erster Linie nach den wirtschaftlichen und finanziellen Interessen des Mutterlandes richten. Aus diesem Grunde übertrug man so eng wie möglich die Regierungsprinzipien und bürokratischen Institutionen Spaniens auf die Überseegebiete.

Cortés' Aktivitäten

Als tatkräftiger Organisator hatte Cortés unmittelbar nach seinem Sieg mit dem Wiederaufbau und der machtpolitischen Sicherung der eroberten Gebiete begonnen, ohne auf Weisungen aus Spanien zu warten. Unter Nutzung von etwa 400 000 einheimischen Zwangsarbeitern hatte er Tenochtitlan wieder aufbauen und vergrößern lassen: Kanäle und Sumpfgebiete wurden zugeschüttet, Dämme verbreitert und zu Alleen ausgebaut und Zehntausende von Häusern errichtet; an der Stelle des zertrümmerten Haupttempels entstand eine Kathedrale, auf dem Terrain

Kolonie. Unter Kolonien versteht man seit Beginn der Neuzeit in der Regel in Übersee zu bestimmten Zwecken erworbene, eroberte oder besiedelte Gebiete eines Staates, Volkes oder einer privaten Gesellschaft mit staatlicher Legitimation. Die wichtigsten Erscheinungsformen sind die Wirtschaftskolonie, die in erster Linie der Bereicherung des Mutterlandes (Spanisch-Amerika) oder einer privaten Handelsgesellschaft dient (britische, niederländische, französische ostindische Kompanie in Indien und Ostasien) und die Siedlungskolonie, in der sich Auswanderer aus dem Mutterland niederlassen und entweder die einheimische Bevölkerung verdrängen oder als Oberschicht beherrschen (USA; Südafrika, Rhodesien). Daneben gibt es noch Militärkolonien, die strategischen Zwecken dienen (Gibraltar, Panama), und Sträflingskolonien, in denen Strafgefangene untergebracht werden (Australien, Cayenne). Die Kolonialherrschaft kann entweder direkt durch Kolonialbeamte des Mutterlandes ausgeübt werden oder indirekt durch eine allgemeine Oberaufsicht über einheimische Verwaltungsbehörden. Im Verlauf der Entkolonisierung sind fast alle ehemaligen Kolonien nach dem Zweiten Weltkrieg in selbständige Staaten umgewandelt worden.

von Moctezumas Palast Cortés' Residenz in der neuen Stadt Mexico. Darüber hinaus bemühte sich der Eroberer um eine Ausweitung der Grenzen, den Seehandel mit Asien und die moralische Festigung der neuen Kolonialgesellschaft durch Förderung von Mission und Kirche. Weiter kümmerte sich Cortés um den Ausbau der Landwirtschaft. Er ließ aus Spanien und der Karibik bisher unbekannte Pflanzen und Tiere einführen, die die Landwirtschaft Mexikos nachhaltig verändern sollten: Zuckerrohr, Weinstöcke, neue Getreidearten, Zitrusfrüchte, Oliven- und Nußbäume; Rinder, Schweine, Pferde, Schafe, Ziegen und Hühner. Spanische Einwanderer brachten neue Geräte wie z. B. den Pflug mit.
Als Cortés 1528 vorübergehend nach Spanien zurückkehrte, wurde er zwar ehrenvoll empfangen, den erhofften Rang eines Vizekönigs von Neuspanien erhielt er jedoch nicht. Karl I. (1506 König von Spanien, 1519–1556 als Karl V. deutscher Kaiser) und der Indienrat hegten ein zu großes Mißtrauen gegenüber den Autonomiebestrebungen des energischen Conquistadors. Entschädigt wurde er durch den Titel eines Generalkapitäns (militärischer Oberbefehlshaber) über Neuspanien und die Ernennung zum Marqués del Valle de Oaxaca, womit er Herr über ein fruchtbares Hochtal im südlichen Mexiko mit Goldminen, 28 Dörfern und Zehntausenden von Untertanen wurde und zu fürstlichem Reichtum gelangte. Unzufrieden mit der Bevormundung durch die neuen Kolonialbehörden kehrte er 1547 nach Spanien zurück, wo er bald darauf starb.

Neue Kolonialbehörden

Karl I. und der Indienrat hatten nämlich 1528 für die Regierung Neuspaniens die sogenannte Audiencia als oberste kollegial besetzte Gerichts- und Verwaltungsinstanz eingerichtet. 1535 wurde dieser dann ein Vizekönig in Gestalt des königlichen Kammerherrn Antonio de Mendoza übergeordnet. Danach fungierte die aus Juristen zusammengesetzte Audiencia nur noch als oberstes Justizorgan und als Kontrollbehörde über Verwaltung und Finanzwesen. Entscheidend war, daß auch das Vizekönigtum im Grunde ein bürokratisches Amt war, nicht erblich und jederzeit neu zu besetzen. Die normale Amtszeit betrug sechs Jahre. Insofern war der Entstehung eines neuen Feudalreichs in Übersee vorgebeugt. Die Vizekönige hatten drei Aufgabenbereiche: Ihnen unterstand die Verwaltung der Hauptstadtregion, sie führten den Oberbefehl über die Truppen, außerdem hatten sie den Vorsitz in der Audiencia inne.

Die Frauen in der Conquista

Obwohl bei der Eroberung und Kolonisierung Amerikas die Männer zweifelsohne dominierten, spielten jedoch auch die Frauen – sowohl auf indianischer als auch auf spanischer Seite – eine bedeutende Rolle. Wichtig ist zunächst, daß die Einbettung der indianischen Frauen in die traditionellen Funktionsbereiche von Familie, Haushalt und Kult, auf die sie vor allem während der Großreichsbildung bei den Mexica und auch in Peru (Inkareich) beschränkt worden waren, durch die Zerschlagung ihres gesellschaftlichen und religiösen Systems und die darauf folgenden ökonomischen und religiösen Umwälzungen weitgehend verlorenging. Dabei gelang es jedoch Frauen des indianischen Adels vielfach, durch die Aufnahme von Beziehungen mit den Eroberern (als Geliebte oder Ehefrauen) ihren sozialen und materiellen Status zu sichern oder gar zu verbessern. Gerade in der ersten Phase der Kolonialherrschaft bis etwa 1570/80 wurden solche Verbindungen wegen des gravierenden Mangels an weißen Frauen von der spanischen Krone sogar gefördert. Frauen der Unterschicht hatten es in dieser Hinsicht schwerer. Doch auch diese wußten zu einem erheblichen Teil die sich ihnen bietenden Chancen zu nutzen: Sie gingen als Dienstmädchen, Wäscherinnen oder Verkäuferinnen in die entstehenden Kolonialstädte und nahmen so am Leben der Kolonialherren teil, so daß sich auch ihnen soziale und ökonomische Aufstiegsmöglichkeiten boten. Das änderte sich, als die ersten Jahrzehnte erheblicher gesellschaftlicher Mobilität gegen Ende des 16. Jahrhunderts in eine Stabilisierung der politischen und gesellschaftlichen Verhältnisse mündeten. Die Lage der Frauen verschlechterte sich wieder, neue Chancen boten sich ihnen kaum noch.

Spanische Frauen nahmen schon früh an der Kolonisierung teil, meist im Gefolge der Männer als Ehefrau, Geliebte oder Magd. Einige spielten auch eine durchaus eigenständige Rolle bei der Conquista und erwarteten entsprechende Belohnungen. Gegen 1570 bestanden 28% der registrierten Einwanderer aus Frauen, die sich ebenfalls materiellen und sozialen Aufstieg in der neuen Welt erhofften. Als Herrinnen indianischer Dienstboten oder schwarzer Sklavinnen und Sklaven gewannen sie einen gehobenen sozialen Status.

1.3.2 Die wirtschaftliche Ausbeutung der Neuen Welt

Bei der Nutzung der neuen Gebiete waren die Interessen der Conquistadoren und privaten Abenteurer „vor Ort" oft nicht identisch mit denen des Mutterlandes. Während der spanischen Krone an regelmäßigen Einkünften und einer Stärkung ihrer Finanz- und Wirtschaftskraft gelegen war und gleichzeitig durchaus ernst gemeinte Missionierungs- und Zivilisierungsabsichten hatte, war die andere Gruppe in der Regel auf schnellen Gewinn und reiche Beute aus, um wohlhabend und mit der Aussicht auf sozialen Aufstieg in die Heimat zurückzukehren oder sich als begüterte Grundbesitzer in der Neuen Welt niederzulassen. Diese Interessenkonflikte fanden in zahlreichen gesetzlichen Regelungen ihren Niederschlag und wurden letztlich auf dem Rücken der unterworfenen Bevölkerung ausgetragen.

Indianersklaverei

Die Konsequenz aus der staatsrechtlichen Stellung der eroberten Gebiete als freies Kronland war, daß die dort lebende Bevölkerung zunächst einmal als grundsätzlich frei angesehen wurde; eine Versklavung der Indios war ja auch kaum mit dem Missionierungsanspruch zu vereinbaren und erschien für die Etablierung einer konfliktfreien Herrschaft nicht sinnvoll. Nur wer sich nach Verlesung des Requerimiento (▷ S. 10 f.) weigerte, den Herrschaftsanspruch der Spanier anzuerkennen, durfte nach Auffassung der maßgebenden Juristen mit einem dann legitimierten „gerechten Krieg" überzogen und versklavt werden. Diese Grundsätze fanden in der ersten Indianergesetzgebung, den Leyes de Burgos vom 27. Dezember 1512, ihren Niederschlag und wurden 1542 zu einem generellen Versklavungsverbot ausgeweitet.

Repartimiento und Encomienda

Gebilligt wurde in den Regelungen von 1512 jedoch das System von Repartimiento (Zuteilung von Indios) bzw. Encomienda (Schutzauftrag), das sich inzwischen in der neuen Welt ausgebreitet hatte. Dabei wurde spanischen Siedlern eine bestimmte Zahl von Eingeborenen, die von den Häuptlingen bereitgestellt werden mußten, als freie Untertanen der Krone zum Arbeitseinsatz mit der Auflage zugeteilt, sie angemessen unterzubringen, zu versorgen, zu entlohnen und vor allem in der christlichen Religion zu unterweisen. Dahinter steckte der Gedanke, den nach Ansicht der Kolonialherren von Natur aus faulen und lasterhaften Indio durch Arbeit und straffe Eingliederung in die spanische Lebensweise zu missionieren und zu zivilisieren. In der Praxis hatten jedoch die Encomenderos freie Hand, so daß sich die Ziele der Krone kaum durchsetzen ließen.

An den Folgen der rücksichtslosen Behandlung der Eingeborenen entzündete sich vor allem in kirchlichen Kreisen schon früh Kritik. Zum bekanntesten Ankläger dieses Systems wurde der Soldat, spätere Encomendero und Kleriker Bartolomé de las Casas (1474–1566), der sich auf Grund seiner Erfahrungen in Amerika den Dominikanern anschloß und sich am spanischen Hof und in umfangreichen Schriften eindringlich für die Belange der Unterworfenen einsetzte. Auf sein und seiner Gesinnungsgenossen Wirken ist im wesentlichen die spätere Reformgesetzgebung zurückzuführen, die die gröbsten Ausschreitungen zu verhindern suchte.

12 Der kranke Las Casas träumt von den Wilden. Kupferstich von Pierre Adam (1790–1853) aus dem Jahre 1823 nach einem Gemälde von Louis Hersent von 1808.
Informieren Sie sich über das Wirken Las Casas' und erklären Sie seinen Traum.

Dreieckshandel

Der Bevölkerungsschwund in Amerika ist wohl in erster Linie auf die von den Europäern eingeschleppten Krankheiten zurückzuführen. Die körperliche Schwächung durch den ungewohnten massiven Arbeitseinsatz tat ein übriges. So fielen wahrscheinlich 90% der Bevölkerung Mexikos, Mittelamerikas und der Karibik den Pocken, der Pest und anderen Seuchen, aber auch für Europäer relativ harmlosen Krankheiten (Grippe, Masern) zum Opfer. Schon früh wurden Sklaven aus Afrika nach Westindien geschafft, wo sie vor allem auf den nun entstehenden Zuckerrohrplantagen arbeiteten. Ab 1518 wurden diese Sklavenlieferungen zur ständigen Praxis; eine Verlustquote von 10–20% während des Transports war „normal". In Aufständen und Rebellionen begehrten die Sklaven immer wieder gegen ihr grausames Schicksal auf. Trotzdem entwickelte sich allmählich der klassische „Dreieckshandel": Billige europäische und asiatische Fertigwaren wurden nach Afrika exportiert, dort wurden Sklaven gekauft, nach Amerika transportiert, wo sie gegen Rohstoffe und Lebensmittel für den Verkauf in Europa eingetauscht wurden. Das lukrative Handelsmonopol für Sklaven lag in der Hand des spanischen Königs, der das Handelsrecht an reiche Kaufleute und Kapitäne verlieh und den Sklavenhandel kräftig besteuerte. Zwischen dem 15. und dem 19. Jahrhundert sind von europäischen und afrikanischen Händlern ca. 15–20 Mio. Schwarzafrikaner auf diese Weise nach Amerika gebracht worden.

Reformversuche in Mexiko

Cortés, der ursprünglich in Kenntnis der verhängnisvollen Folgen das Encomienda-System in Mexiko nicht einführen wollte, wurde jedoch letztlich durch seine Mitstreiter, die heftig nach Belohnung riefen, dazu gezwungen, Repartimientos zu gewähren. Er bemühte sich allerdings darum, sie zu humaner Vorgehensweise zu verpflichten. Aus Mexiko kam auch die Initiative zur Auflösung des Zwangsarbeitssystems. 1532 wurde der Vorschlag gemacht, die Encomienda durch behördlich festgesetzte Tribute zu ersetzen, die Indios eines bestimmten Bezirks einem Conquistador oder Siedler liefern mußten. Diese sollten als Gegenleistung die Menschen ihres Bezirks beschützen und kirchlich betreuen. Dieser Vorschlag wurde vom Indienrat gebilligt und am 26. Mai 1536 durch königlichen Erlaß zum Gesetz. Ihren Abschluß fanden die Reformbestrebungen in den „Neuen Gesetzen" von 1542, die unter anderem bestimmten, daß keine neuen Encomiendas mehr ausgegeben werden und die bereits vergebenen beim Tod ihres Besitzers an die Krone zurückfallen sollten. Später wurden die Indios in Dorfgemeinschaften zusammengelegt. Die Eingeborenen konnten nun als freie Lohnarbeiter auf den Gütern der Spanier arbeiten oder in ihrem Dorf, in dem eine besondere, der Allmende ähnelnde Besitzstruktur eingeführt wurde, der auf dem traditionellen aztekischen Gemeinde- oder Sippenbesitz fußende Ejido.

Landvergabe und Großgrundbesitz

Bei der Zuteilung von Land an die Siedler ging die spanische Krone von dem Grundsatz aus, daß Privat- und Gemeinbesitz der Indios nicht angetastet werden sollte. Außerdem versuchte sie, das Entstehen von Großgrundbesitz zu vermeiden. Die typischen Latifundien Lateinamerikas entwickelten sich erst allmählich im Laufe der Kolonialgeschichte: Das durch die Zusammenlegung und den starken Bevölkerungsrückgang der Einheimischen frei gewordene Land wurde häufig beschlagnahmt (gegen Zahlung einer geringen Gebühr an die Krone), Indianerbesitz wurde trotz Verbot, zum Teil durch Ausübung von Druck, von den Weißen gekauft, oder weitere Landstücke wurden über Strohmänner oder durch Weiterverkauf erworben, so daß am Ende dieser Entwicklung die klassische Form des lateinamerikanischen Großgrundbesitzes stand, die Hacienda.

Bergbau

Der Gold- und vor allem Silberbergbau begann ab Mitte des 16. Jahrhunderts, eine wichtige Rolle in Mexiko zu spielen, vor allem, als 1557 das Amalgamationsverfahren mit Quecksilber eingeführt wurde. In den Minen arbeiteten überwiegend freie indianische Arbeiter, anders als in Potosi (im heutigen Bolivien), wo auf der Basis der traditionellen Gemeinschaftsarbeit des Inkareichs (mita) ein mörderisches Zwangsarbeitssystem etabliert wurde. Der Erzabbau mit seinem hohen Bedarf an Rinderhäuten, Holz und Zugtieren sowie Lebensmitteln für die zahlreichen Arbeitskräfte führte zu einem weiteren Anwachsen der Haciendas, wo Viehzucht betrieben und Nahrungsmittel produziert wurden. Einige Zahlen sollen die Bedeutung des Edelmetallbergbaus für Spanien verdeutlichen: Mitte des 17. Jahrhunderts machte das Silber 99% der spanischen Exporte aus Amerika aus, und bis zu diesem Zeitpunkt wurden etwa 16 Mio. kg Silber nach Europa transportiert, etwa das Dreifache der gesamten damaligen Silberreserven Europas! Noch heute ist Mexiko der größte Silberproduzent der Welt.

Ökologische Folgen

Die ökologischen Folgen des Imports spanischer Agrarkultur, des Bergbaus und des Aufbaus der Kolonialstädte waren gravierend: Vor allem störten die aufkommende Viehwirtschaft und die mangels natürlicher Feinde rapide zunehmenden Viehbestände den traditionellen indianischen Ackerbau, der sich nun stärker auf die Belieferung der Städte verlegte, erheblich. Außerdem veränderte sich die bisher praktizierte Art der Landwirtschaft dadurch, daß die meisten neu eingeführten Pflanzen auf künstliche Bewässerung angewiesen waren. Die Überweidung großer Flächen durch die immens gewachsenen Schafherden und die Abholzung weiter Waldgebiete zur Deckung des hohen Holzbedarfs im Bergbau, bei der Zuckerproduktion und beim Städtebau führten zu irreversibler Bodenerosion mit den bekannten Folgen, unter denen vor allem die einheimische Bevölkerung zu leiden hatte.

Rückwirkungen auf Spanien

Damit begann eine besondere Form des Güteraustauschs im globalen Rahmen, der seine volle Blüte erst mit der Gründung der englischen und niederländischen Handelskompanien und ihrer Festsetzung in Indien und Ostasien erreichte (▷ Kapitel 2.2). Spanien, das von 1580–1640 mit Portugal in Personalunion verbunden war, erwies sich allerdings als nicht fähig, die immensen materiellen Gewinne aus dem amerikanischen Kolonialreich zum Aufbau einer europäischen Großmachtstellung zu nutzen. Mehrere Faktoren sind dafür verantwortlich zu machen: Anstatt die Wirtschaftskraft des Landes durch produktive Investitionen zu stärken, führten die Herrscher langwierige Kriege, die ungeheure Summen verschlangen; ein weiterer Teil des amerikanischen Silbers floß in Luxus und Kultur des nach wie vor tonangebenden Adels; überkommene schwerfällige Verwaltungsstrukturen und eine unfähige Finanzpolitik hatten eine lang andauernde Inflation zur Folge; dagegen wurde die wirtschaftlich produktivste Gruppe der Bevölkerung, die als Bauern und Handwerker tätigen Morisken, ehemalige Mauren, die sich unter dem Druck der Reconquista hatten zwangstaufen lassen, zwischen 1609 und 1614 aus Spanien vertrieben, ein Aderlaß an Wirtschaftskraft und ökonomischer Initiative, unter dem Spanien bis ins 19. Jahrhundert gelitten hat.

13 Siedler für die Kolonien. Gesetz der Katholischen Könige über die freie Ausreise in die eroberten Gebiete von 1495:

Alle Schiffe, die unter irgendeinem der nachstehend in diesem Brief erwähnten Umstände nach den genannten Inseln segeln wollen, dürfen ihre Ausreise nur von Cadiz und von keinem anderen Hafen aus antreten. Vor ihrer Abreise haben sie sich bei den dort von Uns oder Unseren Bevollmächtigten eingesetzten Beamten vorzustellen, damit diese registrieren, wer nach Indien fährt. [...] Alle, die ohne Besoldung nach der Insel La Española gehen und sich dort niederlassen wollen, können dies ungehindert tun. Sie können dort ohne Beschränkung als freie Männer leben, brauchen keine Steuern zu zahlen und dürfen die Häuser, die sie bauen, die Felder, die sie bestellen, und die Pflanzungen, die sie anlegen, als ihr freies Eigentum für sich und ihre Rechtsnachfolger behalten gemäß der Zuteilung an Land und Liegenschaften durch die von Uns auf der genannten Insel damit Beauftragten. Diesen Personen, die solchermaßen auf der genannten Insel La Española leben und wohnen [...], wird man für ein Jahr Unterhalt geben; Wir gewähren ihnen ferner die Gunst, [...] daß sie [...] den dritten Teil des Goldes, welches sie auf der Insel finden, für sich behalten sollen, soweit es nicht zum Tauschhandel gebraucht wird; die zwei anderen Drittel sind für Uns; sie müssen sie Unserem Steuereinnehmer [...] auf der Insel abliefern; sofern sie die Lizenz besitzen, dürfen sie alle anderen Waren und sonstigen Güter, die sie auf der Insel vorfinden, für sich behalten unter Abgabe eines Zehntels vom Wert an Uns oder Unseren Beauftragten [...].

Zitiert nach Eberhard Schmitt (Hg.), Dokumente zur Geschichte der europäischen Expansion, Bd. 3, Der Aufbau der Kolonialreiche, München 1987, S. 292 f.

a) Untersuchen Sie die bevölkerungspolitischen und sozialen Konsequenzen dieser Verfügung.
b) Beschreiben Sie die Erwartungen der Neusiedler und der Krone, die sich mit diesem Edikt verbinden.

14 Grundsätze der Kolonialverwaltung. Instruktion des spanischen Hofes für den ersten Vizekönig in Amerika nach Kolumbus, Antonio de Mendoza, vom 25. 4. 1535:

Was Ihr, Don Antonio de Mendoza, Unser Vizekönig und General-Gouverneur der Provinz Neu-Spanien, zu Diensten Gottes, Unserer selbst und des ganzen dortigen Gemeinwesens [...] tun sollt, ist folgendes:

1. Sofort nach Ankunft in jenem Land, und sobald Ihr Euch ein erstes Bild davon gemacht habt, sollt Ihr Euch vor allem anderen darüber unterrichten, welche Beiträge für die geistlichen und kirchlichen Angelegenheiten gezahlt wurden und werden, besonders für die Errichtung der für den Gottesdienst notwendigen Kirchen und die Bekehrung und Unterweisung der indianischen Einwohner jenes Landes, und für andere solche Dinge, die den Dienst Gottes, Unseres Herrn, und die Entlastung Unseres königlichen Gewissens betreffen. Die Fehler, die

nach Eurer Feststellung dabei aufgetreten sind, sollt Ihr mit jedem Prälaten in seiner Diözese besprechen. [. . .]

2. Item. Ihr sollt allerschnellstens sowohl die Stadt Mexiko als auch alle anderen Städte, Dörfer, Siedlungen der ganzen Provinz visitieren. [. . .] Ihr [. . .] sollt Euch über die Bedeutung eines jeden der Dörfer unterrichten und über die Anzahl seiner eingeborenen Bewohner und anderer, spanischer Bewohner, die es dort eventuell gibt, und darüber, was die Landesbewohner an Uns oder an die Personen, die sie in Unserem Namen in Encomienda haben, nach Eurer Feststellung in jedweder Weise zum Zeitpunkt der Visitation entrichten und zahlen. [. . .] Ebenso sollt Ihr Euch darüber unterrichten, ob besagte Eingeborene leicht mehr Gold, Silber oder andere Dinge, die ihnen bezeichnet und taxiert wurden, beisteuern und bezahlen können, als sie gegenwärtig zahlen. Ebenso sollt Ihr Euch darüber unterrichten, wieviel Tribut jeder Ort umgerechnet auf Gold- und Silberwert bezahlt. [. . .]

5. Item. Denn hier ist besprochen worden, daß die hauptsächliche und beste Weise, wie Wir Uns des Landes bedienen können, und zwar bei weniger Drangsal seiner Bewohner, besonders derjenigen, die nicht die Möglichkeit haben, die Tribute und Abgaben, die sie Uns zu entrichten haben, in Gold zu bezahlen, in ihrem [der Eingeborenen] persönlichen Dienst besteht: In den Dörfern, die unter Unserer Verwaltung stehen, sollten sie verpflichtet sein, Personen aus ihrer Mitte für die Arbeit in den von Uns bezeichneten Gold- und Silberminen einzuteilen. [. . .]

13. Weiterhin sind Wir darüber unterrichtet, daß es in vielen Gegenden der Provinz große und sehr ergiebige Gold- und Silberminen und andere Erzgruben gibt, und daß Uns, abgesehen vom Fünften, den Uns die mit Unserer Konzession und Genehmigung dort fördernden Privatpersonen gezahlt haben und zahlen, sehr gedient wäre und unsere königlichen Einkünfte erhöht würden, wenn Unsere Beamten für Uns und in Unserem Namen eine beträchtliche Anzahl schwarzer Sklaven oder derjenigen Indios, die berechtigterweise als Sklaven erworben und gehalten werden, in den Minen arbeiten ließen. [. . .]

14. Weiterhin sind Wir darüber unterrichtet, daß die Provinz oder ihr größter Teil sehr fruchtbar und ergiebig ist, und daß sie eine Vielfalt an Erzeugnissen [. . .] hervorbringt, die Uns dienlich und den Landesbewohnern und Siedlern verdienstbringend sein könnten, wenn man sie sich mit Geschick und Sorgfalt zunutze zu machen verstünde. Deshalb beauftrage und befehle Ich Euch, der Ihr Uns dadurch sehr zu Diensten sein werdet, darüber Auskunft und Kenntnisse einzuholen, welche von den Produkten von solcher Güte sind, daß sie jetzt oder künftig Unsere Steuereinnahmen und Unser königliches Patrimonium vermehren können.

Zitiert nach Eberhard Schmitt (Hg.), a. a. O., S. 151–155

a) Kennzeichnen Sie die Prinzipien und Motive, die offensichtlich bei der Verwaltung der Kolonie im Vordergrund stehen.

b) Vergleichen Sie diese Dienstanweisung mit den Reformbestrebungen der spanischen Krone von 1536 und 1542 (▷ S. 27 f.) und erörtern Sie mögliche Probleme und Widersprüche.

15 Spanischer Mönch tauft Indianer. *Charakterisieren Sie die dargestellten Gestalten und bestimmen Sie die Bedeutung der Geistlichen, besonders der Mönche, bei der Kolonisierung Amerikas.*

16 Das System der Encomienda.

Mit einer Verfügung vom 20. 12. 1503 begründete Königin Isabella das System der Encomienda, das nach der Eroberung Mexikos auch auf dieses Gebiet übertragen wurde:

[...] so habe Ich diese Verfügung wie folgt ausfertigen lassen und befehle hiermit Euch, Unserem Gouverneur, daß Ihr von dem Tage an, wo Ihr diese Meine Verfügung erhaltet, künftig die Indianer nötigt und antreibt, mit den Christen [...] Umgang zu pflegen, in ihren Häusern zu arbeiten, Gold und andere Metalle zu schürfen und Landarbeit für die [...] Christen zu leisten, und daß Ihr jedem für den Arbeitstag Tagelohn und Unterhalt geben laßt, wie Sie Euch nach der Beschaffenheit des Bodens, des Arbeiters und der Tätigkeit angemessen erscheinen, daß ihr jedem Kaziken [Häuptling] auferlegt, eine bestimmte Anzahl Indianer bereitzuhalten, um sie jeweils da, wo es nötig ist, zur Arbeit einsetzen zu können, und damit sie sich an den Festtagen und wann es sonst erforderlich scheint zusammenfinden, um an den dafür bestimmten Orten über die Dinge des Glaubens zu hören und darin unterrichtet zu werden, daß jeder Kazike die von Euch jeweils vorgeschriebene Zahl von Indianern beibringt und an die von Euch benannten Personen zur Arbeit überläßt, gemäß näherer Anweisung dieser Personen und gegen einen von Euch festzusetzenden Tagelohn.

Die genannten Verpflichtungen sollen sie als freie Personen leisten, die sie ja sind, nicht als Sklaven. Ihr habt dafür zu sorgen, daß diese Indianer gut behandelt werden, und zwar diejenigen unter ihnen, die Christen sind, besser als die anderen; ihr dürft nicht dulden oder Anlaß geben, daß irgend jemand ihnen Leid oder Schaden zufügt oder sie ungebührlich behandelt [...].

Zitiert nach: Geschichte in Quellen, Bd. 3, Renaissance, Glaubenskämpfe, Absolutismus, bearb. von Fritz Dickmann, München, 3. Aufl. 1982, S. 68

a) *Beschreiben Sie präzise das System der Encomienda und stellen Sie stichwortartig Vor- und Nachteile für die Neusiedler und die Urbevölkerung zusammen.*

b) *Nehmen Sie Stellung zu der Aussage, die Indianer würden als freie Menschen betrachtet und behandelt. (▷ M 18)*

17 Encomienda – das größte Übel?

Auszug aus einem Gutachten der königlichen Hofgeistlichen aus dem Jahre 1519:

Das größte Übel, das die totale Verwüstung jener Länder bedeutet hat und, wenn man nicht Abhilfe schafft, auch für den noch übrigen Rest bedeuten wird und welches man nach Recht und Vernunft gar nicht beibehalten kann und darf, ist die Dienstbarkeit (encomienda) der Indianer in ihrer jetzigen Form. Wir meinen damit, daß sie so, wie es zur Zeit geschieht, zur Dienstleistung verteilt und in der heute üblichen Weise ausgebeutet werden, so nämlich, daß der ganze Ertrag ihrer Arbeit ihren Dienstherren zufließt. Diese so geübte Art der Encomienda ist gegen das Wohl der Indianer und ihres Gemeinwesens, ist aber auch gegen alle menschliche Vernunft und Klugheit, gegen das Wohl und den Dienst des Königs, unseres Herrn, gegen jedes weltliche und geistliche Recht, gegen alle Grundsätze der philosophischen und der christlichen Ethik, gegen Gott und seinen Willen, gegen die Kirche. [...]

Das erste, hochedle Herren, was man zur Behebung der Schäden tun muß, ist, ihre Ursache zu beseitigen; ist dies geschehen, dann ist der Weg frei für Verbesserungen. Die Ursachen des Elends und des Aussterbens der Indianer sind bisher drei gewesen (um nur von den ständigen Ursachen zu reden und die gelegentlichen nicht zu erwähnen): Die erste ist übermäßige Arbeit, die zweite Mangel an Fürsorge und Ernährung, die dritte Überdruß an der Arbeit und Verzweiflung, ihr jemals zu entrinnen. Wer diese Ursachen richtig ins Auge faßt, der wird zu dem Ergebnis kommen, daß sie ausreichen würden, um nicht nur schwächliche Indianer, sondern auch starke Riesen zu töten. Und es ist unbestreitbar, daß man in allen drei Dingen mit ihnen im Übermaß verfahren ist und ihnen mehr zugemutet hat, als ihre Kräfte leisten konnten. Demnach bleibt für das, was wir als notwendig ansehen, nur ein wirksames Mittel übrig, welches zuerst und von Rechts wegen nur darin bestehen kann, daß man sie aus der drückenden Encomienda und aus der harten Knechtschaft befreit, die so viel Unrecht und Schaden mit sich bringt, und sie in Freiheit setzt [...].

Zitiert nach: Geschichte in Quellen, a. a. O., S. 79

a) Stellen Sie die kritischen Argumente gegen das System der Encomienda zusammen.
b) Beurteilen Sie die im Text enthaltene Ursachenanalyse des Problems und diskutieren Sie ihre Tragfähigkeit und mögliche Konsequenzen.
c) Welche Kriterien legen die Autoren bei der Beurteilung der Mißstände an? Inwiefern werden sie damit dem Problem gerecht?

18 **Zehn verheerende Plagen.** Der Franziskaner Toribio de Benavente (ca. 1490–1569), der von den Indios „Motolinía“ (der Arme) genannt wurde, stellt in seiner „Geschichte der Indios von Neuspanien“ einen minutiösen Katalog der verheerenden Folgen der spanischen Kolonialherrschaft auf (nach 1539):

Gott verwundete und bestrafte dieses Land und seine Bewohner, sowohl einheimische als auch fremde, mit zehn verheerenden Plagen. Die erste waren die Pocken [...].

Die zweite Plage war die Conquista, durch die viele starben, besonders in der Stadt Mexiko [...].

Die dritte Plage war eine große Hungersnot, die nach der Einnahme der Stadt ausbrach. Denn da sie infolge des Krieges, bei dem die einen den Mexikanern halfen, das Land zu verteidigen, während andere auf der Seite der Spanier kämpften, die Felder nicht bestellen konnten oder aber die Felder, die die einen bepflanzten, von den andern zerstört wurden, gab es nichts zu essen [...].

Die vierte Plage waren die calpixques oder Aufseher und die Neger, die, nachdem man das Land aufgeteilt hatte, die Konquistadoren in ihren Besitzungen und Dörfern, mit denen sie betraut worden waren, einsetzten, damit sie die Tribute überwachten und auf ihren Ländereien nach dem Rechten sahen. Diese Aufseher wohnen in den Dörfern, und obwohl sie zumeist Arbeiter sind, die aus Spanien eingewandert sind, führen sie sich in diesem Lande wie Herren auf und springen mit den einheimischen Fürsten um, als seien es ihre Sklaven. [...] Das einzige, was sie tun, ist, Befehle auszuteilen, und soviel man ihnen auch gibt, es ist nie genug; und wo immer sie sind, stänkern sie. [...] In den ersten Jahren war die Herrschaft der calpixques so unbegrenzt, daß sie die Indianer so sehr mißhandelten und ihnen so viele Lasten und Arbeiten auferlegten und sie soweit von ihrer Heimat wegschickten, daß viele Indianer starben, was allein ihre Schuld ist.

Die fünfte Plage waren die hohen Abgaben und Dienstleistungen, die die Indianer erbringen mußten. Da sie in ihren Tempeln und in vielen Gräbern ihrer Fürsten und Herren eine große Menge Gold aufbewahrt hatten, das sie abliefern konnten, legte man ihnen hohe Tribute auf, und die Indianer, die seit den Zeiten des Krieges große Furcht vor den Spaniern hegten, gaben alles, was sie hatten. Da aber die Tribute immer weiter gefordert wurden, gewöhnlich alle achtzig Tage, mußten sie, um die Zahlungen einhalten zu können, ihre Kinder und Ländereien an Kaufleute und Händler verkaufen, und wenn sie ihre Tribute nicht einhielten, bedeutete das für viele den Tod, sei es, daß man sie folterte, sei es, daß man sie ins Gefängnis warf, denn man behandelte sie in schändlichster Weise, waren ihnen doch ihre Tiere mehr wert als die Indianer.

Die sechste Plage waren die Goldminen, denn außer den Tributen und Dienstleistungen, die die Spanier aus ihren Dörfern bezogen, begannen sie auch, nach Minen zu suchen; und die Zahl der indianischen Sklaven, die darin zu Tode kamen, ist so groß, daß man sie nicht zählen kann. [...]

Die siebte Plage war der Wiederaufbau der Stadt Mexiko, bei dem anfangs mehr Menschen beschäftigt waren als bei der Errichtung des Tempels von Jerusalem. So groß war die Masse der Arbeiter, die bei den Bauten eingesetzt waren, daß man kaum durch die Straßen kam, obwohl sie sehr breit sind. Und bei diesen Arbeiten [...] starben viele Indianer [...].

Die achte Plage war die Jagd auf Sklaven, die sie für die Minen benötigten. Es gab Jahre, da gingen sie mit solchem Eifer ans Werk, daß die Sklaven wie große Herden von Schafen aus allen Teilen des Landes in Mexiko zusammenströmten, wo sie gebrandmarkt wurden. Und so groß war die Nachfrage, daß die, die bei den Indianern selbst Sklaven waren, obwohl sie nur selten so behandelt wurden, nicht ausreichten, so daß sie, um ihre Tribute an Sklaven, die alle achtzig Tage fällig waren, entrichten zu können, gezwungen waren, Kinder und macehuales, das heißt Leute aus dem Volk, und wen immer sie auftreiben konnten, abzuliefern, was jene, denen dies geschah, mit Schrecken erfüllte, fürchteten sie doch, daß sie nun zu Sklaven erklärt werden würden. [...]

Die neunte Plage war der Arbeitsdienst in den Minen, zu denen die Indianer bis zu einer Entfernung von sechzig Leguas [300 km] und mehr Versorgungsgüter bringen mußten. Der Weg war manchmal so weit, daß das Essen, das die Träger für sich selbst mitführten, kaum reichte, um zu den Minen zu gelangen, geschweige denn, um den Rückweg anzutreten; außerdem hielten sie die Minenbesitzer nicht selten für einige Tage zurück, damit sie ihnen beim Roden halfen. Auch setzten sie sie beim Häuserbau ein oder bedienten sich auf sonstige Weise ihrer Hilfe, wodurch ihre eigenen Vorräte so sehr schwanden, daß sie entweder in den Minen oder auf dem Rückweg starben. [...] Andere kehrten so entkräftet in ihre Dörfer zurück, daß sie bald darauf starben, und von diesen und den Sklaven, die in den Minen umkamen, ging ein solcher Gestank aus, daß es die ganze Umgebung verpestete, besonders in den Minen von Guaxaca, wo man im Umkreis von einer halben Legua und auf weiten Teilen der Straße nicht wußte, wohin man treten sollte, so viele Leichen und Knochen lagen dort herum. Und die Vögel und Krähen, die herbeikamen, um sich von den Toten zu ernähren, waren so zahlreich, daß sie die Sonne verdunkelten; und so geschah es, daß viele Orte entvölkert wurden, sowohl jene, die am Wege lagen, als auch in der ganzen Gegend. Wer überlebte, floh in die Berge, und so blieben die Häuser und Felder verlassen.

Die zehnte Plage war der Streit, der zwischen den Spaniern in Mexiko ausbrach und die Gefahr heraufbeschwor, das ganze Land zu verlieren, was unzweifelhaft geschehen wäre, wenn Gott die Indianer nicht in Blindheit gehalten hätte.

Toribio de Benavente, Historia de los indios de la Nueva España, hg. von Edmundo O'Gorman, Mexiko 1984, S. 13 ff., zitiert nach: Wilfried Westphal, Der Adler auf dem Kaktus, Braunschweig 1990, S. 225–228

a) Analysieren Sie die aufgezählten zehn Plagen und versuchen Sie, sie in ihrer Tragweite differenziert zu bewerten.
b) Nehmen Sie Stellung zu Anspruch und Wirklichkeit der spanischen Kolonialverwaltung und ziehen Sie dazu die Materialien M 14 bis 16 und die Darstellung S. 26 ff. heran.
c) Erörtern Sie grundsätzlich Möglichkeiten und Grenzen einer Kolonialherrschaft.

19 Bevölkerungsentwicklung und Export von Edelmetall

a) Tributpflichtige Indianer und Bevölkerung im Hochland von Zentralmexiko

Jahr	Tributpflichtige	Bevölkerung
1519	500 000	1 500 000
1570	117 270	325 000
1644	22 659	70 000

Nach: C. Gibson, Aztecs under Spanish Rule, Stanford 1964, zitiert nach: Wolfgang Reinhard, Geschichte der europäischen Expansion, Bd. 2, Die neue Welt, Stuttgart/Berlin/Köln/Mainz 1985, S. 62

b) Bevölkerung des spanischen Amerika 1570 und 1650

1570	Weiße	Schwarze u. Mischlinge	Indianer	Gesamt
Mexiko	30 000	25 000	3 500 000	3 555 000
Zentralamerika	15 000	10 000	550 000	575 000

1650	Weiße	Schwarze	Mestizen[1]	Mulatten[2]	Indianer	Gesamt
Mexiko	200 000	30 000	150 000	20 000	3 400 000	3 800 000
Zentralamerika	50 000	20 000	30 000	10 000	540 000	650 000

Nach: A. Rosenblat nach J. Vicens Vives, Historia Bd. 3, S. 402, 405, zitiert nach: Wolfgang Reinhard, a. a. O., S. 63

[1] Mischling von Indios und Weißen
[2] Mischling von Schwarzen und Weißen

c) Edelmetalleinfuhr nach Spanien 1503–1610 in Pesos (aufgerundet)

	Krone	Privat	Gesamt
1503–1520	884 600	2 491 500	3 376 100
1521–1525	35 152	99 017	134 169
1526–1530	272 070	766 366	1 038 436
1531–1540	1 783 300	3 804 900	5 588 200
1541–1550	2 350 500	8 112 300	10 462 800
1551–1560	5 571 000	12 921 600	18 492 600
1561–1570	5 601 500	19 863 000	25 464 500
1571–1580	9 567 900	18 687 900	28 255 800
1581–1590	15 361 500	36 378 700	51 740 200
1591–1600	19 166 100	37 429 200	56 595 300
1601–1610	15 069 600	40 769 100	55 838 700

Nach E. J. Hamilton, American Treasure and the Price Revolution in Spain 1501–1650, New York 1974, S. 34, und E. L. Sanz, Comercio de España con América, Bd. 2, Valladolid 1980, S. 254, zitiert nach: Wolfgang Reinhard, a. a. O., S. 103

a) Beschreiben und erklären Sie die Bevölkerungsentwicklung und ihre möglichen Ursachen mit Hilfe der Statistiken a) und b).

b) Beschreiben Sie die Entwicklung der Edelmetallexporte und stellen Sie Thesen über die Funktion des Kolonialerwerbs für Staat und Privatpersonen und über mögliche Verwendungszwecke der großen Gold- und Silbermengen auf.

1. *Kennzeichnen Sie die weltgeschichtliche Bedeutung der Entdeckung Amerikas.*
2. *Überprüfen Sie in Kenntnis der wesentlichen Züge der aztekischen Kultur sorgfältig die Rechtmäßigkeit und Schlüssigkeit der von den spanischen Entdeckern vorgebrachten Argumentation und diskutieren Sie, ob das moderne Völkerrecht auf die damaligen Verhältnisse angewandt werden kann.*
3. *Erörtern Sie Inhalt und Sinn der Kategorien „wild" und „zivilisiert".*
4. ♦ *Überdenken Sie den schnellen Untergang des Reichs der Mexica. Kann man von einer Überlegenheit der Europäer und Unterlegenheit der aztekischen Herrschaft und Kultur sprechen?*
5. *Diskutieren Sie die psychischen Folgen kolonialer Herrschaft für Herrscher und Beherrschte.*
6. *Analysieren Sie den geistigen und gesellschaftlichen Zusammenhang zwischen Reconquista und Kolonialismus.*

2. Kolonialismus des Kaufmanns: Das Beispiel der East India Company in Indien

Gegen Ende des 16. Jahrhunderts entwickelte sich ein neuartiges Expansionsstreben in Europa. Es waren niederländische und britische Kaufleute, die die Initiative ergriffen und sich nach Osten, Richtung Asien, wandten. Freier Handel und Warenverkehr waren die Devise. Diese modernen Prinzipien standen im Widerspruch zur im Vertrag von Tordesillas festgelegten Aufteilung der Welt unter den alten Kolonialmächten. Daher machten die neuen Konkurrenten das Prinzip der Freiheit der Meere geltend. Da die Spanier und Portugiesen nicht in der Lage waren, ihren Anspruch durchzusetzen, mußten sie dem Aufstieg der neuen Mächte und der die Übersee-Expansion vorantreibenden Kaufmannsgesellschaften bürgerlicher Provenienz weitgehend tatenlos zusehen. Diese schufen einen neuen Typus von Kolonialismus, der die Epoche bis zum Beginn des 19. Jahrhunderts prägte. Dabei schufen vor allem die Engländer und Niederländer die Grundlagen für ihre späteren Kolonialreiche. Gleichzeitig stiegen Großbritannien und die Niederlande zu den führenden Wirtschaftsmächten in Europa auf.

1600	In London wird die East India Company (EIC) gegründet. Die ersten Flotten erreichen in den nächsten Jahren Bantam, Ternate, Banda Neira (heutiges Indonesien) und Surat an der Westküste Indiens.
1602	In Konkurrenz zur EIC entsteht in den Niederlanden die „Vereenigde Oostindische Compagnie" (VOC); noch im selben Jahr setzt sie sich auf der Molukkeninsel Amboina fest.
1652	Als Stützpunkt auf dem Weg nach Indien und Ostasien gründet die VOC die Kapkolonie an der Südspitze Afrikas.
1664/65	In Frankreich richten Ludwig XIV. und sein Minister Colbert die „Compagnie Française des Indes" als Monopolhandelsgesellschaft ein. Diese gründet in Surat eine Faktorei, wo bereits englische, niederländische und portugiesische Niederlassungen bestehen.
1757/61	In Indien baut die EIC ihren Einflußbereich durch die militärische Einnahme von Calcutta, Pondichéry und Mahé weiter aus und legt so den Grundstein für die Vorherrschaft der Engländer auf dem Subkontinent.

2.1 Das Mogulreich in Indien

Das Mogulreich

In Indien herrschte zu Beginn des 17. Jahrhunderts die türkische Dynastie der Mogule (pers.: Mongolen), die, von Norden aus Afghanistan kommend, nach Indien eingedrungen waren und 1526 unter Babur, dem Herrscher von Kabul, den Sultan von Delhi besiegt hatten. Im 16. Jahrhundert war es vor allem der Großmoghul Akbar (1556–1605), der die gesamte nördliche Hälfte des Subkontinents mit den dort befindlichen Sultanaten bis auf die Höhe von Bengalen im Osten und Bombay im Westen unter seine Kontrolle brachte. Die neuen Herren waren persisch sprechende Muslime und beherrschten eine breite Masse von Bauern, Handwerkern und Kaufleuten hinduistischen Glaubens. Aus diesem Grunde und wohl auch aus eigener Überzeugung betrieb Akbar eine tolerante Religionspolitik.

Verwaltung und Steuersystem

Mit seiner Politik der Expansion verband Akbar gleichzeitig die Absicht, ein starkes und in sich geschlossenes Reich aufzubauen. Deshalb strebte er eine straffe Zentralisation der Verwaltung an, ähnlich den absoluten Herrschern Europas rund 100

Jahre später. Schon Akbar gebrauchte das Bild von der Sonne, um den Charakter seines Herrschertums zu kennzeichnen. Das Reich war in 12 Provinzen, diese wiederum in Distrikte und Unterdistrikte gegliedert. Die Beamten dieser Verwaltungsbezirke hatten gleichzeitig militärische Funktionen. Neben der Aufrechterhaltung von Recht und Ordnung war es die wichtigste Aufgabe dieser hierarchisch gegliederten Beamtenschaft, eine effektive Steuererhebung durchzuführen. Ein labiles Gleichgewicht von Zentralisierung und Dezentralisierung kennzeichnete dieses System.

Die Herrschaft über den Subkontinent

Die Zeit der Regierung des Großmogul Aurangzeb (1658–1707) stellte den Gipfelpunkt des Mogulimperiums dar; gleichzeitig jedoch begann der Zerfall des Riesenreiches. Durch seine zielstrebige Politik der Expansion und Zentralisierung gelang es Aurangzeb zunächst, fast den ganzen indischen Subkontinent unter seine Kontrolle zu bringen. Es verstärkten sich jedoch zusehends die Kräfte, die sich von der Oberherrschaft der Mogule zu befreien suchten. Aurangzeb hatte nämlich die tolerante Religionspolitik seiner Vorgänger aufgegeben und verfolgte einen am islamischen Staats- und Kulturideal orientierten, gegen den Hinduismus gerichteten Kurs: Hindus wurden von öffentlichen Ämtern ausgeschlossen, Schulen und Tempel zerstört. Außerdem führte Aurangzeb die den Hindus verhaßte Kopfsteuer für Nichtmuslime wieder ein. Darüber hinaus litt die Effizienz seiner Verwaltung an Korruption, Bereicherung auf Kosten der Staatskasse und luxuriösem Wohlleben der Provinzherren und Beamten. Aus diesem Grunde gelang es Aurangzeb nicht, den Norden und Süden Indiens dauerhaft und stabil miteinander zu verklammern. Die schwachen Herrscher, die nach seinem Tode 1707 folgten, waren nicht mehr in der Lage, das Riesenreich zusammenzuhalten, so daß es unter dem Druck innerer Selbständigkeitsbestrebungen und erschüttert von Invasionen der Perser und Afghanen aus dem Norden allmählich zerfiel.

Landmacht gegen Seemächte

Die Mogule strebten nicht nach der Herrschaft über die Meere; sie verstanden sich ausschließlich als Landmacht. So waren die indischen Überseehändler den zur See überlegenen Europäern ausgeliefert; Überfälle und Plünderungen reicher indischer Handelsschiffe waren keine Seltenheit; verschont blieben nur die Kapitäne, die Geleitbriefe der Portugiesen, Holländer oder Engländer vorweisen konnten. Aus diesem Grunde gelang es den Europäern auch relativ leicht, sich in den indischen Hafenstädten festzusetzen, von wo aus sie, von der Peripherie zur Mitte vorstoßend, in den folgenden Jahrzehnten allmählich ganz Indien unter ihre Kontrolle brachten.

2.2 Die East India Company (EIC)

Gründung und Organisation

Als 101 Londoner Geschäftsleute am 31. Dezember 1600 ein königliches Privileg für die Ausrüstung eines Handelsschiffes nach Indien erhielten, ahnte wohl keiner von ihnen, daß sie damit den Grundstein für ein riesiges britisches Kolonialimperium gelegt hatten. Immerhin erhielt die Handelskompanie der Kaufleute sofort weitreichende Vorrechte: das Monopol für den Handel Englands mit Ostindien, Zollfreiheit für vier Jahre und das Recht, 30 000 Pfund Edelmetall auf jeder Reise ausführen zu dürfen. Die neue Gesellschaft setzte sich zum Ziel, die ausländische Konkurrenz vor allem aus den Niederlanden auszuschalten und das noch bestehende Preismonopol der Portugiesen zu brechen.

Zunächst gelang die Verwirklichung des ersten Ziels noch nicht, da die Holländer auf Grund ihrer besseren Kapitalausstattung jährlich weitaus mehr Schiffe nach Indien senden konnten als die Briten. Erst als die EIC 1657 in eine auf Dauer bestehende Handelsgesellschaft mit festem Grundkapital und regelmäßiger Divi-

dendenausschüttung umgewandelt wurde, holte sie den Vorsprung der Rivalen langsam auf; bis dahin war jede Reise einzeln finanziert und abgerechnet worden. Außerdem hatte die englische Krone auch anderen rivalisierenden Vereinigungen Privilegien gewährt, so daß die Vorrangstellung der EIC in England noch lange umstritten war. Nach dem Zusammenschluß mit dem Hauptrivalen im Jahre 1709 war jedoch der Weg zum Aufstieg der EIC geebnet.
Geleitet wurde die Kompanie von einem wöchentlich tagenden 24-köpfigen Direktorium, das aus seiner Mitte einen Vorsitzenden samt Stellvertreter bestimmte. Gewählt und kontrolliert wurde dieser Vorstand von einer Art Aufsichtsrat der Gesellschafter. Das Gremium der Aktionäre bestimmte auch die Grundlinien der Geschäftspolitik. Solange die Geschäftsergebnisse zufriedenstellend waren, konnten die Direktoren allerdings ziemlich unbehelligt schalten und walten (zwischen 1661–1691 erhielten die Gesellschafter durchschnittlich 22% Dividende auf den Nominalwert ihres Aktienkapitals pro Jahr, gleichzeitig stieg der Kurswert zeitweise um 300%; im 18. Jahrhundert gingen die Dividenden auf 8–10% pro Jahr zurück).

Das Handelsreich der EIC

Anders als die Spanier in Amerika hatten die Engländer kein Interesse, territoriale Eroberungen zu machen. Sie zogen es – zumindest in den ersten Jahrzehnten – vor, auf der Basis von Abkommen mit den einheimischen Herrschern in Indien Handelsstützpunkte und Faktoreien an günstigen Küstenplätzen zu errichten. Als im Zuge der allmählichen Auflösung des Mogulreichs die Handels- und Lebensbedingungen für die Angestellten und Händler der Kompanie immer unsicherer wurden, ging man dazu über, feste, strategisch günstig gelegene und durch Forts gesicherte Stützpunkte mit etwas Hinterland zum Schutz gegen mögliche Angriffe zu errichten und, wenn möglich, in den Besitz der Gesellschaft zu überführen. Dabei besetzten die Europäer die entscheidenden Schnittpunkte der Handelsstraßen unweit der asiatischen Produktionsgebiete und Märkte, so daß sie die vorhandene Infrastruktur kostenlos nutzen konnten.
Das Handelsreich der EIC stand nach seiner Konsolidierung im Jahre 1717 im wesentlichen auf drei Säulen: Die erste Säule war die befestigte Niederlassung in Bombay, von wo aus die Faktoreien an der Malabar-Küste im Westen und in Surat kontrolliert wurden. Die zweite Säule war Madras an der Koromandelküste im Osten, das den dortigen Handelsverkehr überwachte; und die dritte war das damals gegründete Kalkutta, das in Bengalen, dem wirtschaftlich bedeutendsten Gebiet Indiens, lag. Der Großmogul Aurangzeb hatte den Briten die Errichtung eines Forts bei Kalkutta erlaubt (Fort William) und ihnen das Recht der Steuereintreibung in drei benachbarten Dörfern gegen Zahlung einer jährlichen Abgabe eingeräumt.

Handelskompanie. Schon im Mittelalter schlossen sich Kaufleute vielfach zu Genossenschaften und Hansen zusammen, um ihre Handelswege zu schützen und bessere Handelsbedingungen im Ausland zu erreichen. Dabei wirtschafteten die Mitglieder dieser Verbindungen auf eigene Rechnung und eigenes Risiko. Schon bald erwies es sich jedoch wegen der besseren Kapitalausstattung als vorteilhaft, die Einzelkapitalien zusammenzulegen. Auf diese Weise entstanden ab etwa 1600 vor allem in England und Holland Frühformen der modernen Aktiengesellschaften. Sie waren in erster Linie gegen das Handelsmonopol der Spanier und Portugiesen gerichtet und, obwohl private Gesellschaften, eng mit staatlichen Interessen verknüpft. Das kam in den staatlichen Privilegien zum Ausdruck, die den Handelskompanien gewährt wurden: das Handelsmonopol für bestimmte Waren und Regionen und zeitweise Befreiung von Zöllen. Im Gegenzug erhielten die Handelskompanien in der Regel die Verpflichtung, ihre Handelsstützpunkte auf eigene Kosten auszubauen und zu versorgen, und das Recht, halbstaatliche Befugnisse in ihren Handelsstützpunkten auszuüben (Gerichtswesen, Vertragsrecht, Recht auf Kriegführung und Befestigungsbau).

20 Herrschaftsbereich der East India Company in Indien um 1818.
Bestimmen Sie anhand der Karte die besondere Art des britischen Kolonialismus.

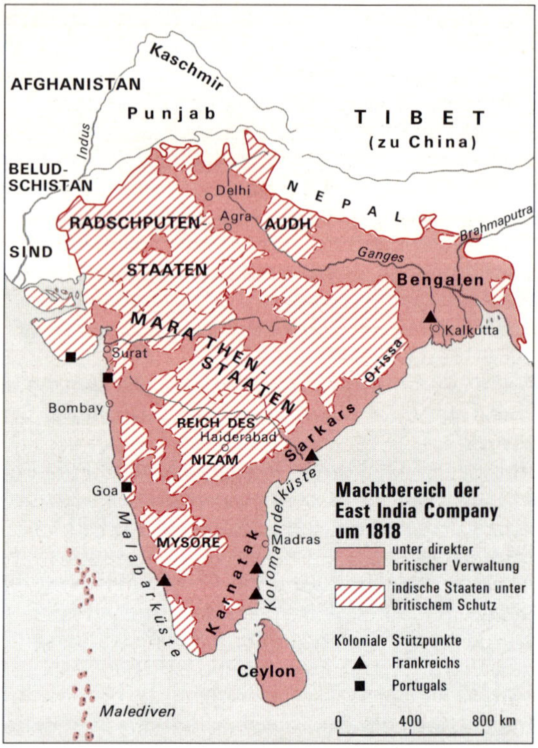

Vom Handel zur Herrschaft

Den Übergang vom Handel in Indien zur Herrschaft über Indien vollzog die EIC wohl endgültig 1757 mit der Schlacht bei Plassey. Nach Ausbruch des Siebenjährigen Krieges in Europa (1756–1763) waren Franzosen und Engländer auch in Indien miteinander in Konflikt geraten. Frankreich hatte nach der Gründung einer Ostindischen Kompanie durch Colbert 1664 eine langgestreckte Kette von Stützpunkten an der Ostküste Indiens errichtet, deren Einflußzone vor allem durch die geschickte Politik des Gouverneurs Dupleix (1697–1763) weit ins Landesinnere reichte. Der Nabob, der Herrscher über Bengalen, wollte den Konflikt der Europäer nutzen und ganz Bengalen unter seine Kontrolle bringen. Er griff Fort William an und besetzte die Hauptniederlassung von Kalkutta. Robert Clive (1725–1774), ein tatkräftiger und militärisch äußerst geschickter 31jähriger Hauptmann der EIC aus Madras, verbündete sich mit den indischen Gegnern des Nabob und trat mit 800 britischen Soldaten und 2000 Mann indischer Hilfstruppen der 50 000 Mann starken Armee des Nabob entgegen. Auf Grund der besseren soldatischen Disziplin seiner Truppen und des Einsatzes von konzentriertem Kanonenfeuer gelang es Clive, das Heer des Nabob in die Flucht zu schlagen und die Kompanie zur Herrscherin Bengalens zu machen. 1764 fiel bei einer weiteren Schlacht bei Baksar sogar der Großmogul in die Hand der EIC, der jedoch als „Mogul von der Kompanie Gnaden" weiterregieren durfte. Die EIC erhielt von ihm Bengalen mit dem Recht der Steuererhebung zum Lehen, so daß sie nun die wirtschaftlich stärkste Region Indiens in der Gewalt hatte. Bengalen wurde in wenigen Jahrzehnten nach der Machtübernahme der Engländer von der reichsten zu einer der ärmsten Provinzen Indiens; 38 Millionen Pfund zogen die neuen Herren durch eine rigorose Erhöhung der Grundsteuer und die Monopolisierung bestimmter Güter wie z. B. Salz zwischen 1757 und 1780 aus diesem Gebiet heraus.

2.3 Merkantilismus und globaler Güteraustausch

Aktive Handelsbilanz

Die East India Company und auch die anderen in dieser Zeit entstandenen privilegierten Handelsgesellschaften waren typische Erscheinungsformen des Merkantilismus, des Wirtschaftssystems, das das 17. Jahrhundert in ökonomischer Hinsicht entscheidend geprägt hat. Dieses System wurde von folgenden Prinzipien bestimmt: Als ausschlaggebend für den volkswirtschaftlichen Reichtum wurde der Handel angesehen, und zwar insbesondere der Handel mit anderen Ländern. Dabei war es das Hauptziel, eine aktive Handelsbilanz zu erreichen, d. h. die Erlöse aus der Warenausfuhr sollten die Kosten für die eingeführten Güter in möglichst hohem Maße übersteigen, so daß der Gewinn in Form von Edelmetall den Wohlstand des Landes förderte.

Die Kaufmannsgesellschaften bewegten sich genau auf der Linie dieses Systems: Jahr für Jahr wurde mehr exportiert als importiert. Dabei entstand jedoch ein Problem, das mit der klassischen Theorie des Merkantilismus nicht in Einklang zu bringen war: Wegen der besonderen Struktur des Asienhandels war der wichtigste Exportartikel der europäischen Kaufleute Edelmetall, in der Regel Silber, das aus Amerika nach Europa gelangt war. Entscheidend für den derart verlaufenden Warenstrom war das Prinzip der „komparativen Kosten": Asien konnte bestimmte Waren wegen niedrigerer Produktionskosten günstiger als die Europäer erzeugen, während die Europäer wegen ihrer Verbindungen zum spanischen Kolonialreich Silber billiger herstellen konnten.

So zeichneten sich erste Konturen eines globalen Güteraustauschs ab, der jedoch für die Merkantilisten theoretische Probleme aufwarf: Wie konnte ein Land reich werden, obwohl es ständig große Mengen von Edelmetall exportierte? Als gar in England um 1620 eine Handelskrise auftrat, sah sich die EIC wegen ihrer Edelmetallausfuhr heftiger Kritik ausgesetzt. Einer ihrer Direktoren, Thomas Mun (1571–1641), hat in mehreren Grundsatzschriften gegenüber dem Parlament die Handelspolitik seiner Gesellschaft verteidigt und dabei neue wirtschaftstheoretische Gedanken entwickelt. Erstmals wurde von ihm der Warencharakter des Geldes (Edelmetalls) erkannt, das zu bestimmten Preisen gekauft und verkauft werden konnte. Vor allem aber wies er nach, daß man zur Bilanzierung des Gesamtgewinns des Handels nicht nur die zweiseitigen Beziehungen zwischen England und Asien in Betracht ziehen dürfe, sondern daß die Gesamthandelsbilanz mit anderen Ländern entscheidend sei. Und hier konnte Mun zeigen, daß der Abfluß von Edelmetall nach Indien völlig unschädlich für England war, da durch den Re-Export der aus Indien eingeführten hochwertigen Waren in andere Länder insgesamt mehr Geld ins Land kam als abfloß.

Merkantilismus. Die vor allem in den absolutistischen Staaten Europas zwischen dem 16. und 18. Jahrhundert vorherrschende Wirtschaftsform war der Merkantilismus (lat. mercari: Handel treiben). Man ging dabei von der Überzeugung aus, daß es die Aufgabe der Wirtschaft sei, den Wohlstand des Landes bzw. des Landesherrn zu fördern. Und da die Experten der Meinung waren, daß vor allem der Handel mit dem Ausland die Quelle des Reichtums sei, waren die Fürsten und ihre Wirtschaftsfachleute bestrebt, eine aktive Handelsbilanz zu verwirklichen: Förderung des Exports gewerblicher Artikel und des Imports von Rohstoffen und umgekehrt Beschränkung des Exports von Rohstoffen und des Imports von Fertigwaren. Auf diese Weise sollte ein in Edelmetall ausgedrückter Exportüberschuß erzielt werden, der dann in die Staatskasse fließen sollte. Der Kolonialerwerb und die Förderung des Schiffbaus sollten ebenfalls diesen Zwecken dienen. Verbunden mit der Wirtschaftsförderung war häufig eine aktive Bevölkerungspolitik (Peuplierung): Ansiedlung von Facharbeitern und gewerblich aktiven Bevölkerungsgruppen (Calvinisten, Juden) zur Förderung der Manufakturproduktion. In einzelnen Ländern erhielt der Merkantilismus jeweils spezifische Ausprägungen: In Frankreich lag das Schwergewicht auf der staatlichen Gewerbeförderung, in England auf der Kolonialpolitik in Form der Privilegierung von Handelskompanien, in Deutschland vor allem nach dem Dreißigjährigen Krieg auf der Bevölkerungspolitik und dem Aufbau eines leistungsfähigen Manufakturgewerbes.

21 Englische Teeplantage im 18. Jh., indische Darstellung aus dem späten 18. Jh.
Bestimmen Sie die Bedeutung des Tees im Rahmen des merkantilistischen Handelssystems. Interpretieren Sie Haltung und Aussehen des Briten.

Wertvolle Importgüter

Als Importware stand zunächst der Pfeffer im Vordergrund. Im letzten Drittel des 17. Jahrhunderts änderte sich das: Zunehmend wurden indische Textilien, vor allem die begehrten leichten Baumwollwaren gekauft und zunächst in Indonesien zum Erwerb der dort heimischen Gewürze wie Zimt, Muskat und Nelken benutzt. Mit der Änderung der Kleidermode in Europa wuchs jedoch auch im Abendland das Interesse an den qualitativ hochwertigen indischen Stoffen, so daß die Textilien nun fast ausschließlich nach Europa exportiert wurden; sie machten in diesem Zeitraum zwischen 60 und 80 % aller Importgüter der EIC aus! Dabei nutzten die Engländer den gesamteuropäischen Bedarf nach diesen Waren zu einem lukrativen Re-Export in andere Länder.
In der ersten Hälfte des 18. Jahrhunderts gewann eine dritte Importware zunehmend an Bedeutung, nämlich der Tee, der vor allem bei den Engländern in Verbindung mit westindischem Zucker eine grundlegende Veränderung der Trinkgewohnheiten bewirkte. Etwa ab 1770 überstieg der Wert der Teeimporte sogar den der Textilien. Herkunftsland des Tees war China, über Kanton wurde er im Tausch gegen indische Waren, von dort stammende Steuergelder und Opium bezogen und nach England transportiert (▷ Kapitel 4.1). Auch dieses Importgut wurde in andere europäische Länder und die amerikanischen Kolonien der Briten mit Gewinn weiter exportiert.

Asienhandel und Weltwirtschaft

Der Handel mit Asien war also gleichsam die Basis der Weltwirtschaft, während die westeuropäischen Handelsmächte England und Holland als Drehscheibe der Warenverteilung fungierten. Als Grundlage des vor allem von England und von den Niederlanden ausgehenden Re-Exportgeschäfts begünstigte der Asienhandel die internationale Verflechtung des Handels und des Kreditwesens: Edelmetall aus Amerika floß über Banken verschiedener Länder nach Asien, Fertigwaren und wertvolle Verbrauchsgüter wurden von dort in die führenden Handelsländer exportiert, die einen großen Teil davon wiederum an andere europäische Nationen und die amerikanischen Kolonien mit Gewinn weiterleiteten. Dabei kann man allerdings in der ersten Phase bis Mitte des 18. Jahrhunderts kaum von einer regelrechten Ausbeutung Asiens durch die Europäer sprechen, da der Handel mit

22 Plantage in Indien Ende des 17. Jh.s. *Untersuchen Sie die Aufteilung der Plantagenanlage. Welche Funktionen hatte der zentrale Gebäudekomplex?*

Europa einerseits für die riesigen Wirtschaftsräume Indiens und Chinas nur eine untergeordnete Rolle spielte und andererseits bestimmte Wirtschaftssektoren wie das indische Textilgewerbe sogar davon profitierten. Dies änderte sich erst, als die Europäer vom reinen Handel zur Herrschaft über asiatische Gebiete übergingen. Nicht zu unterschätzen sind auch die Impulse, die vor allem die Textileinfuhr aus Asien auf das englische Gewerbe ausübte. Die auswärtige Konkurrenz wirkte stimulierend auf die Innovationsbereitschaft der einheimischen Manufakturunternehmer; außerdem entstanden Betriebe zur Weiterverarbeitung der eingeführten Tuche. Insofern kann man die frühe Mechanisierung der britischen Textilindustrie durchaus als Reaktion auf die asiatische Konkurrenz ansehen.

23 **Ein Privileg für den Asienhandel.** Am 24. und 25. 9. 1599 trafen sich zunächst die Gesellschafter, dann die Direktoren zur Gründung der East India Company (EIC):

Da die obengenannten Personen [. . .] die Absicht haben, mit des allmächtigen Gottes Zulassung und nach erlangter Zustimmung Ihrer Majestät der Königin [Elisabeth] und zur Förderung von Handel und Umsatz im Königreich England auf das Risiko eines jeden (entsprechend den einzelnen in Geld eingezahlten und eigenhändig gezeichneten Anteilen) in diesem Jahr eine Fahrt nach Ostindien und anderen dort herum gelegenen Inseln und Ländern ins Werk zu setzen und dort Handel zu treiben [. . .], haben sie es zum Zweck besserer Ordnung und Vorbereitung der beabsichtigten Reise sowie zur Ermutigung aller, die sich bereits entschlossen haben oder noch vor Beginn der Fahrt entschließen sollten, sich an dem Risiko derselben zu beteiligen, passend befunden, sich selbst bestimmten und strikt zu befolgenden Regeln und Vorschriften zu unterwerfen, sowohl bei der Beschaffung der für dieses Unternehmen geeigneten Schiffe wie auch aller Handelswaren, Tauschgüter, Edelmetalle und sonstigen Dinge, die dafür besorgt und dabei verwendet werden sollen [. . .].

Die Beauftragten, denen die Leitung der Angelegenheiten der Reise übertragen ist, haben bei ihrer Zusammenkunft die Geschäfte wie folgt verteilt: Einige sollen am Hof die Erlangung eines Privilegs nebst anderen dazugehörigen Freiheiten und Gerechtsamen betreiben, einige die Schiffe mustern

und aussuchen, die für die Reise geeignet erscheinen [...].
Es wurde beschlossen, im Namen der Unternehmer eine Petition an die Lords des Privy Council (Geheimen Rates) Ihrer Majestät zu richten und ihnen anzuzeigen, daß verschiedene Kaufleute durch die erfolgreiche Reise der Holländer veranlaßt und durch die Nachricht, daß die Holländer eine neue Fahrt vorbereiten und zu diesem Zweck [bereits] hier in England mehrere Schiffe gekauft haben, aufgerüttelt seien, mit nicht geringerem Eifer als die holländischen Kaufleute den Handel ihres Heimatlandes voranzubringen und sein gemeines Bestes zu fördern. In diesem Bestreben hätten sie sich zu einer Handelsfahrt nach Ostindien entschlossen, sofern Ihre Majestät geruhen wollten, zur Förderung ihrer Absicht und zu besserer Durchführung ihres Unternehmens die folgenden Bitten oder Anträge zu bewilligen, nämlich:
[1.] daß den Unternehmern ein dauerndes Privileg gewährt und ihnen als Kompanie die Rechte einer Körperschaft verliehen werden, da der Handel nach dem weit entfernten Indien von hier aus nur mit Hilfe einer Vereinigung von Kapitalien betrieben werden könne. [...]
[3.] daß die Unternehmer ungeachtet irgendwelcher Bestimmungen das Recht haben sollen, ausländisches Geld [ins Ausland] zu versenden, und daß im Fall eines Mangels an fremdem Geld zur Ausrüstung der geplanten Reise soviel ausländisches Geld in Ihrer Majestät Münze geprägt werde, als zur Behebung des Mangels erforderlich ist, und zwar aus den von den Unternehmern oder durch ihre Vermittlung einzuliefernden Edelmetallen,
[4.] daß untertänigst um Zollfreiheit gebeten wird für alle während der [nächsten] sechs Reisen ausgeführten Güter, um so mehr, als viele Versuche nötig sein werden, bis das Land mit solchen Waren versehen ist, die dort [in Indien] verkäuflich sind, und als auch die holländischen Kaufleute, um ihnen einen Anreiz zu bieten, für mehrere Jahre von Ein- und Ausfuhrzöllen befreit sind.

Zitiert nach: Geschichte in Quellen, Bd. 3, Renaissance, Glaubenskämpfe, Absolutismus, bearb. von Fritz Dickmann, München, 3. Aufl. 1982, S. 402 f.

a) Beschreiben Sie die Entstehungsursachen, die Organisationsform und die Zielsetzung der Ostindischen Kompanie.
b) Untersuchen Sie die zoll- und währungspolitische Bedeutung dieses Dokuments.
c) Analysieren Sie das Verhältnis von staatlicher Wirtschaftspolitik und privater Handelsaktivität im Hinblick auf die jeweilige Interessenlage.

24 **Ein Abkommen auf Gegenseitigkeit?** Francis Day, Faktoreivorsteher von Armagon, erlangt 1639 von dem einheimischen Herrscher die Erlaubnis, in Madras eine Niederlassung zu gründen. Die Handelsvertretung in Masulipatnam berichtet darüber der Londoner Zentrale der EIC:

Und [...] im letzten August kam der genannte Francis Day nach Erledigung der Dinge, die ihm aufgetragen waren, hierher zurück und berichtete uns von seiner Tätigkeit. Zunächst machte er uns deutlich, daß an einem Ort namens Madraspatam, der bei St. Thomas gelegen ist, die besten Farbstoffe hergestellt werden oder zumindest so gute wie nur irgendwo an dieser Küste, desgleichen feiner Kattun von ausgezeichneter Qualität, auch Morees und Percalla (zwei Arten Baumwollstoff), von denen wir Muster gesehen haben, und dies um 20 Prozent billiger als anderswo. Der Naik[1] dieses Landes wünscht sehr, daß wir uns dort niederlassen, denn er hat uns sehr günstige Angebote gemacht. Als erstes bietet er uns an, daß wir dort ein Fort errichten können, in einer von uns festzulegenden Anlage, und zwar auf einem hochgelegenen Stück Land, das an das Meer grenzt, dort, wo ein Schiff beliebiger Tragfähigkeit innerhalb der Reichweite einer Muskete vor Anker liegen kann und das nah an einem Fluß gelegen ist, der für Boote von fünfzig Tonnen Tragfähigkeit schiffbar ist. Und erst nachdem er uns die Besitzrechte übertragen hat [...] sollen wir die Unkosten erstatten, die ihm dabei entstanden sind. Zweitens überträgt er uns für die Dauer von zwei Jahren alle Nutzungsrechte einer nahegelegenen Stadt, die augenblicklich etwa 2000 Pagodas[2] pro Jahr ausmachen mögen. Nach Ablauf dieser Zweijahresfrist sollen die Einnahmen aus dieser Stadt zu gleichen Teilen an ihn und an uns gehen. Drittens sind wir im Hafen von Madraspatam auf Dauer von Zollabgaben befreit, und falls wir irgendwelche unserer Waren durch sein Land befördern, zahlen wir nur den halben Betrag des Zollsatzes, der gewöhnlich von anderen Kaufleuten erhoben wird. Viertens werden wir das Münzprivileg besitzen, ohne dafür

Gebühren entrichten zu müssen. Fünftens verpflichtet sich der genannte Naik, alle Geldbeträge, die wir an Handwerker bezahlen, unter der Voraussetzung zu erstatten, daß er von den Zahlungen stets in Kenntnis gesetzt wird. Sechstens haben wir für alle Vorräte, die wir für das Fort oder die Schiffe einkaufen, keinerlei Abgaben zu bezahlen. Und schließlich soll für den Fall, daß ein Schiff oder Fahrzeug, das uns oder unseren Freunden gehört, zufällig an die Küste seines Herrschaftsbereiches verschlagen wird, alles, was geborgen werden kann, auf Anforderung zurückgegeben werden.

Dies sind ansehnliche Vorrechte, und man mag die Frage stellen, warum er uns diese günstigen Angebote unterbreitet. Er beantwortet diese Frage selbst: Erstens hegt er den Wunsch, daß sein Land reich werden und gedeihen möge, was seiner Ansicht nach dadurch geschehen kann, daß er Kaufleute in sein Herrschaftsgebiet zieht. Zweitens will er für sein Geld gute Pferde aus Persien einhandeln. Drittens möchte er jedes Jahr einen Bediensteten auf unseren Schiffen nach dem Golf von Bengalen schicken, der für ihn Falken, Affen, Papageien und dergleichen kauft; und falls er Veranlassung hat, eines seiner eigenen Schiffe dorthin oder nach Persien zu schicken, dann kann einer unserer Männer mitfahren. Und schließlich ermöglicht es ihm das Fort, wenn es stabil gebaut ist, sich nötigenfalls gegen seine Nachbarn zu verteidigen.

Zitiert nach: Eberhard Schmitt (Hg.), Dokumente zur Geschichte der europäischen Expansion, Bd. 3, Der Aufbau der Kolonialreiche, München 1987, S. 253 f.

[1] Naik = Titel des regionalen Herrschers des Gebiets um Madras

[2] Südindische Goldmünze, im 17. Jahrhundert ca. sechs bis acht englische Schillinge

a) Charakterisieren Sie die Merkmale eines Vertrages zwischen einem einheimischen Herrscher in Indien und einem Vertreter der EIC.

b) Erörtern Sie die Konsequenzen, die sich für beide Seiten aus einem derartigen Vertrag ergeben können.

25 Surat – ein blühendes Handelszentrum

a) Der portugiesische Jesuit Manuel Godinho bereiste 1655–1662 Indien. In seinem Reisebericht liefert er ein anschauliches Bild des Handelszentrums Surat an der westlichen Küste Indiens:

Surat war früher eine arme Stadt und ein unbekannter Hafen, heute ist es [aber] durch die wohltätige Präsenz der Holländer und der Engländer die reichste Stadt [und] der berühmteste Handelsplatz des ganzen Orients. [...]

Surat hat zwei Zollstationen jeweils in der Nähe des Flusses, sie liegen einander gegenüber. In der größeren kontrollieren sie die Waren, die über das Meer angelandet werden, in der kleineren diejenigen, die aus dem Landesinneren kommen. [...] Die Abgaben, die man an der Zollstation zu entrichten hat, betragen fünf Prozent. [...]

Surat ist der größte Handelsplatz Indiens, und ich kann wohl sagen, der reichste der ganzen Welt, weil hier auf dem Landweg und über das Meer von überall her die besten Waren angeliefert werden: Von Europa bringen sie die Engländer und Holländer, von Afrika die Schiffe des Roten Meeres, von Groß- und Kleinasien die dort ansässigen Völker. [Zur Bedeutung Surats] trägt auch [der Umstand] bei, daß die besten Drogen aus Indien über Land mit Ochsen- und Kamelkarawanen nach Surat geschafft werden, die zu jeder Stunde dort ankommen. Die Kaufleute und die Geschäftsleute, die in dieser Stadt wohnen, sind sehr reich; es gibt etliche, die weit über fünf und sechs Millionen besitzen, sie haben wahrscheinlich an die 50 Schiffe, die überallhin fahren. Die Ausländer, die diesen Hafen aufsuchen, kann man nicht zählen. Das ganze Jahr über findet man in Surat Schiffe aus [...] jedem Ort, den man überhaupt aufsuchen kann. [...]

Seitdem die Engländer und die Holländer nach Indien gekommen sind [...], suchen sie den Hafen von Surat auf [...]. In diesem Hafen entladen sie ihre Schiffe und bereiten sie für ihre Rückkehr während des Monsuns mit einer Ladung vor, die der [englische] Präsident aus Textilien, Pfeffer, Indigo und anderen Drogen zusammenstellt, die er für diesen Zweck vorher [in Surat] gekauft hat oder die er in anderen Häfen von seinen Schiffen – die aus Surat für Einkaufsfahrten in andere Häfen ständig aufbrechen – hat abholen lassen. Sowohl der holländische Faktor als auch der englische Präsident haben die Fahnen ihrer Nation an Masten gehißt, die nicht nur höher sind als alle Dächer, sondern auch als alle Türme der Stadt. Die politische Regierung des ganzen Bezirks und der Stadt Surat liegt in der Hand eines einzigen Mannes, den man Nawab nennt [...].

Zitiert nach: Eberhard Schmitt (Hg.), Dokumente zur Geschichte der europäischen Expansion, Bd. 4, Wirtschaft und Handel der Kolonialreiche, München 1988, S. 229–233

a) Erläutern Sie die besondere Funktion Surats als Zentrum des Welthandels. Benutzen Sie dazu auch Informationen aus Text b).

b) Zeichnen Sie eine Grafik der Warenströme des Asienhandels und des innerasiatischen Warenverkehrs und erläutern Sie den internationalen Güteraustausch.

b) Der in den Diensten der EIC stehende englische Wundarzt Fryer besuchte 1674 die EIC-Hauptniederlassung in Surat. Er beschreibt die Verwaltungsstrukturen und Handelsbeziehungen dieser Niederlassung.

Unter den Engländern sind die Geschäfte in vier Aufgabenbereiche unterteilt: den Rechnungsführer, der im Rang gleich hinter dem Präsidenten steht, durch dessen Hände die Abrechnungen ganz Indiens und Surats gehen; er ist eine Art Schatzmeister, der alles abzeichnen muß, auch wenn die Agenten das Bargeld verwalten. Nach ihm kommt der Lagerverwalter, der alle verkauften europäischen Waren registriert und alle östlichen Waren, die gekauft worden sind, in Empfang nimmt. Unter ihm steht der Marinezahlmeister, der über alle aus- und eingeführten Waren Buch führt, den Seeleuten ihre Heuer zahlt, Frachtkarren und Träger beschafft und sich um die Schiffsausrüstung und -vorräte kümmert. Der letzte von allen ist der Sekretär, der alle Versammlungen des Rats (Council) organisiert, alle Briefe schreibt und sie zum Präsidenten und zum Rat zur Prüfung und Unterzeichnung bringt. Er hat das Siegel der Company, mit dem alle Pässe und Aufträge versehen werden; er zeichnet alle Geschäftsvorgänge auf und schickt Abschriften davon an die Company. Ohne die Billigung des Präsidenten kann keiner von diesen irgend etwas tun. Die Angelegenheiten Indiens sind einzig und allein unter seiner Kontrolle, er erläßt alle Anordnungen, er spricht alle Beförderungen aus. Daher ist der Rat durch seine Entscheidung beeinflußt.

Alle Bediensteten der Company können in folgende Gruppen zusammengefaßt werden: Kaufherren (merchants), Agenten (factors) und Schreiber. [...] Die Schreiber müssen fünf Jahre für ein Gehalt von zehn Pfund pro Jahr arbeiten, wobei sie eine Kaution von 500 Pfund für gutes Benehmen für die Zeit, die sie in einem der oben erwähnten Geschäftsbereiche arbeiten, hinterlegen müssen. Danach werden sie Agenten, werden also nach Alter oder Gunst zu einer Vertrauensstellung befördert; darum fordert man 1000 Pfund Kaution von ihnen, und ihr Gehalt wird auf 20 Pfund pro Jahr für drei Jahre erhöht. Danach macht man einen neuen Vertrag mit ihnen oder sie werden Senior-Agenten. Schließlich können sie nach weiteren drei Jahren Kaufherren werden, aus denen man die Faktoreivorsteher auswählt, wenn Plätze frei werden. Diese erhalten 40 Pfund pro Jahr, dazu Unterkunft und Verpflegung, solange sie im Dienst der Company stehen. [...]

Die Hauptniederlassung von Surat gilt als vorrangig gegenüber allen anderen in Indien. [...] Der Südseehandel von hier nach Bantam wird immer noch mit so viel Stoff, wie dort verkäuflich ist, aufrecht erhalten, von dort geht es dann weiter mit Dollars[1] nach China, um dort Zucker, Tee, Porzellan, Lackwaren, Quecksilber und Kupfer zu kaufen. Zusammen damit kommen Kauris, kleine Muscheln, von Siam und den Philippinen, Gold und Elefantenzähne gegen Getreidelieferungen aus Sumatra. [Weiter zählt Fryer noch weitere Waren auf, die aus Persien und den indischen Faktoreien nach Surat geliefert werden.]

Zitiert nach: J. Talboys Wheeler, Early Records of British India, A History of the English Settlements in India, London 1878, Nachdruck London/New York 1972, S. 29 f., 32 (Übers. A. Brückmann)

1 Silbermünzen

a) Erstellen Sie ein Schaubild der organisatorischen Gliederung und erläutern Sie die Aufgabenverteilung und Personalstruktur der Faktoreiverwaltung der EIC in Indien.

b) Geben Sie eine Erklärung für die Höhe der Kaution. Welche Probleme im Verhältnis Muttergesellschaft – Handelsniederlassung spiegeln sich in diesem Text?

26 **Eine Quelle unermeßlichen Wohls für das Königreich.** Robert Clive (▷ S. 38), der Sieger über den Herrscher von Bengalen bei Plassey, schreibt 1759 an den englischen Premierminister William Pitt:

Die große Umwälzung, die hier durch den Erfolg der englischen Waffen herbeigeführt worden ist, und die zahlreichen Vorteile, welche die Gesellschaft durch einen daraufhin abgeschlossenen Vertrag erlangt hat, haben, wie mir scheint, in gewissem Maße die Aufmerksamkeit der Öffentlichkeit erweckt. Doch möchte mit der Zeit noch viel mehr erreicht werden, sofern die Gesellschaft sich bemüht, ihr Verhalten der Bedeutung ihrer gegenwärtigen Besitzungen und der zu erwartenden Erfolge anzupassen. Ich habe ihr nachdrücklich dargelegt, wie nützlich die Entsendung und der dauernde Unterhalt einer Truppe wäre, die so stark sein müßte, daß man sich erlauben könnte, die nächstbeste Gelegenheit zu weiteren Vergrößerungen zu ergreifen [...].

Eine kleine Truppe von nur zweitausend Europäern aber wird uns von jeglicher Befürchtung [daß ein der Gesellschaft unfreundlich gesonnener Machthaber in Bengalen an die Regierung kommen könnte] befreien und die Gesellschaft instand setzen, die Herrschaft selbst anzutreten. Ein solches Unternehmen sollte kaum große Schwierigkeiten bereiten, da die Eingeborenen keinerlei besondere Anhänglichkeit gegenüber diesem oder jenem Fürsten empfinden. Da sie unter der gegenwärtigen Regierung weder für ihr Leben noch für ihr Eigentum irgendwelche Sicherheit genießen, würden sie sich nur darüber freuen, gegen ein despotisches ein mildes Regiment einzutauschen. Es besteht auch nur wenig Grund daran zu zweifeln, daß wir leicht die Einwilligung des Moguls dazu erlangen werden, vorausgesetzt, daß wir einverstanden sind, ihm die geforderten Einkünfte zu verschaffen. [...]

Die Ausübung solch umfassender Herrschaftsrechte ist aber möglicherweise eine Aufgabe, welche die Kräfte einer Handelsgesellschaft übersteigt, und es steht zu befürchten, daß sie ohne Unterstützung der Nation nicht imstande ist, ein so großes Gebiet zu verwalten. Ich möchte daher Ihrer Überlegung die Beantwortung der Frage anheimstellen, ob die Ausführung eines solchen Vorhabens, das in Zukunft noch weitere Möglichkeiten eröffnen könnte, nicht wert wäre, durch die Regierung selbst an die Hand genommen zu werden.

Ich hoffe, daß es mir gelungen ist, zureichend klarzumachen, daß es nur geringe oder gar keine Schwierigkeiten machen wird, in den völligen Besitz dieser prosperierenden Königreiche zu gelangen, und zwar mit des Moguls persönlicher Beistimmung, unter der Bedingung, daß wir diesem weniger als ein Fünftel unserer Einkünfte überlassen würden. Entscheiden Sie selbst, ob die Aussicht auf jährliche Einnahmen in der Höhe von mehr als zwei Millionen Pfund Sterling und auf den Besitz dreier Provinzen, in denen Überfluß an den reichsten Erzeugnissen von Natur und Kunst herrscht, nicht ein Gegenstand ist, die Aufmerksamkeit der Öffentlichkeit zu wecken, und ob es nicht der Mühe wert wäre, daß die Nation geeignete Maßnahmen treffen würde, sich eine solche Erwerbung zu sichern – eine Erwerbung, die unter der Verwaltung durch einen fähigen und uneigennützigen Minister sich als die Quelle unermeßlichen Wohls für das Königreich erweisen würde, die schwere Schuldenlast zu vermindern, mit der wir zur Zeit zu schaffen haben.

Mögen Sie dazu noch den Einfluß in Rechnung setzen, den wir auf diese Weise bei den übrigen europäischen Nationen erwerben, die am Handel mit diesen Gegenden interessiert sind, den sie aber nicht mehr ohne unsere Duldung und nur unter den Bedingungen betreiben können, die wir für nützlich halten. Es ist auch der Betrachtung wert, daß dieses Projekt durchgeführt werden kann, ohne daß die Mittel des Mutterlandes in Anspruch genommen werden müßten, was für unsere Besitzungen in Amerika in viel zu großem Umfang geschehen ist. Es wird genügen, wenn uns das Mutterland auch nur eine kleine Truppe zur Verfügung stellt, da wir jederzeit mit Sicherheit darauf zählen können, farbige Truppen in beliebiger Anzahl zu bekommen, die gerne in unsere Dienste treten werden, da sie von uns sowohl besser bezahlt als auch besser behandelt werden als von den einheimischen Machthabern.

Zitiert nach: Urs Bitterli (Hg.), Die Entdeckung und Eroberung der Welt, Bd. 2, München 1981, S. 113–116

a) Untersuchen Sie Inhalt und Argumentation des Schreibens von Clive.
b) Grenzen Sie öffentliches und privates Interesse voneinander ab.
c) Beurteilen Sie die Tragweite der von Clive gemachten Vorschläge.
d) Welche Bedeutung hätte die Verwirklichung dieser Vorschläge für die EIC und für England?

27 Handelsbilanz der EIC

a) Import und Export der EIC 1671–1680 und 1751–1760 nach bzw. von Indien in Pfund, Anteile der Güter in Prozent

	1671–1680	1751–1760
Export gesamt	3 428 821	9 885 882
davon Edelmetall in %	63,9	65,7
Wolltuch in %	10,5	14,2
Import gesamt	2 827 379	7 786 580
davon Pfeffer in %	16,1	4,7
Textilien in %	68,6	53,7
Tee in %	0,0	21,6
Rohseide in %	3,2	11,3

b) Gesamtedelmetallausfuhr der EIC 1660–1760 in kg

Silber	3 748 824
Gold	20 384

Berechnet nach: K. N. Chaudhuri, The Trading World of Asia and The English East India Company 1660–1760, Cambridge 1978, S. 177, 507–548

c) Britische Importe und Re-Exporte der wichtigsten Güter aus Asien und Amerika (in 1000 Pfund Sterling)

Asien	1699–1701	1722–1724	1752–1754	1772–1774
Baumwolltextilien				
Import	367	437	401	697
Re-Export	340	484	499	701
Pfeffer				
Import	103	17	31	33
Re-Export	93	44	104	110
Tee				
Import	8	116	334	848
Re-Export	2	267	217	295

Amerika	1699–1701	1722–1724	1752–1754	1772–1774
Zucker				
Import	630	928	1302	2360
Re-Export	287	211	110	429
Tabak				
Import	249	263	560	518
Re-Export	421	387	953	904

Nach: Dietmar Rothermund, Europa und Asien im Zeitalter des Merkantilismus, Darmstadt 1978, S. 109

28 Interkontinentaler Güteraustausch im 16./17. Jahrhundert

Import	Europa	Afrika	Amerika	Asien
Export				
Europa		Experten Transport Manufakturwaren	Experten Transport Manufakturwaren	Experten Transport Manufakturwaren
Afrika	Gold, trop. Agrar- produkte		Menschen	Verkehrswege

Import / *Export*	Europa	Afrika	Amerika	Asien
Amerika	Silber, Holz, trop. Agrarprodukte	Tabak, Alkohol		Silber
Asien	Farben, Manufakturwaren, Holz, Gewürze	Manufakturwaren	Manufakturwaren	

Zusammengestellt nach Wolfgang Reinhard, Geschichte der europäischen Expansion, Bd. 2, Die neue Welt, Stuttgart/Berlin/Köln/Mainz 1985, S. 111

a) Welche Aussagen über die Eigenart und Veränderungen des Asienhandels kann man auf der Grundlage der Statistiken machen?
b) Beschreiben Sie die Rolle Englands im internationalen Handel.
c) Zeichnen Sie ein möglichst genaues Bild des Geflechts des Welthandels. Zu wessen Lasten geht dieser Handel, wer profitiert davon?

1. Grenzen Sie den Kolonialismus des Kaufmanns vom Kolonialismus der Krone ab. Gehen Sie dabei auf die Initiatoren des Kolonialismus und ihre Interessenlage, die Rolle des Staates und die kurz- und langfristigen Auswirkungen ein.
2. Untersuchen Sie die vorkolonialen Herrschaftsstrukturen Indiens und Amerikas als mögliche Ursachen für die leichte Machtübernahme der Europäer.
3. Kennzeichnen Sie die Bedeutung der Ostindischen Kompanien im Wirtschaftssystem des Merkantilismus.
4. Arbeiten Sie die wirtschaftspolitischen Prinzipien heraus, die dem Kolonialismus der Krone und dem des Kaufmanns zugrunde liegen.
5. Ziehen Sie für die Mitte des 18. Jahrhunderts eine Bilanz: Wer hatte bis dahin insgesamt gesehen wirtschaftlich den größeren Gewinn vom Asienhandel, Europa oder Asien?

Zur Diskussion

Alte und Neue Welt – Aspekte einer Begegnung

Die Begegnung zwischen der alten Welt und den Menschen, den Kulturen, den Ländern und der Wirtschaft der Neuen Welt führte schon sehr früh zu einer Auseinandersetzung und Beschäftigung mit den geistigen und später auch den psychischen Dimensionen dieses Aufeinandertreffens. Wie waren die beiden Welten vergleichend zu bewerten? Waren die Europäer die überlegenen Träger der Kultur, oder repräsentierten die noch gleichsam im Paradieszustand der Unschuld lebenden Bewohner der Neuen Welt das Idealbild einer menschlichen Gesellschaft? Welche seelischen Folgewirkungen hatte das Aufeinandertreffen für beide Seiten?

29 **Gibt es ein Recht auf Kolonien?** Zur Frage der Rechtmäßigkeit der Errichtung von Kolonien nimmt der französische Aufklärer Guillaume-Thomas Raynal (1713–1796) in seiner berühmten „Geschichte beider Indien" aus dem Jahre 1780 Stellung, die 1781 von der Zensur verboten wurde.

Hatten die Europäer das Recht, Kolonien in der neuen Welt zu errichten?

Vernunft und Billigkeit erlauben Kolonien; aber sie schreiben auch die Grundsätze vor, von welchen man sich bei ihrer Stiftung nicht entfernen sollte. Eine Anzahl Menschen, welche es sei, die in einem fremden und unbekannten Land anlangt, muß wie ein einziger Mensch betrachtet werden. Die Stärke wächst mit der Menge, aber das Recht bleibt eben dasselbe. Wenn 100, wenn 200 Menschen sagen können: dies Land gehört uns, so kann es auch ein einziger sagen. Entweder ist die Gegend öde, oder sie ist zum Teil öde, zum Teil bewohnt, oder sie ist ganz bewohnt. [. . .] Eine öde und unbewohnte Gegend ist die einzige, die man sich zueignen kann. Die erste berechtigte Entdeckung wird zum gesetzmäßigen Besitz.

Nach diesen Grundsätzen, die mir ewige Wahrheit zu sein scheinen, mögen die europäischen Nationen sich beurteilen und sich selbst diejenigen Namen geben, die sie verdienen. Kommen ihre Seefahrer in einer Gegend der neuen Welt an, die von keinem Volk aus der alten besetzt ist, so graben sie sogleich ein kleines Blech ein, auf welches diese Worte gebracht sind: diese Gegend gehört uns zu. Und warum gehört sie dann euch? Seid ihr nicht ebenso ungerecht, ebenso unsinnig, als es Wilde sein würden, welche das Ungefähr an eure Küsten geführt hätte, wenn sie in den Sand eurer Ufer oder auf die Rinde eurer Bäume schreiben würden: dies Land gehört uns? Ihr habt kein Recht auf die unmerklichen und rohen Produkte des Landes, in welchem ihr anlandet, und ihr wollt eines über die Menschen, die euresgleichen sind, behaupten? Anstatt in diesem Menschen einen Bruder zu erkennen, seht ihr nur einen Sklaven oder ein Lasttier an ihm. O meine Mitbürger! ihr denkt also und betragt euch auf eine solche Art, und ihr habt Begriffe von Gerechtigkeit? Eine Moral, eine geheiligte Religion, eine gemeinschaftliche Mutter mit denjenigen, die ihr so tyrannisch behandelt?

Guillaume Raynal und Denis Diderot, Die Geschichte beider Indien, hg. von Hans-Jürgen Lüsebrink, Nördlingen 1988, S. 161–163.

30 **Kolonien – eine unmoralische Idee.** Der deutsche Naturforscher Alexander von Humboldt (1789–1859) unternahm zwischen 1799 und 1804 ausgedehnte Forschungsreisen in Mittel- und Südamerika. 1803 notiert er in Ekuador in sein Tagebuch:

[. . .] Woher kommt dieser Mangel an Moral, woher diese Leiden, dieses Unbehagen, dem jeder empfindsame Mensch in den europäischen Kolonien ausgesetzt ist? Das rührt daher, daß die Idee der Kolonie selbst eine unmoralische Idee ist, diese Idee eines Landes, das einem andern zu Abgaben verpflichtet ist, eines Landes, in dem man nur zu einem bestimmten Grad an Wohlstand gelangen soll, in welchem der Gewerbefleiß, die Aufklärung sich nur bis zu einem bestimmten Punkt ausbreiten dürfen. Denn jenseits dieser Grenze würde das Mutterland nach eingebürgerten Vorstellungen weniger gewinnen, jenseits dieser Mittelmäßigkeit würde sich eine zu starke, wirtschaftlich zu selbständige Kolonie unabhängig machen. Jede Kolonialregierung ist eine Regierung des Mißtrauens. [. . .] Je größer die Kolonien sind, je konsequenter die europäischen Regierungen in ihrer politischen Bosheit sind, um so stärker muß sich die Unmoral der Kolonien vermehren. Man sucht seine Sicherheit in der Uneinigkeit, man trennt die Kasten, man schürt ihren Haß und ihre Streitigkeiten, man beklagt (heuchlerisch) ihren gegenseitigen Haß, man verbietet ihnen, sich durch Heiraten zu verbinden, man fördert die Sklaverei [. . .]. Man vergibt Ämter nur an Emporkömmlinge und gemeine Menschen, die der Hunger aus Europa vertrieben hat, man erlaubt diesen, die in den Kolonien Geborenen geringschätzig zu behandeln, man schickt Leute, die den Kreolen das Blut aussaugen, und diese Leute sprechen unaufhörlich von den Besitztümern, die sie im Stich gelassen haben, um in einem Land seßhaft zu werden, in dem ihnen alles mißfällt, wo der Himmel nicht blau ist, wo das Fleisch nicht schmackhaft ist, wo alles verächtlich ist; und dennoch verlassen sie es nicht.

Alexander von Humboldt, Lateinamerika am Vorabend der Unabhängigkeitsrevolution, hg. von Margot Falk, Berlin 1982, S. 65.

31 „Frankreich lehrt seine Sprache allen seinen Adoptivkindern."

Vergleichen Sie das in diesem Bild deutlich werdende Selbstverständnis der Europäer mit dem Text von Hegel (▷ M 32).

32 **Amerika, der unreife Kontinent.** Der deutsche Philosoph Georg Wilhelm Friedrich Hegel (1770–1831) hielt in den zwanziger Jahren des 19. Jahrhunderts in Berlin Vorlesungen über die Philosophie der Geschichte, die später anhand seiner Manuskripte als Buch herausgegeben wurden. Darin äußert er sich auch über die Neue Welt:

Die Welt wird in die alte und neue geteilt, und zwar ist der Name der neuen daher gekommen, weil Amerika und Australien uns erst spät bekannt geworden sind. Aber diese Welttheile sind nicht nur relativ neu, sondern überhaupt neu, in Ansehung ihrer ganzen physischen und geistigen Beschaffenheit. Ihr geologisches Altertum geht uns nichts an. Ich will ihr die Ehre nicht absprechen, daß sie nicht auch gleich bei Erschaffung der Welt dem Meere enthoben worden sey. Doch zeigt das Inselmeer zwischen Südamerika und Asien eine physische Unreife [...].

Von Amerika und seiner Cultur, namentlich in Mexiko und Peru, haben wir zwar Nachrichten, aber bloß die, daß dieselbe eine ganz natürliche war, die untergehen mußte, sowie der Geist sich ihr näherte. Physisch und geistig ohnmächtig hat sich Amerika immer gezeigt und zeigt sich noch jetzt so. Denn die Eingeborenen sind, nachdem die Europäer in Amerika landeten, allmählich an dem Hauche der europäischen Tätigkeit untergegangen. [...] Sanftmuth und Trieblosigkeit, Demuth und kriechende Unterwürfigkeit gegen einen Creolen und mehr noch gegen einen Europäer sind dort der Hauptcharakter der Amerikaner, und es wir noch lange dauern, bis die Europäer dahin kommen, einiges Selbstgefühl in sie zu bringen. Die Inferiorität dieser Individuen in jeder Hinsicht [...] giebt sich in Allem zu erkennen [...]. Die Schwäche des amerikanischen Naturells war ein Hauptgrund dazu, die Neger nach Amerika zu bringen, um durch deren Kräfte die Arbeiten verrichten zu lassen; denn die Neger sind weit empfänglicher für europäische Kultur als die Indianer.

Georg Wilhelm Friedrich Hegel, Sämtliche Werke, Jubiläumsausgabe, Bd. 11, Vorlesungen über die Philosophie der Geschichte, hg. von Eduard Gans und Karl Hegel, 4. Aufl., Stuttgart 1961, S. 122–124.

33 **Entmenschlichung der Kolonisierten?** Der französische Existenzphilosoph Jean Paul Sartre (1905–1980) geht allgemein auf das Verhältnis von Kolonisatoren und Kolonisierten ein:

Der Konservatismus hat die Auslese der Mittelmäßigen zur Folge. Wie kann sie ihre Privilegien begründen, diese ihrer Mittelmäßigkeit bewußte Elite von Usurpatoren? Einziges Mittel: den Kolonisierten erniedrigen, um sich selbst zu erhöhen; den Eingeborenen den Status von Menschen absprechen, sie als bloße Privationen definieren. Das wird nicht schwerfallen, da ja gerade das System ihnen alles vorenthält; die kolonialistische Praxis hat die koloniale Idee den Dingen selbst aufgeprägt; es ist der Lauf der Dinge, der zugleich den Kolonisator und den Kolonisierten hervorbringt. So rechtfertigt sich die Unterdrückung durch sich selbst: die Unterdrücker schaffen und erhalten mit Gewalt die Übel, die in ihren Augen den Unterdrückten mehr und mehr zu dem machen, was er sein müßte, um sein Schicksal zu verdienen. Der Kolonisator kann sich die Absolution nur erteilen, wenn er systematisch die „Entmenschlichung" des Kolonisierten betreibt, das heißt, wenn er sich jeden Tag etwas mehr mit dem Kolonialapparat identifiziert. Der Terror und die Ausbeutung entmenschlichen, und der Ausbeuter ermächtigt sich selbst zu dieser Entmenschlichung, um weiter ausbeuten zu können. Die Maschine dreht sich im Kreis; unmöglich, die Idee von der Praxis und die Praxis von der objektiven Notwendigkeit zu unterscheiden. Diese Momente des Kolonialismus bedingen sich bald gegenseitig, bald gehen sie ineinander auf. Die Unterdrückung, das ist zunächst der Haß des Unterdrückers gegen den Unterdrückten. Nur eins steht dessen leibhaftiger Vernichtung im Wege: der Kolonialismus selbst. Hier stößt der Kolonisator auf seine eigene Widersprüchlichkeit: mit dem Kolonisierten würde die Kolonialherrschaft verschwinden, der Kolonisator inbegriffen.

[. . .] um ihnen Befehle geben zu können, und seien sie noch so hart, noch so beleidigend, muß man sie zuvor anerkennen; und da man sie nicht ununterbrochen bewachen kann, muß man sich wohl oder übel entschließen, ihnen zu vertrauen: niemand kann einen Menschen „wie einen Hund" behandeln, wenn er ihn nicht zuvor als Menschen anerkannt hat. Die unmögliche Entmenschlichung des Unterdrückten verkehrt sich in die Selbstentfremdung des Unterdrückers: er ist es, er selber, der durch seine geringste Geste das Menschsein wieder hervorruft, das er zerstören möchte [. . .].

Jean-Paul Sartre, Vorwort zu Albert Memmi: Der Kolonisator und der Kolonisierte, Zwei Porträts, Frankfurt a. M. 1980, S. 8 f.

a) Wie beurteilen die Autoren das Verhältnis von Alter und Neuer Welt, von Kolonialmacht und Kolonie, von Kolonialherren und Kolonisierten und wie begründen sie ihr Urteil?
b) Welche Kriterien wenden sie bei ihrer Beurteilung an?
c) Grenzen Sie die verschiedenen Gesichtspunkte und Beurteilungsmaßstäbe, die in den Stellungnahmen zum Ausdruck kommen, voneinander ab.
d) Ordnen Sie die Autoren in ihren zeit- und geistesgeschichtlichen Hintergrund ein.
e) Prüfen Sie die Stichhaltigkeit der Argumente auf Grund Ihrer Kenntnisse mit der Frage, ob die Autoren in ihren Stellungnahmen den gesellschaftlichen, wirtschaftlichen und politischen Realitäten der frühen Neuzeit gerecht werden.
f) Formulieren Sie unter Einbeziehung der unter a)–e) gemachten Erwägungen ein eigenes Urteil über den historischen Stellenwert und die politische und moralische Berechtigung des Kolonialismus.

3. Der Imperialismus im 19. Jahrhundert

3.1 Indirekte und direkte Herrschaft in Übersee: Das Beispiel Großbritannien

Im 19. Jahrhundert gewannen die expansiven Bestrebungen der europäischen Mächte eine erhebliche Stoßkraft. Ursachen dafür waren die industrielle Revolution mit ihren ökonomischen Begleiterscheinungen und die Bildung von Nationalstaaten in Europa. Besondere Ideologien verliehen ihr zusätzliche Impulse. So führte imperialistisches Machtstreben schließlich zur weitgehenden Aufteilung der Welt unter den Großmächten und gipfelte verhängnisvoll im Ersten Weltkrieg. Bei dieser Entwicklung spielte Großbritannien eine Vorreiterrolle. Zu Beginn des 19. Jahrhunderts war es das einzige Land mit umfangreichem Kolonialbesitz; Spanien hatte seit den erfolgreichen Unabhängigkeitsbewegungen in Lateinamerika seine Kolonien bis auf die Philippinen verloren; Portugal besaß nach dem Abfall Brasiliens nur noch kleinere Stützpunkte in Asien (Goa, Macao) und zwei Küstenstreifen in Ost- und Westafrika (Moçambique, Angola). Dagegen wandelte sich der vornehmlich aus einem Stützpunktnetz von Handelskompanien bestehende britische Kolonialbesitz zum weltweiten Empire. Trotz nicht zu unterschätzender nationaler Besonderheiten war der britische Imperialismus prototypisch für das Vorgehen anderer Mächte, vor allem Frankreichs und Deutschlands.

1773/1784	Durch die „Regulating Act“ und die „India Act“ wird die EIC in eine britische Verwaltungsbehörde umgewandelt und der Kontrolle der Regierung unterstellt.
1857/1858	Der „Große Aufstand“ indischer Truppen gegen die britische Herrschaft wird von den Briten mit Hilfe einheimischer Unterstützung (Sikhs, Gurkhas) niedergeschlagen. Die EIC wird aufgelöst, und Indien als Vizekönigtum der Krone unterstellt.
1882	Ägypten fällt unter das Protektorat der Briten.
1884/1885	Auf der Berliner Kongo-Konferenz wird Belgien das Kongogebiet als neutrale Freihandelszone gegen britische und portugiesische Ansprüche zugesprochen. Außerdem werden verbindliche Verfahrensgrundsätze für die Okkupation überseeischer Gebiete festgelegt.
1883–1902	Unter der Regierung von „Ohm“ Krüger muß sich die unabhängige Burenrepublik Transvaal mit britischen Ansprüchen auseinandersetzen.
1884–1899	Somaliland (1884), Kenia (1886), Rhodesien (1891), Uganda (1895) und der Sudan (1899) werden von den Briten annektiert oder unter Schutzherrschaft gestellt.
1899–1902	Nach einem dreijährigen, mit brutalen Mitteln geführten Krieg müssen die Buren im Frieden von Vereeniging die britische Oberherrschaft anerkennen, erhalten aber das Recht auf Selbstverwaltung.

3.1.1 Ausbau und Umformung des britischen Kolonialreichs im 19. Jahrhundert

Zu Beginn des 19. Jahrhunderts bestand das britische Kolonialreich aus dem an der Peripherie Indiens verankerten Stützpunktnetz der privaten Ostindischen Kompanie einschließlich Bengalens, weniger Niederlassungen an der afrikanischen

Küste, einer Sträflingskolonie in Australien, Kanadas und einiger Inseln in der Karibik und im Atlantik. Die nordamerikanischen Kolonien hatten sich kurz zuvor vom Mutterland losgesagt und selbständig gemacht. Am Ende dieses Jahrhunderts war daraus das weltumspannende britische Empire entstanden. Diese Ausdehnung des Inselstaats im Westen Europas in die ganze Welt ging keinesfalls auf einen breit angelegten kolonialistischen oder imperialistischen Plan zurück. Zunächst stand für die Engländer der Schutz ihrer Handelswege in den asiatischen Raum im Vordergrund; nach der Machtübernahme in Indien hatte die globalstrategische Absicherung dieser Kolonie und der zwei Hauptverbindungswege zu ihr die Expansion in den afrikanischen Kontinent zur Folge, so daß sich die imperiale Ausdehnung von Fall zu Fall aus den handels- und außenpolitischen Prioritäten der jeweiligen britischen Regierung ergab.

Englands außenpolitische Ziele und Methoden

Auch die Methoden des Ausbaus des Empires lassen nicht auf einen von vornherein gezielten Ausbau eines Kolonialreichs schließen. Die Briten gingen nach der Devise vor: „Handel und informelle Herrschaft wenn möglich, Handel und direkte Herrschaft wenn nötig" (John Gallagher / Ronald Robinson). Konkret hieß das: Nach dem Ende der alten Handelskompanien und der merkantilistischen Kolonialpolitik hatte für die britischen Politiker zunächst das Prinzip des Freihandels Priorität. Später favorisierten sie so lange wie möglich eine indirekte Einflußnahme auf die für ihre Interessen wichtigen Gebiete. Erst gegen Ende des Jahrhunderts schritten sie mehr und mehr zur Etablierung einer direkten Herrschaft. Dieser Wandel konnte vor allem drei Ursachen haben:

- entweder war das Regime, auf dessen Kollaboration sich die Engländer bisher gestützt hatten, auf Grund nationaler Krisen oder eigener Instabilität nicht mehr in der Lage, einen brauchbaren Partner für die britischen Interessen abzugeben;
- oder weitgehend eigenmächtiges Vorgehen von einzelnen Kolonialbeamten oder Militärs, die auf eigene Faust neue Gebiete eroberten, stellte die Londoner Regierung vor vollendete Tatsachen, auf die sie meist mit einer nachträglichen formellen Inbesitznahme reagierte;
- oder die Rivalität mit anderen europäischen Mächten und geopolitische Interessen trieben sie dazu, Territorien in Besitz zu nehmen, damit sie nicht dem Gegner in die Hand fielen.

Fragen nach der Zukunft Indiens

Nach den Schlachten von Plassey 1757 und Baksar 1764 war die englische Ostindien-Kompanie unversehens zur Beherrscherin großer Teile Indiens geworden (▷ Kapitel 2.2). Die verantwortliche Führung der EIC und die britische Regierung standen nun vor drei für die Zukunft Indiens entscheidenden Problemen. Zum ersten stellte sich die Frage, ob die territoriale Expansion in Indien weiter vorangetrieben werden sollte, um schließlich ganz Indien zu beherrschen, oder ob es sinnvoller wäre, sich mit dem Erworbenen zufriedenzugeben und es durch Verträge mit den indischen Nachbarstaaten abzusichern. Zum zweiten mußten die

Freihandel und Schutzzölle. Einer der Hauptgrundsätze liberaler Wirtschaftstheorie, wie sie in Adam Smiths „Wealth of Nations" 1776 entwickelt wurde, war das Prinzip des Freihandels, des ungehinderten Zugangs aller Interessenten zu allen Märkten. Damit richtete sich diese Lehre gegen jede Belastung oder Einschränkung des Handels durch Zölle, Steuern, staatliche Monopole usw., wie sie im Merkantilismus als Kennzeichen staatlicher Wirtschaftspolitik üblich waren. Freihandel setzte sich vor allem in England seit Beginn der industriellen Revolution immer mehr durch, da das fortschrittliche britische Gewerbe (Textil- und Metallindustrie) der auswärtigen Konkurrenz zunächst weit überlegen war. In Deutschland gewann der Freihandel im Verlaufe der deutschen Reichsgründung zunächst an Bedeutung, wurde dann aber wegen wachsender Konkurrenz weitgehend eingeschränkt. Schutzzölle sollten ab 1879 die deutsche Landwirtschaft gegen das billigere russische Getreide und die deutsche Industrie gegen die britischen Rivalen absichern. Völliger Freihandel wurde im 20. Jahrhundert kaum mehr verwirklicht, da die meisten Staaten angesichts von Krisen in der Wirtschaft (Weltwirtschaftskrise 1929, Erdölkrise 1973) oder aus konjunkturpolitischen Gründen regulierend in Wirtschaft und Außenhandel eingreifen.

Kompetenzbereiche zwischen der privaten Kompanie und der britischen Regierung geklärt und abgegrenzt werden, und zum dritten mußte ein Verwaltungssystem für das neue Gebiet entwickelt werden.

Schaffung vollendeter Tatsachen auf dem Subkontinent

In den ersten Jahren nach 1764 neigten die Direktoren der EIC vor allem aus Kostengründen dazu, auf künftige koloniale Eroberungen zu verzichten. Gegen Ende des 18. und zu Beginn des 19. Jahrhunderts veranlaßten jedoch der zunehmende englisch-französische Gegensatz, der sich auch auf die Verhältnisse in Indien auswirkte, und die wachsende staatliche Anarchie in Indien selbst die Kompanie dazu, ihre Expansionspolitik fortzusetzen. Durch Bündnis- und Schutzabkommen mit den einheimischen Herrschern war die EIC, ob sie wollte oder nicht, in die inneren Streitigkeiten Indiens verwickelt und mußte Stellung beziehen. Und hier waren es vor allem energische Gouverneure wie z. B. Richard Lord Mornington, der spätere Marquis Wellesley (Generalgouverneur von 1798 bis 1805), die zum Teil ohne Rückendeckung durch die heimische Zentrale auf eigene Faust vollendete Tatsachen schufen. So gelang es den Briten bis 1818, beträchtliche Teile Indiens in ihre Gewalt zu bringen; die wichtigsten formal selbständig gebliebenen Fürstentümer hatten sie durch Bündnisverträge an sich gebunden. Damit waren die entscheidenden Schritte von der Herrschaft der Briten in Indien zur Herrschaft über Indien getan.

Nach einer Phase der Konsolidierung betrieb erst Generalgouverneur Lord Dalhousie während seiner Amtszeit von 1848–1856 wieder eine systematische Expansionspolitik und gliederte weitere umfangreiche Gebiete dem britischen Herrschaftsbereich ein. 1857 brach infolge der forcierten britischen Eroberungs- und Modernisierungspolitik ein indischer Aufstand („The Mutiny") aus, der jedoch von den englischen Truppen relativ schnell niedergeschlagen werden konnte. Als Reaktion darauf übernahm am 1. November 1858 die britische Krone endgültig die Regierung in Indien. Die EIC hatte ihre Rolle ausgespielt. Der formal immer noch herrschende Mogul-Kaiser wurde abgesetzt und nach Birma verbannt, seine Funktion übernahm ein britischer „Vizekönig". Schon in der zweiten Hälfte des 18. Jahrhunderts war die EIC zunehmend unter staatliche Kontrolle geraten. Die Übernahme Bengalens hatte zwar den führenden Kompanieangestellten in Indien ungeheuren Reichtum gebracht, die hohen Kosten der Kriegsführung, Absatzprobleme indischer Waren in England und ein Bankenkrach bescherten jedoch der Londoner Muttergesellschaft eine ernste Finanzkrise. Die Regierung half ihr mit einem Kredit aus der Klemme, bestand aber auf schärferer staatlicher Aufsicht und Beschränkung der Dividendenhöhe („Regulating Act" von 1773).

Rolle und Schicksal der EIC

Bereits 1784 wurde die staatliche Kontrolle verstärkt. Durch die „India Act" wurde ein Ausschuß königlicher Kommissare eingesetzt, der in politischen und militärischen Angelegenheiten über ein Kontroll- und Weisungsrecht gegenüber den Beamten der Kompanie in Indien verfügte. Dieser Ausschuß entwickelte sich später zum „Board of Control", dessen Vorsitzender de facto den Rang eines Staatssekretärs für Indien innehatte. Der Kompanie verblieben nur die Handelsrechte und das Recht auf Mitsprache bei der Stellenbesetzung. Ein gut besoldeter Beamtenapparat wurde ins Leben gerufen, der sich in der Regel relativ uneigennützig den indischen Angelegenheiten widmete. Bis zur vollen Regierungsübernahme des britischen Staates in Indien im Jahre 1858 blieb diese duale Struktur erhalten, in der die EIC im Namen der Krone die von ihr beherrschten Gebiete Indiens verwaltete. Indien war nun nach dem Verlust der amerikanischen Kolonien zur wichtigsten und reichsten britischen Kolonie geworden, um deren Erhalt und Sicherung wesentliche Elemente der britischen Außenpolitik kreisten.

Wandel europäischer Kolonialherrschaft

Die Kolonialherrschaft Englands in Indien erwies sich als wegweisend für den Charakter des europäischen Kolonialismus im 19. Jahrhundert. Waren es in den Jahrhunderten zuvor vornehmlich weiße Siedler oder Handelsstützpunkte europäischer Gesellschaften gewesen, die das Bild der europäischen Expansion geprägt hatten, so übte nun erstmals eine dünne weiße Oberschicht mit ihrem Korps von Kolonialbeamten Herrschaft über Farbige aus. Entsprechend änderte sich auch die Einstellung der Europäer zu den farbigen Völkern. Die bisher hochgeschätzten Kulturvölker des Ostens wurden nun zunehmend als minderwertig und barbarisch eingeschätzt. Die weißen Herren betrachteten sich selbst dagegen als die überlegenen Träger und Vermittler von Kultur und Zivilisation. Gegen Ende des 19. Jahrhunderts wurden diese Vorstellungen durch rassistisches und sozialdarwinistisches Gedankengut noch verschärft und radikalisiert.

Sicherung des Seeweges nach Indien

Die britischen Inseln und Indien waren gleichsam die beiden Säulen, auf denen Macht und Reichtum Englands beruhten. Dabei war Indien nicht nur von wirtschaftlicher Bedeutung für das Mutterland, sondern es stellte auch einen expansiven Machtfaktor erster Ordnung dar: Seine große Armee mit ihren unerschöpflichen Reserven an einheimischen Truppen diente der Sicherung und Ausdehnung britischer Herrschaft. Dabei unterlag diese kaum parlamentarischer Kontrolle und wurde zum großen Teil von den indischen Steuerzahlern getragen. So waren für die englische Politik auch die Verbindungswege nach Osten von vorrangiger Bedeutung. Gambia, Sierra Leone und die Goldküste in Westafrika, die Atlantikinseln Ascension und St. Helena, die Kapkolonie an der Südspitze Afrikas, Mauritius, die Seychellen und Ceylon im Indischen Ozean sicherten die Route nach Indien strategisch optimal ab, der andere Weg durch das Mittelmeer wurde durch Gibraltar, Malta und Aden geschützt. An einer direkten Machtübernahme in Afrika waren die maßgeblichen Politiker Londons dagegen in den ersten zwei Dritteln des 19. Jahrhunderts noch nicht interessiert, da dies zu kostspielig und wenig lukrativ erschien.

Freihandel

Die wirtschaftlichen Interessen Englands ließen sich nach Meinung der meisten englischen Regierungen bis dahin am besten durch Freihandel verwirklichen. Der Vorsprung Englands bei der Produktion industrieller Massenwaren und die Beherrschung der überseeischen Handelswege konnten so ertragreich genug für den Wohlstand des Landes genutzt werden. Daher vollzog sich die allmähliche Expansion Englands in weitere überseeische Gebiete zunächst in der Form von Handels- und Freundschaftsverträgen, die mit schwächeren Staaten unter mehr oder weniger starkem Druck geschlossen wurden.

Herrschaft in Ägypten

Daß die englische Regierung es noch um 1880 vorzog, so lange wie möglich ihre Kontrolle nur indirekt auszuüben, zeigt ihr Vorgehen in Ägypten. Die finanzielle Lage des Landes am Nil war so katastrophal, daß der Khedive Ismael, obwohl er 1875 den Anteil seines Landes an den Suezkanalaktien für vier Millionen Pfund an die Briten verkauft hatte, bereits 1876 den Staatsbankrott erklären mußte. Die Sorge um die Geldanlagen europäischer Gläubiger und um die Sicherheit des Seeweges nach Indien veranlaßten das Eingreifen der Engländer und Franzosen:

Imperialismus. Erstmals wurde der Begriff „Imperialismus" (anknüpfend an die lateinische Bezeichnung „imperium" für das römische Weltreich) auf die Herrschaft Napoleons III. in Frankreich von 1852–1873 („Empire") angewandt; wenig später fand er als parteipolitische Parole Eingang in die innenpolitische Diskussion Großbritanniens: Die Liberalen versuchten, die aktive Außenpolitik Disraelis als „Imperialismus" zu diskreditieren. Gegen Ende des 19. Jahrhunderts weitete sich die Bedeutung des Imperialismus-Begriffs erheblich aus und wurde auf die Expansionspolitik der Großmächte übertragen, die vorwiegend in Übersee neue Territorien und Rohstoff- und Absatzmärkte in Besitz zu bringen trachteten. Dabei verstand man unter Imperialismus alle Formen direkter und indirekter Kontrolle anderer Gebiete. Eine stärkere Ausweitung erfuhr der Terminus, als vor dem Ersten Weltkrieg die Politik der europäischen Großmächte allgemein einen expansiven Charakter militärischer, territorialer und wirtschaftlicher Art annahm. Typisch ist weiter die Verbindung mit aggressiven nationalistischen und rassistischen Ideologien. Inwieweit nach dem Ende der Kolonialherrschaft nach dem Zweiten Weltkrieg auf Grund der wirtschaftlichen und strukturellen Abhängigkeiten der Länder der Dritten Welt noch von Imperialismus gesprochen werden kann, ist eine Frage des politischen und weltanschaulichen Standpunkts.

Der Khedive mußte 1876 zugunsten seines Sohnes abdanken, der gezwungen wurde, finanzielle und wirtschaftliche Reformen durchzuführen. Dabei bemühten sich die Engländer, so zurückhaltend wie möglich aufzutreten und jeden Anschein direkter Herrschaft zu vermeiden.
Das Eingreifen der Europäer hatte jedoch die Machtbasis des Khedive derart erschüttert, daß das Land jetzt zusehends in rivalisierende Gruppen der gesellschaftlichen und militärischen Eliten zerfiel, so daß eine indirekte Herrschaft, die sich auf ein kollaborationsbereites, aber stabiles Regime stützen konnte, nicht länger realisierbar war. Zudem befürchteten die Briten, daß die Franzosen aus der Anarchie Ägyptens Nutzen ziehen und den Verbindungsweg nach Indien gefährden könnten. Diese Beweggründe veranlaßten die Briten 1882 zu einer militärischen Intervention; Alexandria wurde bombardiert, und bald darauf kapitulierte Kairo und wurde besetzt. Die Franzosen, die mit der Niederschlagung eines Aufstands gegen ihre Protektoratsherrschaft über Tunesien beschäftigt waren, blieben dieser Aktion fern. Ab sofort übernahmen die Briten die Finanz- und Eisenbahnverwaltung und ersetzten die ägyptische Armee durch eine britisch ausgebildete Gendarmerie. Den Khediven degradierten sie zu einer bloßen Marionette, die den Befehlen des britischen Konsuls Folge zu leisten hatte.

„Scramble for Africa"

Der Fall Ägyptens ist symptomatisch für die weitere Entwicklung in Afrika, die mit der Aufteilung des „schwarzen Kontinents" unter den Europäern vor dem Ersten Weltkrieg ihr vorläufiges Ende fand. Die Briten ergriffen die unmittelbare Macht erst, als informelle Lösungen wegen interner Krisen und Instabilitäten in Afrika selbst scheiterten, oder als sie ihre Interessen durch Rivalitäten mit anderen europäischen Mächten bedroht sahen. So entstand der von den Europäern zunächst gar nicht gewollte „Scramble for Africa" (Balgerei um Afrika, „Times", 15. Mai 1884), an dem sich bald alle führenden europäischen Mächte beteiligten. Dabei kam es 1898 bei Faschoda am Oberen Nil zu einem Konflikt zwischen England, das inzwischen weite Teile Ostafrikas unter seine Kontrolle gebracht hatte (Sudan, Kenia, Uganda, Sansibar), und Frankreich, das bestrebt war, von Zentralafrika aus eine territoriale Verbindung nach Osten bis zum Indischen Ozean herzustellen („Faschodakrise", ▷ Kapitel 5.1).

Buren und Briten in der Kapkolonie

Eine zentrale Rolle im britischen Imperium spielte die Kapkolonie an der Südspitze Afrikas. Ursprünglich war diese ein Stützpunkt der niederländischen Ostindienkompanie auf dem Seeweg nach Indonesien gewesen, in den Ende des 17. Jahrhunderts niederländische, deutsche und französisch-hugenottische Siedler eingewandert waren, die mit Hilfe von einheimischen, aber auch westindischen und indonesischen Sklaven ihre Farmen als Bauern („boeren" = Buren) bewirtschafteten. Im Laufe der Zeit rückte diese weiße Siedlerbewegung nach Norden Richtung Oranje-Fluß und nach Osten vor, wo sie mit dem halbnomadischen Volk der Bantu in Konflikt geriet. Nach dem Niedergang der holländischen Ostindienkompanie gelang es den Briten 1815, den Stützpunkt zur Sicherung der Indienroute in ihren Besitz zu bringen. Alsbald kamen auch britische Kolonisten ins Land.

Sklavenfrage und Gründung der Burenrepubliken

Die Buren, die auch mit Hilfe von Sklaven eine extensive Landwirtschaft betrieben, kamen mit den Briten in Konflikt. Nach dem Verbot des Sklavenhandels im britischen Empire im Jahr 1807 wurde 1833 auch die Haltung von Sklaven verboten. Eingeborene Arbeiter sollten Rechtsgleichheit und Freizügigkeit genießen. Mit dieser liberalen Haltung, der die Engländer durch gesetzliche Maßnahmen Nachdruck zu verleihen versuchten, mochte sich die Mehrheit der Buren nicht abfinden. Landknappheit und eine Dürreperiode taten ein übriges: 1836 machten sich rund 10 000 konservative Buren auf den „großen Treck" ins Landesinnere, um neue Siedlungsgebiete zu finden. In den folgenden Jahren setzten sie sich nach Kämpfen mit den Zulus in den unabhängigen Burenrepubliken Transvaal (1852) und Oranjefreistaat (1854) fest. Natal an der Ostküste dagegen annektierten die Briten, da sie um den Seeweg nach Indien fürchteten. Um den lukrativen Zuckerrohr-

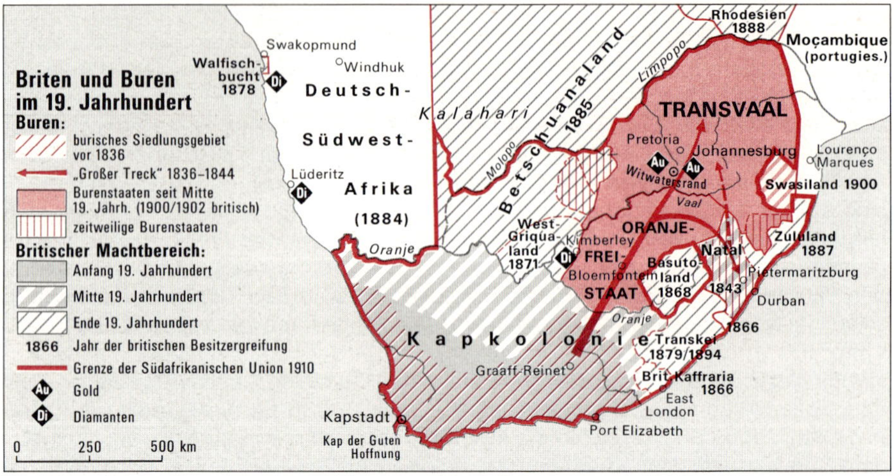

34 Briten und Buren in Südafrika im 19. Jahrhundert.

anbau in dieser Provinz zu betreiben, holten sie zahlreiche indische Kontraktarbeiter ins Land.

Cecil Rhodes und die britische Expansion in „schwarze" Gebiete

Als 1867 am Oranje die ersten Diamanten gefunden und 1886 die Goldvorkommen am Witwatersrand im Süden Transvaals entdeckt wurden, rückte Südafrika verstärkt in den Mittelpunkt des Interesses europäischer Geschäftsleute und Politiker. Hier tat sich besonders der britische Pastorensohn Cecil J. Rhodes (1855–1902) hervor, der die Minengesellschaft „de Beers" in Kimberley gründete, sich als Abgeordneter und Minister der Kapkolonie politisch betätigte und als rücksichtsloser Expansionist und Imperialist Südafrikas in Erscheinung trat. Die Briten waren nun immer mehr an der billigen Arbeitskraft der schwarzen Bevölkerung und an möglichen weiteren Bodenschätzen interessiert, so daß sie sich bemühten, die bisher unabhängig gebliebenen schwarzen Gebiete unter ihre Kontrolle zu bringen. Gleichzeitig wollten sie die Burenrepubliken in eine am kanadischen Beispiel orientierte autonome südafrikanische Föderation integrieren. Dies gelang jedoch trotz einer zwischenzeitlichen Annexion Transvaals nicht. Das Ausgreifen der Briten in „schwarze" Gebiete war jetzt nicht mehr aufzuhalten. Gleichzeitig gelang es Cecil Rhodes im Laufe der neunziger Jahre, weite Gebiete nördlich von Transvaal, das spätere Rhodesien (heute Zimbabwe), zu erobern und britischer Hoheit zu unterstellen. Farmer aus der Kapkolonie besiedelten das fruchtbare Land.

Interessengegensätze, Burenkrieg

So war Transvaal von allen Seiten von britischen Gebieten umgeben, und jede Aktion der Buren berührte englische Interessen: sei es, daß sie eine Eisenbahnlinie zur Küste (Delagoa-Bahn) bauten, sei es, daß sie mit dem Deutschen Reich, das in unmittelbarer Nähe in Südwestafrika eine Kolonie gegründet hatte (▷ Kapitel 3.2.1 und 4.2), Kontakt aufnahmen, um Unterstützung zu erlangen. Außerdem entzündeten sich häufig Konflikte zwischen der alten bäuerlichen Siedlerbevölkerung der Buren und den Geschäftsleuten und Bergbauindustriellen aus dem Süden, den sogenannten „Uitlanders", die sich in Transvaal ausbreiteten und politische Beteiligung forderten. 1895 versuchte Rhodes sogar, durch einen Staatsstreich das verhaßte Buren-Regime zu stürzen („Jameson-Raid"), scheiterte jedoch und mußte als Premierminister der Kapkolonie zurücktreten. Wenig später kam es zum bewaffneten Konflikt. Nach einem blutigen Krieg mußten die Buren die britische Oberherrschaft anerkennen, im Gegenzug wurden jedoch die vier südafrikanischen Haupttterritorien Kapland, Natal, Oranje und Transvaal unter Führung der Buren mit freier Verfügung über die schwarzafrikanische Bevölkerung zusammengefaßt. Das Ergebnis dieser Entwicklung war die 1910 gegründete Südafrikanische Union mit ihrem Apartheid-System.

35 Der neue „Rhodes-Koloß", der Afrika von Kapstadt bis Kairo überspannt. Karikatur aus „Punch" von 1892. 1892 war die Telegraphenlinie Kap–Kairo fertiggestellt worden.
Informieren Sie sich über Cecil Rhodes und interpretieren Sie die auf den Koloß von Rhodos, eines der sieben klassischen Weltwunder, anspielende Karikatur.

3.1.2 Motive und Konzeptionen des britischen Imperialismus

Die im vorigen Abschnitt skizzierten außenpolitischen Hintergründe und Motive des britischen Imperialismus waren vor allem im letzten Drittel des Jahrhunderts eng mit ökonomischen, sozialen und nationalistischen Prozessen in England selbst verknüpft, die der expansiven Entfaltung des Landes erst die entscheidende Stoßkraft verliehen. Es entstanden imperialistische Verbände, deren Programme und Ideologien zum Teil von den maßgeblichen Regierungen getragen oder übernommen wurden.

Ökonomische Motive

Gegen Ende des 19. Jahrhunderts sah sich die bisherige wirtschaftliche Führungsmacht Großbritannien der immer stärkeren Konkurrenz der Deutschen und der USA ausgesetzt. Vor allem im Bereich der neuen Industriezweige Chemie und Elektrotechnik verpaßte England den Anschluß, weil es sich weitgehend auf die traditionellen Industrien konzentrierte. Gleichzeitig schotteten die Konkurrenten ihre Märkte durch Schutzzölle nach außen ab. Die wirtschaftliche Lage in England selbst war zu dieser Zeit durch eine lang andauernde Rezession gekennzeichnet, so daß der Ruf nach der Gewinnung überseeischer Märkte und politischen Hilfsmaßnahmen für die Wirtschaft immer lauter wurde. Der Staat sollte der Wirtschaft die Tür zu neuen Märkten öffnen, so daß der bisher geltende Grundsatz „The flag follows the trade" in sein Gegenteil verkehrt wurde. Die Regierungen nahmen diese Forderungen durchaus ernst. So spielten bei der Übernahme Ägyptens (Sicherung britischer Kapitalanlagen), Ugandas (Eisenbahnbau) und Südafrikas (Bodenschätze) ökonomische Motive eine wichtige Rolle; überdies erhoffte man sich einen konjunkturellen Aufschwung durch die Erschließung neuer lukrativer Märkte für britische Erzeugnisse.

Soziale Hintergründe

Die Ausdehnung britischer Herrschaft hatte auch eine innenpolitisch-soziale Funktion. Gerade in Krisenzeiten war es für die herrschenden Gruppen wichtig, die unzufriedenen und aufbegehrenden breiten Massen der Arbeiterschaft durch nationalen Prestigegewinn und die Aussicht auf ökonomisches Wohlergehen ruhig zu halten, um so die bedrohte Herrschafts- und Gesellschaftsordnung zu stabilisieren. Dieses Motiv für imperiale Ausdehnung bestimmte zwar nicht primär die britische Politik, spielte aber sicherlich bei dem gesamten expansionistischen Prozeß ungewollt oder gewollt eine wichtige Rolle.

Nationalistische Motive

Mit den ökonomischen und sozialen Beweggründen verbanden sich schon recht früh Elemente einer neuen nationalistischen Ideologie, die ihre Wurzeln in erster Linie bei den jetzt zu wirtschaftlichem Einfluß gelangten Mittelschichten hatte. So mündeten Vorstellungen von nationaler Selbstbehauptung und britischem Herrschaftsanspruch in den Motivationskomplex des Imperialismus ein und verstärkten ihn erheblich. Wegweisend für die nationalistisch-imperialistische Argumentation wurden die Schriften „Greater Britain" von Charles Dilke (1843–1911) aus dem Jahre 1868 und „The Expansion of England" des Historikers John Robert Seeley (1834–1895) von 1881. Von der festen Überzeugung einer Überlegenheit der weißen Rasse ausgehend, plädierte Dilke für einen Mittelweg zwischen dem für sein Empfinden veralteten Nationalismus und einer utopischen Weltgesellschaft, für eine freie Konkurrenz der Rassen, in der die englische Rasse aufgrund ihrer kulturellen Stärke dominieren würde. Pan-Anglismus war sein Motto, eine Konföderation der englischen Rasse. Seeley dagegen dachte bei seiner Konzeption eher an eine Festigung und Straffung des englischen Staates und seines Empires, wobei er die anderen europäischen Staaten als Rivalen ansah.

Die in puritanischem Geist wurzelnde Gewißheit einer zivilisatorischen Sendung der Weißen faßte Rudyard Kipling (1865–1936) schlagwortartig in der Formel von der „Bürde des weißen Mannes" zusammen, der die wilden und unzivilisierten Völker, halb Kinder, halb Teufel, zähmen und ihnen Nahrung und medizinischen Fortschritt bringen müsse. Der so begründete Erziehungsauftrag und die sozial-

Rassismus und Sozialdarwinismus. Der Rassismus beinhaltet eine scheinbar biologisch begründete Geschichts- und Kulturtheorie, die auf der Ungleichheit der Rassen beruht. Entwikkelt wurde diese Lehre von dem französischen Diplomaten und Orientalisten Joseph Arthur Comte de Gobineau (1816–1882), dem britischen Anatomen Robert Knox (1798–1862) und dem Franzosen Georges Comte Vacher de Lapouge (1854–1936). Allen war gemeinsam, daß sie schöpferische Kraft nur der weißen Rasse, speziell den in Nordwesteuropa lebenden germanischen Ariern zuschrieben. Durch Vermischung der Rassen komme es zu Degenerationserscheinungen. Speziell Lapouge vertrat die Vorstellung, daß es zu einem universalen Rassenkampf kommen werde, in dem sich die hochwertigen weißen Langschädler durchsetzen würden. Aus diesem Grund wandte er sich strikt gegen eine Rassenmischung, durch die das Erbgut der weißen Rasse geschädigt würde. In Deutschland fand der Rassismus Verbreitung durch den englischstämmigen Kulturphilosophen Houston Stewart Chamberlain (1855–1927), der besonders in den Deutschen das rassische Ideal optimal ausgebildet fand. Über Richard Wagner (1813–1883), zu dessen Freundeskreis Gobineau gehörte und dessen Schwiegersohn Chamberlain war, gewann deren Gedankengut auch zunehmend an Einfluß in den gebildeten Kreisen Deutschlands.

Ergänzt und verstärkt wurden diese Vorstellungen durch den sogenannten Sozialdarwinismus, der sich an Charles Darwins (1809–1882) Forschungsergebnisse über die Entstehung und Erhaltung der Arten durch Auslese der biologisch Stärkeren anlehnte und sie auf gesellschaftliche Verhältnisse übertrug. Wichtigste Vertreter dieser Lehre waren der Engländer Herbert Spencer (1820–1903) und der Deutsche Ernst Haeckel (1834–1919). Spencer prägte die Formel vom „survival of the fittest" von Individuen und von Völkern: Nur die Besten sollten sich durchsetzen und überleben. Grundprinzip war das Recht des Stärkeren. Staatliche Fürsorge hielt Spencer für überflüssig; die Armen hatten sich in seinen Augen als unfähig erwiesen und mußten verschwinden. Haeckel verband diese Lehre mit rassistisch-antisemitischen Vorstellungen und plädierte für eugenische Maßnahmen zum Schutze der besten Rassen. Ihre verhängnisvollste Wirkung zeitigten Rassismus und Sozialdarwinismus im deutschen Nationalsozialismus.

36 Die zivilisatorische Mission Europas, Frontispiz des Buchs „The uncivilized races of men in all countries of the world" von J. G. Woods, Hartford 1876.
Bestimmen Sie das Selbstverständnis der Europäer, wie es hier zum Ausdruck kommt.

darwinistisch und rassistisch begründete Überzeugung einer grundsätzlichen Überlegenheit der weißen Rasse gegenüber den farbigen Völkern wurden später, vor allem bei Cecil Rhodes, in den Dienst eines über die Vorstellungen Dilkes und Seeleys hinausgehenden aggressiven und expansiven Imperialismus gestellt. Die Zielvorstellung dieses radikalen Imperialisten war die Herrschaft der Briten über möglichst große Teile der Erde.

37 **Imperialismus des freien Handels.** Notiz des britischen Außenministers Lord Henry Palmerston (1784–1865) vom 20. 12. 1850:

Wir wünschen unbedingt, daß sich die Zivilisation nach Afrika ausdehnt, wobei wir überzeugt sind, daß der Handel der beste Pionier der Zivilisation ist; und wir sind zufrieden, daß genügend Raum in [. . .] Afrika für den Handel aller zivilisierten Nationen der ganzen übrigen Welt ist. Darum würden wir jede Ausdehnung des Handels in Afrika mit Genugtuung betrachten, vorausgesetzt allerdings, daß dieser Handel nicht auf einem Monopol beruht und nicht aufgrund eines Systems durchgeführt wird, das andere ausschließt.

Zitiert nach: Ronald Robinson/John Gallagher/Alice Denny, Africa and the Victorians, The Official Mind of Imperialism, London 1965, S. 35 (Übers. A. Brückmann)

a) Formulieren Sie die politischen Grundsätze und Interessen, die das Verhältnis Großbritanniens zu Afrika Mitte des 19. Jahrhunderts bestimmen.
b) Diskutieren Sie die Vor- und Nachteile eines derartigen Vorgehens für die afrikanische Wirtschaft einerseits und für die Briten andererseits.
c) Bestimmen Sie die Bedeutung des Handels im Rahmen der britischen Politik.

38 **Lenkung aus dem Hintergrund.** Anweisung des britischen Außenministers Lord Robert Salisbury (1830–1903, konservativer Politiker) an den englischen Generalkonsul in Ägypten, Edward Mullet, vom 16. 10. 1879:

Das Hauptziel unserer ägyptischen Politik ist die Erhaltung der Neutralität dieses Landes, d. h. die Erhaltung einer Situation, in der dort keine Großmacht mächtiger sein kann als Großbritannien. Dies kann natürlich durch die Vorherrschaft Englands erreicht werden oder gar durch die Errichtung der königlichen Souveränität in diesem Lande. Es sind Umstände denkbar, unter denen dies der einzige Weg wäre, um dieses Ziel sicherzustellen, aber es wäre nicht der beste: Man würde zum gegenwärtigen Zeitpunkt davon keine weiteren Vorteile haben außer zusätzlichen Arbeitsplätzen für das englische Volk und vermehrten Investitionsmöglichkeiten für englisches Kapital; diese Vorteile würden aber durch die militärischen und finanziellen Verpflichtungen, die dem folgen würden, bei weitem aufgewogen [...]. Wir haben deshalb gegenwärtig keinen Anlaß, eine formelle Änderung des Status und der politischen Institutionen Ägyptens zu wünschen; die einzige Änderung, die wir an der gegenwärtigen oder genauer: bisherigen Praxis wünschen, ist, daß diese Institutionen in erträglichem Maße zuverlässig, sparsam und human arbeiten. Denn dann ist gewährleistet, was wir wollen, eine ägyptische Neutralität, die wirkliche Dauer verspricht. Unsere Repräsentanten in Ägypten sollen deshalb alles in ihrer Macht Stehende tun, um die einheimische Regierung in ihren Bemühungen, das Land gut zu regieren, zu unterstützen; und das muß zur Zeit ein Ziel sein, dem kein anderes vorangestellt werden darf. [...] Aus diesem Grund sollte sie in ihrem eigenen Interesse weitgehend Europäer beschäftigen bzw. sie sollte dazu gezwungen werden, wenn sie in dieser Beziehung ihre eigenen Interessen verkennt. Allerdings sollten die Europäer so weit wie möglich im Hintergrund bleiben – sie dürfen nicht in so großer Zahl beschäftigt werden, daß sie die Autorität der einheimischen Regierung in den Augen der Öffentlichkeit untergraben; und die Positionen für sie sollten eher mit Rücksicht auf die effektive Ausübung von Macht ausgesucht werden als hinsichtlich des äußeren und offiziellen Ranges.

Jacob, C. Hurewitz, Diplomacy in the Near and Middle East, Bd. 1, London/New York 1956, S. 19 ff.; zitiert nach: Wolfgang Mommsen, Imperialismus. Seine geistigen, politischen und wirtschaftlichen Grundlagen. Ein Quellen- und Arbeitsbuch, Hamburg 1977, S. 49 f.

a) Beschreiben Sie Inhalt und Motive der politischen Prinzipien, die der britischen Politik in Ägypten zugrundeliegen.
b) Vergleichen Sie direkte und indirekte Herrschaftsmethoden miteinander und wägen Sie deren Vor- und Nachteile gegeneinander ab.
c) Erörtern Sie den Stellenwert Ägyptens im britischen Kolonialreich und den weltpolitischen Hintergrund der britischen Politik.

39 **Die Konsolidierung des Britischen Empire.** Rede des konservativen britischen Politikers Benjamin Disraeli (1804–1881, Premierminister 1868 und 1874–1880) am 24. 6. 1872 im Kristallpalast zu London:

Wenn ich konservativ sage, so gebrauche ich das Wort in seinem reinsten und erhabensten Sinn. Ich will damit sagen, daß das englische Volk, und besonders die arbeitenden Schichten Englands, stolz darauf sind, einem großen Lande anzugehören, und seine Größe bewahren wollen – daß sie stolz sind, zu einem Imperium zu gehören, und entschlossen sind, ihr Imperium, wenn sie können, aufrechtzuhalten – daß sie überhaupt glauben, daß die Größe und das Weltreich Englands den altehrwürdigen Institutionen des Landes zuzuschreiben sind. [...]

Meine Herren, es gibt noch ein anderes, zweites großes Ziel der Tory-Partei. Wenn es das erste Ziel ist, die Institutionen des Landes aufrechtzuerhalten, so ist es meiner Meinung nach das zweite, das englische Imperium zu stützen. Wenn Sie auf die Geschichte dieses Landes seit dem Erscheinen des Liberalismus – vor vierzig Jahren – blicken, so werden Sie finden, daß keine Bemühung so anhaltend und so subtil gewesen, von so viel Energie unterstützt und mit so viel Fähigkeit und Scharfsinn vorangetrieben worden ist wie die Versuche des Liberalismus, die Desintegration des Englischen Empire zu erreichen. Und, meine Herren, von allen Bemühungen ist diese eine dem Erfolg am nächsten gekommen. Staatsmänner von höchstem Ansehen, Schriftsteller von hervorragendster Fähigkeit, die organisiertesten und wirksamsten Mittel sind bei diesem Bemühen angewendet worden. Es ist uns allen bewiesen worden, daß wir durch unsere Kolonien Geld verloren haben. Es ist mit mathematischer Genauigkeit nachgewiesen worden, daß es noch nie ein Juwel in der Krone Englands gegeben hat, das so wahrhaft teuer gewesen ist wie der Besitz Indiens. Wie oft ist uns nicht geraten worden, wir sollten uns auf der Stelle von diesem Alpdruck befreien. Nun, dies wurde nahezu bewerkstelligt. Als das Land sich jene klug berechneten Ansichten unter dem einleuchtenden Vorwand zu eigen machte, den Kolonien Selbstverwaltung zu gewähren, da dachte ich, ich bekenne es, daß das Band zerrissen sei. Nicht, daß ich persönlich etwas gegen Selbstverwaltung einzuwenden hätte. [...] Aber als die Selbstverwaltung zugestanden wurde, hätte sie meiner Meinung nach als Teil einer großen Politik imperialer Konsolidierung zugestanden werden müssen. Sie hätte zusammen mit einem Reichszoll, mit Sicherheiten für das englische Volk hinsichtlich der Nutznießung der nicht-appropriierten Länder erfolgen müssen, die dem Herrscher als ihrem Treuhänder gehörten, und mit einem Militärgesetz, das die Mittel und die Verantwortlichkeiten genau hätte festlegen müssen, mit denen die Kolonien verteidigt werden sollten und durch die dieses Land, wenn nötig, Hilfe seitens der Kolonien selbst anfordern sollte. Ferner hätte gleichzeitig die Einrichtung eines Kolonialrats in der Hauptstadt getroffen werden müssen, der die Kolonien in feste und dauernde Beziehungen zur Regierung des Mutterlandes gebracht hätte. Alles dieses wurde jedoch unterlassen, weil diejenigen, die diese Politik empfahlen – und ich glaube, ihre Überzeugungen waren ehrlich –, die englischen Kolonien, sogar unsere Beziehungen zu Indien, als eine Belastung dieses Landes ansahen, alles unter finanziellem Gesichtspunkt betrachteten und dabei völlig jene moralischen und politischen Betrachtungen außer acht ließen, die die Nationen groß machen und durch deren Einfluß allein die Menschen sich von Tieren unterscheiden. Nun, was war das Ergebnis dieses Versuchs während der Herrschaft des Liberalismus für die Desintegration des Imperiums? Er ist gänzlich gescheitert. [...]

40 Das imperialistische Spiel für das Jahr 1879; der russische Außenminister Gortschakow (links): „Ich bin nur neugierig, wieviel du noch aufbauen wirst, ehe es zusammenfällt." Disraeli: „Das dauert noch eine ganze Zeit, wenn keiner an den Tisch stößt", Karikatur im „Kladderadatsch" vom 29. 12. 1878.
Ordnen Sie die Abbildung in ihren zeitgenössischen Hintergrund ein und erklären Sie ihre Absicht.

[Und] meiner Meinung nach wird kein Minister in diesem Lande seine Pflicht tun, der eine Gelegenheit versäumt, soweit wie möglich unser koloniales Weltreich wiederaufzubauen [...].

Disraeli: Speech at the Banquet of the National Union of Conservative and Constitutional Associations, at the Crystal Palace, on June 24, 1872 (Rede im Kristallpalast am 24. Juni 1872) Interpretationen, hg. von Helmut Viebrock, Wiesbaden 1968, S. 9, 12–15; zitiert nach: Horst Gründer, Der moderne Imperialismus, Düsseldorf 1980, S. 29–31

a) Analysieren Sie den sozialen und innenpolitischen Stellenwert der Rede Disraelis.
b) Erklären Sie das imperiale Konzept Disraelis und vergleichen Sie es mit den Konzepten Palmerstons und Salisburys (s. o.).

41 **Die rassistische Variante des britischen Imperialismus.** Cecil Rhodes (▷ S. 56; 1881 Parlamentsmitglied der Kap-Kolonie, 1890 dort Premierminister, gewann das spätere Rhodesien und heutige Zimbabwe für Großbritannien) schreibt in seiner Schrift „Draft of Ideas" aus dem Jahre 1877:

Ich behaupte, daß wir die erste Rasse in der Welt sind und daß es für die Menschheit um so besser ist, je größere Teile der Welt wir bewohnen. Ich behaupte, daß jedes Stück Land, das unserem Gebiet hinzugefügt wird, die Geburt von mehr Angehörigen der englischen Rasse bedeutet, die sonst nicht ins Dasein gerufen worden wären. Darüber hinaus bedeutet es einfach das Ende aller Kriege, wenn der größere Teil der Welt in unserer Herrschaft aufgeht. [. . .] Die Förderung des Britischen Empire, mit dem Ziel, die ganze zivilisierte Welt unter britische Herrschaft zu bringen, die Wiedergewinnung der Vereinigten Staaten, um die angelsächsische Rasse zu einem einzigen Weltreich zu machen. Was für ein Traum! Aber dennoch ist er wahrscheinlich. Er ist realisierbar. [. . .] Da [Gott] sich die englischsprechende Rasse offensichtlich zu seinem auserwählten Werkzeug geformt hat, durch welches er einen auf Gerechtigkeit, Freiheit und Frieden gegründeten Zustand der Gesellschaft hervorbringen will, muß es auch seinem Wunsch entsprechen, daß ich alles in meiner Macht Stehende tue, um jener Rasse so viel Spielraum und Macht wie möglich zu verschaffen. Wenn es einen Gott gibt, denke ich, so will er daher eines gern von mir getan haben: nämlich so viel von der Karte Afrikas britisch rot zu malen wie möglich und anderswo zu tun, was ich kann, um die Einheit der englischsprechenden Rasse zu fördern und ihren Einflußbereich auszudehnen.

The Last Will and Testament of C. J. Rhodes, hg. von William T. Stead, London 1902, S. 57 f., 97 f.; zitiert nach: Wolfgang Mommsen, a. a. O., S. 48 f.

a) Charakterisieren Sie Rhodes' Imperialismus-Konzeption.
b) Skizzieren Sie die Grundstrukturen und -prinzipien einer Kolonialpolitik, die sich diesen Grundsätzen verpflichtet weiß.
c) Setzen Sie sich kritisch mit Rhodes' Thesen auseinander.

42 **Ökonomische Motive des Imperialismus**

a) Struktur des britischen Außenhandels

Gebiet	Einfuhr in Mill. £		Anteil an der brit. Gesamteinfuhr in %	
	1854/57	1909/13	1854/57	1909/13
Empire	39,2	172,7	23,9	24,7
Südafrika	1,2	10,7	0,1	1,5
Indien	14,8	44,8	9,0	6,4
Fremde Länder	124,9	526,6	76,1	75,3
Industrieuropa	38,1	176,9	23,2	25,3
USA	56,6	207,7	34,5	29,7
	Ausfuhr in Mill. £		Anteil an der brit. Gesamtausfuhr in %	
Empire	35,6	174,0	27,5	31,1
Südafrika	1,3	21,3	1,0	3,8
Indien	10,8	55,4	8,3	9,9
Fremde Länder	93,9	384,8	72,5	68,9
Industrieeuropa	41,6	152,6	32,1	27,3
USA	20,6	59,8	15,9	10,7

Peter Hampe, Die „ökonomische Imperialismustheorie", Kritische Untersuchungen, Münchener Studien zur Politik. Bd. 24, München 1976, S. 163

b) Die Verteilung der britischen Kapitalanlagen im Ausland

	1870		1885		1911	
	Mill. £	%	Mill. £	%	Mill. £	%
Empire	270	34,4	675	51,9	?	(50)
Indien	160	20,4	270	20,8	351	10
Australien	74	9,4	240	18,5	380	11
Kanada	20	2,6	113	8,7	373	11
Südafrika	-	-	35	2,7	351	10
USA	200	25,5	300	23,1	688	20
Südamerika	85	10,8	150	11,5	587	17
Europa, Naher Osten	230	29,3	175	13,5	?	?
	785	100	1300	100	3500	100

Peter Hampe, a. a. O., S. 172

a) Stellen Sie die Entwicklung von Außenhandel und Kapitaloxport in Großbritannien dar.
b) Untersuchen Sie die Rolle der abhängigen Gebiete in diesem Zusammenhang.
c) Suchen Sie mögliche Zusammenhänge zwischen Außenhandel, Kapitalexport und kolonialer Ausdehnung.

43 Expansion als „Vorwärtsverteidigung"

a) Richard Lord Mornington (später Marquis Wellesley, 1798–1805 Generalgouverneur in Indien) (▷ S. 53) schreibt im Jahre 1801 an einen ihm untergebenen Admiral, der sich weigerte, seiner Anweisung zu folgen und den französischen Stützpunkt Mauritius ohne ausdrücklichen königlichen Befehl anzugreifen:

Wenn zeitweilige oder gelegentliche Schwächen feindlicher Besitzungen in Indien nicht ausgenutzt werden dürften ohne ausdrückliche Orders aus England über den Dienstweg an die Regierung Indiens und an die Befehlshaber der Land- und Seestreitkräfte Seiner Majestät, werden zwangsläufig Gelegenheiten zur Reduzierung der feindlichen Kräfte und Mittel oft unwiderruflich verpaßt – unter Berufung auf formale Befehle des Souveräns daheim. Im vorliegenden Fall hat außergewöhnliches Glück mich die Schwäche und fast Wehrlosigkeit der wichtigsten Besitzungen entdecken lassen, die Frankreich in dieser Gegend noch geblieben sind. Für meine Begriffe hätte ich meine Pflicht versäumt gegenüber König und Vaterland, wenn ich auf ausdrückliche Befehle oder Orders Seiner Majestät über den vom Parlament geschaffenen Dienstweg für die Administration Indiens gewartet hätte, ohne den kritischen Stand der französischen Interessen auszunutzen, soweit es in meiner Macht steht. [. . .] Ich habe selbst ein Beispiel für die Regel gegeben, die ich hier aufstelle: Wenn ich mich nach dem Prinzip gerichtet hätte, das Eure Exzellenz sich zu eigen gemacht haben, wäre die Eroberung von Mysore nie erfolgt.

Montgomery Martin (Hg.), The Despatches, Minutes and Correspondence of the Marquess Wellesley during the Administration in India, London 1837, Bd. II, Anhang Q, S. 758 f., zitiert nach: John S. Galbraith, Die „unruhige" Grenze als Faktor britischer Expansion, in: Rudolf von Albertini (Hg.), Moderne Kolonialgeschichte, Köln/Berlin 1970, S. 45

b) Mitte des 19. Jahrhunderts bemerkt ein britischer Kommentator über die Machtausdehnung der Briten in Indien:

Kennzeichnend für unsere indische Herrschaft ist die besondere Schwierigkeit bei der Behauptung unserer Grenzen. Zur Erhaltung unserer Territorien muß man sich auf Allianzen einlassen, zwischen rivalisierende Mächte stellen oder in kostspielige Kriege stürzen. Britisch-Indien kann man nicht auf der Karte abstecken und wie andere Länder mit der üblichen Verwaltungsmaschinerie beherrschen. Zahlreichen Völkern benachbart, die sich uneins sind im Verfolgen antagonistischer Interessen, uns gegenüber aber vereint im gemeinsamen Glauben, ist Indien ein Problem verwickelter Politik von außen, von Kontrolle und Organisation im Innern. Der eigentümlichen Position dieses Imperiums, errichtet und erhalten inmitten mißtrauischer, feindlicher Stämme, wird seine rasche und immer noch zunehmende Ausdehnung zuzuschreiben sein. Diese Ausdehnung muß man sogar als unabdingbare Voraussetzung seiner Existenz betrachten. Es war nötig, unsere Herrschaft immer weiter auszudehnen, um das zu schützen, was wir schon besaßen. Streitigkeiten an den Grenzen müssen ausgefochten werden, damit die Rebellion nicht nach innen schlägt.

The North British Review, XVI, November 1851, S. 230, zitiert nach: John S. Galbraith, a. a. O., S. 43

a) Charakterisieren Sie die besondere Eigenart imperialer Herrschaftsausweitung in diesen Texten.
b) Beurteilen Sie das Verhältnis von staatlicher und privater Initiative beim Ausbau der Kolonialgebiete.
c) Auf welche Ursachen ist diese besondere Art imperialistischer Expansion zurückzuführen?

♦

1. *Zeigen Sie die Kontinuität britischen imperialen Denkens und Handelns im 19. Jahrhundert auf.*
2. *Beschreiben und erklären Sie die unterschiedlichen Formen des britischen Imperialismus.*
3. *Erörtern Sie die Besonderheiten und Hintergründe britischer Imperialpolitik im letzten Drittel des 19. Jahrhunderts.*
4. *Stellen Sie die verschiedenen Motivkomplexe imperialer Politik nebeneinander und diskutieren Sie ihren Stellenwert für die konkrete Politik.*
5. *Beurteilen Sie die Bedeutung politischer Ideologien für den britischen Imperialismus.*
6. *Wie bewerten Sie die Bedeutung wirtschaftlicher Motive des Imperialismus?*
7. *Stellen Sie Hypothesen über die Auswirkungen der unterschiedlichen Formen britischer Herrschaft auf die Bevölkerung und die sozialen und ökonomischen Strukturen der beherrschten Gebiete auf.*

3.2 Das Streben nach Weltmacht: Das Beispiel Deutschland

Gegen Ende des 19. Jahrhunderts drängten die Deutschen mit Macht auf die weltpolitische Bühne. Die seit Mitte des Jahrhunderts einsetzende industrielle Revolution und die Reichsgründung 1871 gaben den Anstoß: Jetzt mehrten sich in Deutschland die Stimmen, die sich – aus unterschiedlichen Motiven – für den Aufbau eines deutschen Kolonialreichs einsetzten. In den achtziger Jahren wurden bereits die wichtigsten Kolonialgebiete erworben, doch erst nach der Ablösung Bismarcks 1890 und mit dem sich bald abzeichnenden „Neuen Kurs" Wilhelms II. wandte sich das Reich einer aktiven Weltpolitik zu, die Deutschland bald zu einer der führenden imperialistischen Mächte der Welt aufsteigen ließ. Dabei wies der deutsche Imperialismus spezifische Kennzeichen und Strukturen auf.

1884	In Berlin wird die „Gesellschaft für deutsche Kolonisation" mit dem Ziel gegründet, Geld zum Erwerb von Kolonialgebieten zu beschaffen.
1884/85	Deutsche Schutzgebiete werden in Südwestafrika, Kamerun, Togo, Ostafrika, auf Neuguinea und zwei Inselgruppen vor Neuguinea und in der Südsee errichtet.

1891	Der „Allgemeine Deutsche Verband" (ab 1894 „Alldeutscher Verband") entsteht; Ziel: Förderung einer aktiven nationalistisch begründeten deutschen Interessenpolitik in Europa und Übersee.
1897/98	Deutsche Truppen besetzen Kiautschou, China überläßt dem Deutschen Reich vertraglich die Provinz Shantung als Einflußgebiet.
1898/1900	Nach der Berufung Alfred von Tirpitz' zum Staatssekretär im Marineamt (1897) wird durch zwei Flottengesetze die deutsche Kriegsflotte gewaltig ausgebaut und aufgerüstet.
1900	Nach der im Verlauf des Boxeraufstandes erfolgten Ermordung des deutschen Gesandten in Peking beteiligen sich die Deutschen mit einem Expeditionskorps an der Niederschlagung des Aufstands.

3.2.1 Bismarcks Imperialismus und die Gründung des deutschen Kolonialreichs

Motive der Kolonialpolitik Bismarcks

Nach der Gründung des Deutschen Reiches erklärte Bismarck (1815 1898) Deutschland in bezug auf territoriale Ansprüche für „saturiert" und suchte eine Konfrontation mit den anderen europäischen Mächten auf kolonialem Gebiet zu vermeiden. Das am britischen und amerikanischen Vorbild orientierte Prinzip der „offenen Tür" schien ihm für die deutschen Handelsinteressen ausreichend. Um so mehr bedarf es der Erklärung, aus welchen Gründen der deutsche Kanzler in den achtziger Jahren seinen Kurs änderte und innerhalb von nur drei Jahren wesentliche Teile des späteren deutschen Kolonialreichs durch die Übernahme von Protektoraten erwarb. Zum einen spielte sicherlich die entspannte außenpolitische Lage eine wichtige Rolle: 1881 wurde das Drei-Kaiser-Abkommen von 1873 zwischen Deutschland, Österreich-Ungarn und Rußland erneuert, während die Kräfte Großbritanniens und Frankreichs durch Differenzen in Ägypten gebunden waren. Dazu traten innenpolitische Motive. Bismarck stand Ende der siebziger Jahre vor einer doppelten Aufgabe: Zum einen galt es, wirtschaftliche Krisen zu bewältigen, zum anderen, die autoritäre Herrschaft des Kaiserstaates in den Augen der Bevölkerung zu rechtfertigen. Der Belebung der Konjunktur sollte ein breit gefächertes Maßnahmenbündel zur Förderung des Außenhandels dienen, wozu auch die Gewinnung neuer überseeischer Absatz- und Investitionsgebiete gehörte. Das Drängen wirtschaftlicher Interessengruppen im Inneren und die drohende ausländische Konkurrenz verstärkten Bismarcks „pragmatischen Expansionismus" (Wehler) und veranlaßten ihn ab 1884 zum Handeln.

Außerdem versuchte der Kanzler, die innere Stabilität des Kaiserreichs zu festigen. Diese war nämlich von zwei Seiten bedroht: Auf der einen Seite stellte die immer stärkeren Zulauf gewinnende organisierte Arbeiterbewegung mir ihrer klassenkämpferischen und internationalistischen Programmatik das herrschende politische und gesellschaftliche Gefüge grundsätzlich in Frage; auf der anderen Seite bedrohten auch die Kräfte des freiheitlich gesonnenen und antikonservativen Liberalismus die Stellung der überkommenen konservativen Herrschaftseliten. Die ökonomische Krise verschärfte das soziale Unbehagen zusätzlich. Vor diesem Hintergrund sah Bismarck in der überseeischen Expansion ein Mittel, den politischen und sozialen Zustand des Reichs durch Ablenkung der inneren Spannungen nach außen zu stabilisieren. Die Expansionsideologie überdeckte die sozialen Gegensätze und integrierte vor allem das Bürgertum, dessen ökonomische Interessen durch die Gründung von Kolonien angesprochen wurden, in den bestehenden Staat.

Kolonien in Afrika und der Südsee

Der Erwerb von Kolonien unter Bismarcks Regiment läßt sich am besten mit der für den englischen Handelsimperialismus geprägten Formel „The flag follows the trade" beschreiben. Aktiv wurden zunächst Kaufleute wie Carl Peters (1856–1918)

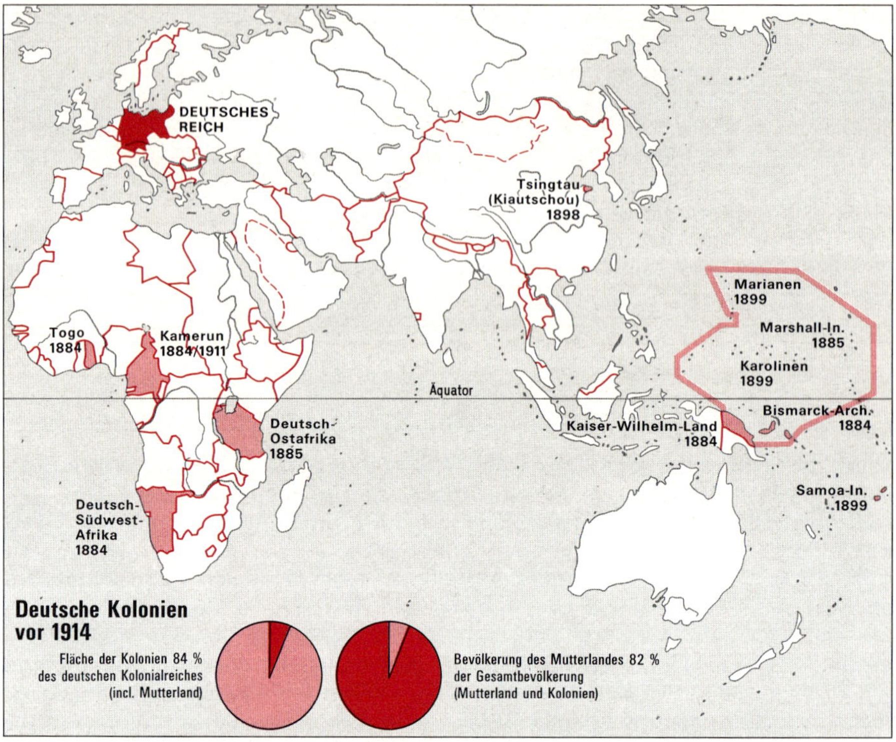

44 Deutsche Kolonien vor 1914.

und seine „Gesellschaft für deutsche Kolonisation" in Ostafrika, der Bremer Adolf Lüderitz (1834–1886) in Südwestafrika, der Hamburger Adolph Woermann (1847–1911) in Kamerun, das Hamburger Handelshaus Johann Cesar Godeffroy und die daraus hervorgehende „Deutsche Handels- und Plantagen-Gesellschaft" (DHPG) auf den Samoa- und Tongainseln und die Bankiers Adolph von Hansemann (Disconto-Gesellschaft) und Gerson von Bleichröder mit ihrer „Neuguinea-Compagnie". Auf ihr Drängen und zum Schutz der Wirtschafts- und Handelsinteressen übernahm das Deutsche Reich zwischen 1884 und 1886 über diese Gebiete zunächst die Schutzherrschaft und wandelte sie dann unter Ausnutzung der günstigen außenpolitischen Lage in Europa in deutsche Kolonien um: 1884 Deutsch-Südwestafrika, Togo, Kamerun, Bismarck-Archipel und Kaiser-Wilhelms-Land (Nordostküste Neuguineas); 1885 Deutsch-Ostafrika, Marshall-Inseln; 1886 drei der Salomon-Inseln.

3.2.2 Weltmachtpolitik in der Wilhelminischen Ära

Wandel der Außenpolitik

Das Ende der Kanzlerschaft Bismarcks 1890 stellte eine bedeutende außenpolitische Zäsur dar. War Bismarcks Außenpolitik von der Zielsetzung bestimmt gewesen, durch ein eher defensiv orientiertes kompliziertes Bündnissystem den Bestand des Reiches zu sichern, so standen die folgenden Jahre bis zum Ersten Weltkrieg im Zeichen einer aktiven und zum Teil aggressiven Weltpolitik, durch die eine zumindest gleichberechtigte Großmachtstellung für das Kaiserreich gewonnen werden sollte. Diese deutsche Expansionspolitik, die nur zum Teil von wirtschaftlichen und politischen Interessen, darüber hinaus aber auch von einem starken Macht- und Prestigebedürfnis geleitet wurde und deren offenkundigster Ausdruck die drastische Aufrüstung der Marine war, mußte notwendigerweise mit den Interessen Großbritanniens kollidieren, dessen Weltreich auf der Beherr-

45 Wilhelm II. auf einer Krupp-Kanone. Amerikanische Karikatur aus dem Jahre 1898. Das Plakat trägt die Aufschrift „Come and be saved".
Erläutern Sie die Gesamtaussage der Karikatur, die Rolle der dargestellten Personen und die Bedeutung der Plakataufschrift.

schung der Meere beruhte. Maßgeblich vorangetrieben wurden die Flottenbaupläne von Wilhelm II. (1888–1918), dem Kaiser selbst, der bei zahlreichen Gelegenheiten durch martialische Reden den deutschen Weltmachtanspruch anmeldete, von Bernhard von Bülow (1849–1929), der seit 1897 im Auswärtigen Amt und von 1900–1909 als Reichskanzler die Außenpolitik bestimmte, und von Alfred von Tirpitz (1849–1930), der sich ab 1897 als Staatssekretär des Reichsmarineamtes energisch für den Ausbau der Flotte einsetzte. Propagandistisch unterstützt wurden sie durch mitgliederstarke Vereine wie den „Alldeutschen Verband" und den „Deutschen Flottenverein".

Der Tirpitz-Plan

Voraussetzung für eine imperiale Machtpolitik im globalen Rahmen war die Existenz einer leistungsfähigen Flotte. Daher entwickelte Tirpitz seinen 1898 und 1900 vom Reichstag gebilligten Flottenbauplan; mit dem in der Gesetzesbegründung formulierten Risikogedanken, wonach die deutsche Flotte so stark sein müsse, daß ein Angriff auf Deutschland selbst für die mächtigste Flotte der Welt riskant wäre, offenbarte Tirpitz seine gegen England gerichtete Pointe. In den folgenden Jahren entwickelte sich ein Rüstungswettlauf mit den britischen Konkurrenten, deren Vorsprung die Deutschen letztlich nicht aufholen konnten: Die Briten konterten die deutsche Herausforderung mit dem Bau einer neuen Klasse von Großkampfschiffen mit gewaltiger Feuerkraft und hoher Geschwindigkeit, den sogenannten „Dreadnoughts". So wurden die außenpolitischen Ziele des Flottenbaus nicht erreicht, während die Beziehungen zu England, das an einer Verständigung mit dem Kaiserreich interessiert gewesen war, folgenschwer belastet wurden (▷ Kapitel 5.1). Auch militärisch erwies sich der Flottenbau als Fehlkalkulation, da die deutsche Marine zu keiner Zeit entscheidend den Verlauf des Ersten Weltkrieges beeinflussen konnte (▷ Kapitel 5.3).

Flottenrüstung als Machtanspruch und Integrationsideologie

Die deutsche Flottenrüstung besaß auch eine wichtige innenpolitische Funktion. Die Rüstungsaufträge versprachen doch, die deutsche Schwer- und Maschinenbauindustrie auf Dauer vor den Wechselfällen der Konjunktur zu schützen. Daher konnte sich die deutsche Regierung der Unterstützung des industriell engagierten Bürgertums sicher sein. Aber auch die landwirtschaftlich orientierten konservativen Grundbesitzer sollten für das Flottenbauprogramm gewonnen werden. Diese

46 Kiel! Einweihung des Kaiser-Wilhelm-Kanals (Nord-Ostsee-Kanal). Titelseite einer französischen Zeitschrift des Jahres 1895.
Welche Wirkung hatte die Flottenpolitik auf das Ausland?

standen nämlich den Weltmachts- und Aufrüstungsplänen mit ihrer Förderung der Industriewirtschaft durchaus skeptisch gegenüber. Sie hielten die Industrie für eine „Brutstätte des Sozialismus" und forderten eine Abkehr von den „Welthändeln" und eine Besinnung auf die alten Prinzipien: Landheer und Landbevölkerung als militärische und soziale Basis des Reichs. Reichskanzler Bülow gelang es nun, eine Interessenkoalition der Agrarier mit dem Bürgertum zu schmieden. Der 1902 im Reichstag verabschiedete neue protektionistische Zolltarif, der den Interessen der Großgrundbesitzer durch die Erhöhung der landwirtschaftlichen Importzölle weit entgegenkam, muß nämlich im Zusammenhang mit der Flottenrüstung gesehen werden. Die agrarischen Kritiker stellten ihre Bedenken gegen die Flottenrüstung zurück und reihten sich in eine bürgerlich-konservative Front mit dem gemeinsamen Ziel ein, den gesellschaftlichen Status quo gegen die systembedrohenden Bestrebungen der organisierten Arbeiterschaft zu sichern. Insofern stellten Flottenrüstung und Zolltarif die beiden Elemente einer Integrationsstrategie dar, eine „Sammlung", wie man es damals nannte, der alten konservativen und der neuen bürgerlichen Schichten. Langfristig hoffte die politische Führung sogar, durch die Erringung der Weltherrschaft und eine darauf folgende wirtschaftliche Blüte die Arbeiterschaft für sich zu gewinnen und damit der Sozialdemokratie und ihrer Forderung nach Teilhabe an der Macht den Wind aus den Segeln zu nehmen und so den sogenannten „vierten Stand" in den imperialen deutschen Obrigkeitsstaat einzugliedern.

Ideologie und Träger des deutschen Imperialismus

Wie im britischen Imperialismus spielte auch in Deutschland der Sozialdarwinismus in seiner primitivsten Form als Rechtfertigungsideologie für den Konkurrenzkampf in Wirtschaft und Politik und für die Herrschaft über angeblich minderwertige Völker in den Kolonialländern eine wichtige Rolle. Diese Vorstellungen wurden ergänzt durch die rassistisch gefärbte Idee des Pangermanismus, womit ursprünglich nur die Zusammenfassung aller germanischen Völker Europas gemeint war, die aber dann zu der Vorstellung eines Weltherrschaftsanspruchs der deutschen Rasse und der deutschen Nation umgemünzt wurde. Diese Ideologien stellten einen nicht zu unterschätzenden Faktor des öffentlichen Lebens dar, den die Reichsregierung zumindest aus taktischen Überlegungen berücksichtigen mußte.

Alldeutscher Verband und Flottenverein

Zur Verbreitung der imperialistischen Ideologie trugen in erheblichem Maße die mitglieder- und finanzstarken Verbände bei, die sich in der wilhelminischen Ära zum Sprachrohr und Multiplikator dieses Gedankenguts machten. An erster Stelle ist hier der 1891 gegründete „Alldeutsche Verband" zu nennen, der in der deutschen Geschichte und Politik bis in die Zeit des Nationalsozialismus eine unrühmliche Rolle spielte. Mitglieder waren vor allem Akademiker, Beamte, Lehrer, Professoren und Geschäftsleute, die durch ihre mannigfachen Wirkungsmöglichkeiten in Wort und Schrift für eine weite Verbreitung der alldeutschen Ideen sorgten. Auch im Reichstag waren die Alldeutschen in erheblicher Zahl vertreten.
Fast noch bedeutender für die Propagierung der imperialistischen Gesinnung und die Unterstützung des Baus der Schlachtflotte war der „Deutsche Flottenverein", der 1898 vom „Zentralverband Deutscher Industrieller" gegründet wurde. In ihm arbeiteten schon bald Industrie und staatliche Behörden eng zusammen, die den Verband zu einem schlagkräftigen Propagandainstrument für die geplante Flottenrüstung formten. Bereits um 1910 hatte der Flottenverein rund eine Million Mitglieder, die ihre beträchtlichen finanziellen und publizistischen Möglichkeiten für die Verbreitung der Vereinsziele zur Verfügung stellten. Nahezu flächendeckend erfaßten die Sektionen des Vereins alle Regionen Deutschlands bis in das kleinste Dorf, wo ihn meist führende Beamte, Schulräte oder Lehrer repräsentierten.

47 **Koloniengründung und Auswanderung – ein Sicherheitsventil?** Der Theologe Friedrich Fabri (1824–1891) war 1857–1884 leitender Inspektor der Rheinischen Mission in Barmen. Er schrieb 1879:

Jeder mächtige staatliche Bestand bedarf in den Zeiten seiner Blüthe eines Ausbreitungs-Gebietes, in das er nicht nur seine überschüssigen Kräfte entlassen, sondern deren produktive Leistungen auch durch einen stetigen Rückfluß ins Mutterland wieder aufnehmen und durch neues Ausströmen in lebendiger Wechselwirkung zu vermehren vermag. [...] Bei diesem Stand der Dinge ist es eine um so merkwürdigere, politisch-ökonomische Thatsache, daß das Land, welches gegenwärtig in Europa die stärkste Expansionskraft, d. h. die rascheste Bevölkerungs-Zunahme und in Folge deß die größte Auswanderung, sowie zugleich nach den Eigenschaften seines National-Charakters eine bedeutende, vielleicht die höchste colonisatorische Befähigung hat, ohne jeden colonialen Besitz ist [...].
[Die rapide Bevölkerungsvermehrung führt] zu folgendem Prognostikon [Vorhersage]: steigende Einfuhr von Getreide und Vieh, weil die deutsche landwirthschaftliche Produktion den eigenen Bedarf immer weniger zu decken vermag; in Folge deß steigende Theuerung der Lebensmittel und damit aller Preise; dazu stetiges Herabsinken des Arbeitslohnes, wegen alljährlich sich vermehrenden Angebotes von Arbeitskräften; Schwächung der industriellen und gewerblichen Produktion wegen zunehmender Schwächung des National-Vermögens, d. h. zunehmender Unmöglichkeit zu sparen und in Folge deß auch sinkender Kaufkraft, oder mit Einem Worte: rapides Wachsthum des Pauperismus [Massenarmut] und der socialen Noth: Ist es zu viel gesagt, wenn wir behaupten: hier liegt die Grundwurzel unseres socialen Nothstandes, und alle Versuche zur sogenannten Lösung der socialen Frage, die nicht hier energisch einsetzen, müssen jeden genügenden Erfolges verfehlen?[...] [Die] Organisation einer starken deutschen Auswanderung ist zu einer Lebensbedingung des Deutschen Reiches geworden [...].
Es gibt gegenwärtig zwei Grundformen colonialen Besitzes, die man als Ackerbau-Colonien und Handels-Colonien unterscheidet [...]. Ackerbau-Colonien sind nur unter gemäßigten Zonen möglich [...], sind aber ihrer Natur nach berufen, sich als eigentlich europäische Tochterstaaten zu entwikkeln. [...] Jeder Gedanke, aus solchen Colonien irgendwelche directe Einnahme-Quellen für das Mutterland zu gewinnen, wäre ein grober nationalökonomischer Fehler. Vielmehr wird dieses, namentlich in den Anfängen, mancherlei Subventionen zu leisten haben. Aber das Mutterland wird diese auch bald mit den reichlichsten Zinsen wieder empfangen. [...] Der Austausch der colonialen Produkte gegen die Industrie-Erzeugnisse des Mutter-

landes wird nicht nur in steigender Progression sich entwickeln, die Rhederei des letzteren stärken, sondern, was ja bei Handels-Beziehungen von so großer Bedeutung, ein festes und stetiges Wechsel-Verhältniß zwischen dem beiderseitigen Consum und Absatz herstellen [...].

Auf wesentlich anderen Grundbedingungen ruhen die eigentlichen Handels-Colonien. Auch bei ihnen ist es die geographische Lage, die bestimmend wirkt [...]. Sie sind Colonien unter den Tropen. Damit ist für alle Zeiten festgestellt, daß sie nie Zielpunkt der europäischen Auswanderung zu werden vermögen. Jeder derartige Versuch ist denn auch an climatischen und andern Hindernissen unaufhaltbar gescheitert. Der Europäer ist unvermögend, unter den Tropen mit eigener Hand den Boden zu bauen. [...] Schon hieraus ergibt sich, daß der Werth tropischer Colonien wesentlich ein commerzieller ist. [...]

Es ist aber lange nicht der rein commerzielle Erwerb allein, der tropische Colonien dem Mutterlande werthvoll macht. Auch die Stärkung und Ausbreitung, welche die Schiffahrt des Mutterlandes durch reiche überseeische Besitzungen nothwendig gewinnt, ist ein bedeutungsvoller Faktor. [...] Doch der Besitz reicher Colonien hat noch einen viel weiter reichenden allgemeinen Werth. Das ganze nationale Leben in allen Schichten der Bevölkerung wird durch den fortwährenden Contakt mit colonialen Besitzungen erweitert, belebt, bereichert. Handels-Colonien sind zwar nie ein Objekt eigentlicher Auswanderung, aber doch findet ein steter, wirkungsvoller Zu- und Rückfluß gewisser Bevölkerungs-Schichten zwischen dem Mutterland und den Colonien statt; vornämlich aus den mittleren und höheren Kreisen der Bevölkerung, Kaufleute, Beamte, Militairs, Techniker, Gewerbetreibende, Geistliche und Missionare, Lehrer und Gelehrte sind zu Tausenden in steter Hin- und Herbewegung. [...] Während in Ackerbau-Colonien diese Rückkehr der wohlhabend und reich Gewordenen in das Mutterland nur in Ausnahmefällen sich vollzieht, ist sie in Handels-Colonien die allgemeine Regel [...]. Unter den wirthschaftlichen Gründen, welche das Aufkommen und die rasche, mächtige Ausbreitung der Social-Demokratie bei uns reichlich gefördert haben, steht neben unserer ungesund schnell entwickelten Industrie mit ihrem Gefolge von Krisen, von Ueberproduktion und Arbeitslosigkeit die rasche Bevölkerungszunahme (besonders in den Industrie-Bezirken) gewiß mit vorne an. [...]

Sollte nun die Colonialfrage resp. eine Organisation und Leitung der deutschen Auswanderung, nicht auch nach dieser Richtung bedeutungsvoll wirken können? Ja müßte sie dies nicht tun? Ist unsere Social-Demokratie nicht das geworden, was sie ist, gerade in der Zeit, in welcher mit dem Beginn unserer wirtschaftlichen Krisis die vorhandene Überbevölkerung sich nachdrücklich fühlbar zu machen begann? Ich meine aber nicht bloß die Auswanderung, als eine Art Sicherheitsventil. Viel höher schätze ich den psychologischen Eindruck, den eine gut geleitete, in größerem Stile ausgeführte und in ihren Erfolgen günstige Auswanderung auf die Einbildungskraft [...] unseres Volkes bald in weiten Kreisen erwecken würde. Wenn auch wohl nicht bei den Grimmigen, so doch bei der Mehrzahl der mehr Irregeleiteten und wirklich sich gedrückt Fühlenden würde solche Auswanderung ein neues, nicht unerreichbares Hoffnungsbild erwecken, und schon damit wäre der um sich fressenden Unzufriedenheit eine Schranke gesetzt.

Gewichtiger freilich noch ist die Erwägung, daß ein Volk, das auf die Höhe politischer Macht-Entwicklung geführt ist, nur so lange seine geschichtliche Stellung mit Erfolg behaupten kann, als es sich als Träger einer Cultur-Mission erkennt und beweist. Dies ist zugleich der einzige Weg, der auch Bestand und Wachsthum des nationalen Wohlstandes, die nothwendige Grundlage dauernder Macht-Entfaltung, verbürgt. Die Zeiten, in denen Deutschland fast nur durch intellektuelle und literarische Thätigkeit an den Aufgaben unseres Jahrhunderts mitgearbeitet hat, sind vorüber. Wir sind politisch und sind auch mächtig geworden. Aber die politische Macht, wo sie als Selbstzweck in den Vordergrund der Strebungen einer Nation sich drängt, führt zur Härte, ja zur Barbarei, wenn sie nicht den ideellen, den sittlichen, wie ökonomischen Cultur-Aufgaben ihrer Zeit zu dienen bereit und willig ist.

Friedrich Fabri, Bedarf Deutschland der Colonien? Eine politisch-ökonomische Betrachtung, Gotha 1879, S. 14–17, 20–24, 29–33, 38–40, 83–85, 107

a) Stellen Sie die Argumente Fabris für eine koloniale Expansion Deutschlands zusammen und erörtern Sie diese vor dem Hintergrund der ökonomischen und sozialen Entwicklung Deutschlands zur Zeit der Abfassung seines Buches. (Vgl. auch Kapitel 3.1.) An welche Zielgruppen richten sich die einzelnen Argumente?

b) Grenzen Sie Ackerbau- und Handelskolonien voneinander ab und bestimmen Sie ihre Bedeutung für die von Fabri angestrebten Ziele.

c) Arbeiten Sie den weltanschaulichen Hintergrund von Fabris Argumentation heraus.

48 **Keine „künstlichen" Kolonialprojekte!** Rede Bismarcks im Reichstag am 26. 6. 1884 anläßlich der Erwerbung von Angra Pequeña (späteres Deutsch-Südwestafrika):

Ich wiederhole, daß ich gegen Kolonien [...] bin, die als Unterlage ein Stück Land schaffen und dann Auswanderer herbeizuziehen suchen, Beamte anstellen und Garnisonen errichten –, daß ich meine frühere Abneigung gegen diese Art Kolonisation, die für andere Länder nützlich sein mag, für uns aber nicht ausführbar ist, heute noch nicht aufgegeben habe. Ich glaube, daß man Kolonialprojekte nicht künstlich schaffen kann [...].

Etwas ganz anderes ist die Frage, ob es zweckmäßig, und zweitens, ob es die Pflicht des Deutschen Reiches ist, denjenigen seiner Untertanen, die solchen Unternehmungen im Vertrauen auf des Reiches Schutz sich hingeben, diesen Reichsschutz zu gewähren und ihnen gewisse Beihilfen in ihren Kolonialbestrebungen zu leisten, um denjenigen Gebilden, die aus den überschüssigen Säften des gesamten deutschen Körpers naturgemäß herauswachsen, in fremden Ländern Pflege und Schutz angedeihen zu lassen. Und das bejahe ich, allerdings mit weniger Sicherheit vom Standpunkt der Zweckmäßigkeit – ich kann nicht voraussehen, was daraus wird –, aber mit unbedingter Sicherheit vom Standpunkte der staatlichen Pflicht. Ich kann mich dem nicht entziehen. Ich bin mit einem gewissen Zögern an die Sache herangetreten und habe mich gefragt: Womit könnte ich es rechtfertigen, wenn ich diesen hanseatischen Unternehmern, über deren Mut [...], über deren Schneidigkeit, über deren Begeisterung für ihre Aufgabe ich mich herzlich gefreut habe, – ich sage: womit könnte ich es rechtfertigen, wenn ich ihnen sagen wollte: das ist alles sehr schön, aber das Deutsche Reich ist dazu nicht stark genug, es würde das Übelwollen anderer Staaten auf sich ziehen [...]. Ich habe nicht den Mut gehabt, diese Bankerotterklärung der deutschen Nation auf überseeische Unternehmungen den Unternehmern gegenüber als Reichskanzler auszusprechen. Wohl aber habe ich mich sehr sorgfältig bemüht, ausfindig zu machen, ob wir nicht in unberechtigter Weise in wohlerworbene ältere Rechte anderer Nationen eingriffen [...].

Unsere Absicht ist nicht, Provinzen zu gründen, sondern kaufmännische Unternehmungen, aber in der höchsten Entwicklung, auch solche, die sich eine Souveränität, eine schließlich dem Deutschen Reich lehnbar bleibende, unter seiner Protektion stehende kaufmännische Souveränität erwerben, zu schützen in ihrer freien Entwicklung sowohl gegen die Angriffe aus der unmittelbaren Nachbarschaft als auch gegen Bedrückung und Schädigung von seiten anderer europäischer Mächte. Im übrigen hoffen wir, daß der Baum durch die Tätigkeit der Gärtner, die ihn pflanzen, auch im ganzen gedeihen wird, und wenn er es nicht tut, so ist die Pflanze eine verfehlte, und es trifft der Schlag weniger das Reich, denn die Kosten sind nicht bedeutend, die wir verlangen, sondern die Unternehmer, die sich in ihren Unternehmungen vergriffen haben. [...]

Otto von Bismarck, Die gesammelten Werke (Friedrichsruher Ausgabe), Bd. XII, Reden 1878–1885, hg. von Wilhelm Schüßler, Berlin 1929, S. 479–482

a) Analysieren Sie Bismarcks Einstellung zum Erwerb von Kolonien und gewichten Sie die von ihm vorgetragenen Begründungen.

b) Grenzen Sie die innen- und außenpolitische Seite seiner Argumentation voneinander ab.

49 „Die Südsee ist das Mittelmeer der Zukunft." Karikatur aus dem „Kladderadatsch" vom 13. 7. 1884.

Informieren Sie sich über Bismarcks Haltung zum Kolonialerwerb und interpretieren Sie die Karikatur.

50 Carl Peters in einer Rikscha in Deutsch-Ostafrika im Jahre 1906.
Nehmen Sie Stellung zu der auf diesem Photo zum Ausdruck kommenden Mentalität des Gründers der Kolonie Deutsch-Ostafrika und vergleichen Sie diese mit M 51.

51 **Die Ideologie des deutschen Kolonialismus.** Der deutsche Kolonialpolitiker Carl Peters (▷ S. 65 f.), Gründer der „Gesellschaft für deutsche Kolonisation" von 1884 und später Mitglied des „Alldeutschen Verbandes", 1886:

Sein [d. h. des Sozialismus] großes Problem, die Hebung des menschlichen Lebensniveaus, die Ausnützung des Sieges, den der Mensch im Daseinskampf mit der übrigen Lebewelt errungen hat, zur Mehrung seiner Wohlfahrt und Steigerung seiner Kraft, dieses Problem ruht auf nationaler Grundlage; die zu seiner Verwirklichung vorhandenen Kräfte sind national und an die wechselnden Schicksale einer Volksgemeinschaft geknüpft. Der Sozialismus irrte demnach, wenn er sich vorsetzte, dasselbe nicht für die eigene Nation allein, sondern für die Welt, nicht für die Lebensdauer eines Volkes, sondern für die relative Ewigkeit der Menschheitsentwicklung überhaupt lösen zu müssen.

Dieses Bestreben ist seiner Natur nach hoffnungslos. Der Kampf ums Dasein wird auf ewig Sieger und Besiegte haben, er wird mit der Schmälerung des Nähr- und Ellbogenraumes für die Individuen stets heftiger werden. Diesen Kampf durch einen allgemeinen Friedensschluß zu beseitigen, ist ein frommer Wunsch, dem es in der Geschichte wie im Wesen der Menschheit an jeder Voraussetzung fehlt. Was wir dagegen im Folgenden nachweisen möchten, ist die Möglichkeit, in diesem Kampf auf geraume Zeit für eine Nation das Uebergewicht zu erringen und auf Grund dieses Uebergewichts dieser Nation breitere Lebensbedingungen, reichere Entwicklung und damit eine höhere Stufe geistiger und materieller Kultur zu sichern als den übrigen. Und zugleich hiermit zieht sich ganz von selbst die weitere Folgerung, daß für uns Sozialismus nur die Bedeutung haben kann, mit Anspannung aller Kräfte in vollem Zielbewußtsein und deshalb mit ganzer Rücksichtslosigkeit dieses Uebergewicht Deutschland zuzuwenden und damit wenigstens für unsere Zeit und für unser Volk die soziale Frage zu lösen. [. . .] Die Kolonialpolitik will nichts Anderes, als die Kraftsteigerung und Lebensbereicherung der stärkeren, besseren Race, auf Kosten der schwächeren, geringeren, die Ausbeutung der nutzlos aufgespeicherten Reichthümer dieser im Dienste des Kulturfortschrittes jener. Es ist ein Irrthum, der gerade dem Deutschen naheliegt und der deshalb um so unzweideutiger zurückgewiesen werden muß, wenn man meint, die Kolonialpolitik bezwecke allein die moralische und materielle Hebung fremder Volksstämme. Sie soll weitblickend genug sein, um sich diese Aufgabe als ein hervorragendes Mittel zum Zweck zu stellen. Dieser ist und bleibt aber schließlich die rücksichtslose und entschlossene Bereicherung des eigenen Volkes auf anderer schwächerer Völker Unkosten.

Kolonial-Politische Korrespondenz, 2. Jg., Berlin, 9. und 16. Februar 1886, zitiert nach: Ludwig Helbig, Imperialismus, Das deutsche Beispiel, Frankfurt a. M., 5. Aufl. 1975, S. 76f.

a) Bestimmen Sie die ideologische Eigenart und die Frontstellung von Peters' Ausführungen.
b) Charakterisieren Sie die Begründung und Zielsetzung der imperialistischen Ausdehnung Deutschlands nach Peters und ordnen Sie diese in den zeitgenössischen Hintergrund ein.

52 Bevölkerungsentwicklung und Auswanderung

a) Bevölkerungsentwicklung in Europa und USA zwischen 1870 und 1914 (in Millionen)

	Großbritannien	Frankreich	Deutschland	Rußland	USA
1870	31,2	36,1 (1872)	40,8	85,9	38,6
1880	34,6	37,4 (1881)	45,1	108,8 (1885)	50,2
1890	37,5	38,1 (1891)	49,2	126,4 (1897)	62,9
1900	41,1	38,5 (1901)	56,0	–	76,0
1910	44,9	39,2 (1911)	64,6	163,5	91,0
1914	46,0	–	67,8	ca. 180,0	–

Wolfgang J. Mommsen, Imperialismus. Seine geistigen, politischen und wirtschaftlichen Grundlagen, Ein Quellen- und Arbeitsbuch, Hamburg 1977, S. 31

Vergleichen Sie die Bevölkerungsentwicklung in den einzelnen Staaten und erörtern Sie mögliche innen- und außenpolitische Folgen.

b) Deutsche Auswanderung 1871–1914

Jahr	Insgesamt	Nordamerika	Südamerika	Afrika	Asien	Australien
1871–1880	625 968	526 353	23 435	1278	280	9902
1881–1890	1 342 423	1 244 015	29 801	3662	1232	7909
1891–1900	529 875	491 860	20 957	7609	1339	2509
1901–1910	279 645	255 173	8 617	675	11	1516
1911–1914	78 881	64 632	4 439	62	–	1159

Zusammengestellt aus: Gerd Hohorst, Jürgen Kocka, Gerhard A. Ritter, (Hg.), Sozialgeschichtliches Arbeitsbuch, Materialien zur Geschichte des Kaiserreichs 1870–1914, München 1975, S. 38f.

a) Untersuchen Sie das Volumen, die Entwicklung und die Richtung deutscher Auswanderung.
b) Prüfen Sie mögliche Zusammenhänge zwischen Auswanderung, Bevölkerungsentwicklung, Konjunkturlage und Kolonialerwerb (vgl. dazu Kapitel 3.2.1.).

53 Ökonomische Motive des deutschen Imperialismus

a) Die Struktur des deutschen Außenhandels 1910/13 in Millionen Mark

Land	Exporte nach	Anteil am Gesamtexport	Import aus	Anteil am Gesamtimport
Deutsche Kolonien[1]	51,9	0,6	49,8	0,5
Halbkoloniale Gebiete Deutschlands[2]	357,1	4,1	323,9	3,1
Übriges Europa	6269,0	72,4	5495,7	54,8
USA	670,8	7,8	1457,0	14,5
Argentinien, Chile Brasilien	507,0	5,9	887,3	8,9
Übriges Afrika	136,3	1,6	398,8	4,0
Asien (ohne China)	328,0	3,8	823,7	8,2
Brit.-Indien	111,9	1,3	479,9	4,8
Japan	108,8	1,3	41,0	0,4
Australien, Neuseeland	88,4	1,0	280,0	2,8

Zusammengestellt nach: Peter Hampe, Die „ökonomische Imperialismustheorie“, Kritische Untersuchungen, Münchener Studien zur Politik, Bd. 24, München, 1976, S. 179

1 Deutsch-Ostafrika, Deutsch-Südwestafrika, Kamerun, Togo, Kiautschou, Deutsch-Neuguinea, Samoa
2 Bulgarien, Rumänien, Serbien, Türkei, Marokko, China (einschließlich Hongkong)

b) Regionale Verteilung der deutschen Kapitalanlagen im Ausland in Millionen Mark

	1898	1904	1914	% des Gesamtkapitals (1914)
USA und Kanada	2,0	3,0	3,7	15,7
Rußland	?	?	1,8	7,7
Europa	?	?	8,9	37,8
Lateinamerika	2,9	3,3	3,8	16,2
Afrika und Asien ohne deutsche Kolonien	1,0	1,4	2,5	10,7
Deutsche Kolonien	?	0,2 (1906)	0,5	2,1
Osmanisches Reich	0,4	0,7	1,8	7,7
Sonstige Gebiete	?	?	0,5	2,1

Wolfgang J. Mommsen, a. a. O., S. 36

a) Stellen Sie die Entwicklung von Außenhandel und Kapitalexport in Deutschland dar.
b) Welche Rolle spielen die abhängigen Gebiete in diesem Zusammenhang?

54 Die Notwendigkeit einer deutschen Flottenrüstung.

Alfred von Tirpitz (▷ S. 67) an den ehemaligen Chef der Admiralität, Albrecht von Stosch:

Kiel, 21. Dezember 1895. Euer Exzellenz beehre ich mich gehorsamst die Bitte auszusprechen, mir mit einigen Worten zu sagen, ob nachstehender Gedankengang der Ansicht und den langjährigen Erfahrungen Euer Exzellenz entspricht.
Es handelt sich in der Hauptsache um die Frage, ob ein größerer Zusammenschluß der Seeinteressen des Reiches als bisher anzustreben und ob als Kristallisationspunkt das Reichsmarineamt zu nehmen ist. [...] Bis 1866 lagen unsere Seeinteressen völlig darnieder: Seehandel, Exportindustrie, transatlantische Kolonien, Seefischerei, transatlantisches Deutschtum, Kriegsmarine. Was hiervon vorhanden war, hatte den Charakter der Parasitenexistenz.

Von diesem Ausgang ist noch vieles übrig geblieben. Meiner Ansicht nach sinkt Deutschland im kommenden Jahrhundert schnell von seiner Großmachtstellung, wenn jetzt nicht energisch, ohne Zeitverlust und systematisch diese allgemeinen Seeinteressen vorwärtsgetrieben werden. Nicht zu geringem Grade auch deshalb, weil in der neuen großen nationalen Aufgabe und dem damit verbundenen Wirtschaftsgewinn ein starkes Palliativ[1] gegen gebildete und ungebildete Sozialdemokraten liegt. Wir können diese Interessen nicht „freier Hand nach" (manchesterlich)[2] entwickeln lassen, weil uns keine Zeit mehr für diese Methode geblieben ist. Freilich darf unser planmäßiges Vorgehen auch kein „geheimrätliches" sein. Auf eine gesunde Grundlage können die vorher genannten Interessen nachher nur gestellt werden durch Macht, und zwar Seemacht. Sonst fehlt die Courage, Schecks auf die Zukunft auszustellen. Der „Parasit" muß dem Prinzip nach wechseln mit dem „civis Germanus sum"[3]. Eine besondere Schwierigkeit liegt darin, daß die Ausgaben für militärische Seemacht zeitlich vor dem vollen Überblick des daraus entstehenden wirtschaftlichen Nutzens gemacht werden müssen. Spießbürgertum und Krämergeist, der nur an den momentanen persönlichen Nutzen denkt, kommt hinzu. Trotzdem glaube ich, daß in Deutschland eine wachsende Strömung zugunsten des vorstehend skizzierten Gedankenganges heute besteht. Diese umfassend und nachhaltig zu steigern, wird besondere Aufgabe der Zentralbehörde sein.

Alfred von Tirpitz, Erinnerungen, Leipzig 1920, S. 52 f., zitiert nach: Michael Behnen (Hg.), Quellen zur deutschen Außenpolitik im Zeitalter des Imperialismus 1890–1911, Ausgewählte Quellen zur deutschen Geschichte der Neuzeit, Freiherr vom Stein-Gedächtnisausgabe, Bd. 26, Darmstadt 1977, S. 126 f.

[1] Linderungsmittel
[2] Völliger Freihandel ohne Schutzzölle und Sozialpolitik
[3] „Ich bin deutscher Bürger."

a) Grenzen Sie die außen- und innenpolitischen Argumente in Tirpitz' Schreiben voneinander ab und erläutern Sie ihre Bedeutung.
b) Untersuchen Sie die Sprache des Textes auf ihre propagandistische Bedeutung.
c) Vergleichen Sie Tirpitz' Argumentation mit den Motiven der Expansionspolitik Bismarcks (M 48).

55 **Flottenbau und Wirtschaftskonjunktur.** Otto Fürst zu Salm, Präsident des deutschen Flottenvereins, an Alfred von Tirpitz im Jahre 1901:

Ew. Exzellenz glaube ich im Folgenden eine erfreuliche Mitteilung machen zu können: Von Herren verschiedener Parteirichtungen bin ich gebeten worden, eine Bewegung einzuleiten, welche dahin geht, den Reichstag zu veranlassen, an die Regierung die Bitte zu richten, angesichts der schlechten Konjunktur und der ungünstigen Geschäftslage von Handel und Industrie und der damit zusammenhängenden Arbeitslosigkeit vieler Tausender von Arbeitern den auf einen längeren Zeitraum verteilten Bau von Kriegsschiffen in möglichst beschleunigtem Tempo herbeizuführen. Dadurch, daß der Bau der durch die letzte Marine-Vorlage bewilligten Schiffe so beschleunigt würde, wie es die deutschen Werften überhaupt leisten könnten, würden viele Industriezweige neue Aufträge erhalten, wodurch nicht nur diese über Wasser gehalten, sondern auch in den Stand versetzt würden, ihre Arbeiter zu beschäftigen und bereits entlassene wieder einzustellen. Einer der wichtigsten Faktoren, die hier zur Sprache kommen, wäre aber der, daß durch den Auftrag neuer Kriegsschiffe und die dadurch herbeigeführte Belebung von Handel und Industrie die betreffenden Börsen-Kurse steigen, viele Werte gerettet und eine Konsolidierung des Marktes eintreten würde. Eine einzelne Partei mag nun nicht mit dieser Bitte an die Regierung hervortreten, weil ihr sonst leicht selbstsüchtige oder parteipolitische Motive untergeschoben werden könnten. Man hat daher geglaubt, eine diesbez. Anregung von neutralem Gebiet ausgehen lassen zu sollen und hat daher den deutschen Flotten-Verein, in dem alle Parteien vertreten sind, für den geeignetesten Boden gehalten, auf dem sich die Parteien in dieser Frage vereinigen können, um den Reichstag zu einer bez. Petition an die Regierung zu veranlassen.

Zitiert nach: Eckart Kehr, Schlachtflottenbau und Parteipolitik 1894–1901, Versuch eines Querschnitts durch die innenpolitischen, sozialen und ideologischen Voraussetzungen des deutschen Imperialismus, Historische Studien, Heft 197, Berlin 1930, S. 457 f.

Erläutern Sie die ökonomischen und innenpolitischen Aspekte der deutschen Flottenpolitik.

56 **Die Flotte als „größte Gefahr".** Friedrich von Holstein (1837–1909), 1876–1906 Vortragender Rat im Auswärtigen Amt, an den ehemaligen Gesandten in Peking, Maximilian von Brandt, am 20. 11. 1906:

Ich glaube mich zu erinnern, daß wir in der Flottenfrage einer und derselben Ansicht waren, nämlich 1. je stärker wir zur See rüsten, desto fester drükken wir England an Frankreich heran; 2. wir können, selbst wenn wir die Steuern verdreifachen, niemals eine Flotte herstellen, die der englisch-französischen, ja auch nur der englischen allein gewachsen ist; 3. in einem Krieg gegen Frankreich allein spielt, wie das Jahr 70 zeigt, die Flotte eine Nebenrolle; 4. es ist eine Bedrohung und Herausforderung Englands, daß der Flottenverein es seit Jahren bei jeder neuen Flottenforderung offen ausspricht, die Rüstungen seien gegen England gerichtet [...]. Marschall[1] sagte mir im Sommer, nachdem wir einen ganzen Tag lang alle auswärtigen Fragen durchgesprochen hatten: „Ja, die Flotte das ist die größte Gefahr." Die Gefahr wird dadurch vergrößert, daß beim Schiffbau (Panzerplatten etc.) ungezählte Millionen zu verdienen sind, viel mehr als bei den Kolonien. Nicht jeder, der nach Schiffen schreit, ist ein uneigennütziger Patriot. Deutschland steht und fällt mit seinem Landheer, dafür muß jedes Opfer gebracht werden. Die Flotte vermehrt die Zahl unserer Feinde, wird aber niemals stark genug sein, um sie zu besiegen. Auf einen paritätischen Seekampf können wir weder jetzt noch später hoffen. Das Landheer muß – wie anno 70 – die Ungleichheit der Seestreitkräfte wettmachen. Es ist nicht Handelsrivalität allein, die England uns verfeindet. Die ist auch vorhanden nach Amerika und Japan hin. Was die Engländer aufschreckt, ist unser beschleunigter Flottenbau und mehr noch die antienglische Motivierung desselben. Es ist tatsächlich, nicht einmal, sondern wiederholt und keineswegs nur von nicht amtlichen Stellen aus, erklärt worden, daß unsere Flottenrüstungen ihre Spitze gegen England richten und daß die Herrschaft auf dem Meere uns zukommt. Mit Erklärungen dieser Art steht Deutschland allein da. Wir können uns nicht beklagen, wenn man auf englischer Seite uns schließlich ernst nimmt. Es wäre vielleicht eher zu beklagen, wenn man uns nicht mehr ernst nähme.

Zitiert nach: Werner Frauendienst (Hg.), Friedrich von Holstein, Die geheimen Papiere, Bd. 4, Göttingen, 1961, S. 406

[1] Marschall von Bieberstein, deutscher Botschafter in Konstantinopel

a) Stellen Sie die Argumente Holsteins gegen die deutsche Flottenpolitik zusammen und bewerten Sie sie.
b) Prüfen Sie, ob die Kritik Holsteins angesichts der offiziell und inoffiziell geäußerten Zielsetzung der Flottenpolitik zutreffend ist.
c) Von welchen Motiven läßt sich Holstein bei seiner Kritik leiten?

57 Englische Stimmen zur deutschen Flottenpolitik

a) Rede des englischen Außenministers Edward Grey (1862–1933) vor dem Unterhaus am 27. 11. 1911:

Nun lassen Sie mich dies sagen: die deutsche Stärke ist an sich schon eine Gewähr dafür, daß kein anderes Land einen Streit mit Deutschland wünschen oder suchen wird. Das ist die eine Seite der Sache, auf die die Deutschen mit Recht stolz sein können, aber ich meine, die deutsche öffentliche Meinung sollte bedenken, daß die Sache ihre Kehrseite hat, und zwar: wenn eine Nation die größte Armee in der Welt besitzt und wenn sie eine sehr große Flotte hat und fortfährt, eine noch größere Flotte zu bauen, dann muß sie alles, was in ihren Kräften steht, tun, um den natürlichen Befürchtungen vorzubeugen, die sonst bei andern, die keine aggressiven Absichten gegen jene Macht haben, dahin entstehen würden, daß jene Macht mit ihrer Armee und Flotte aggressive Absichten gegen sie hege.

Zitiert nach: Die Britischen Amtlichen Dokumente, Bd. 7/2, S. 1199

b) Rede des Ersten Lords der britischen Admiralität Winston Churchill (1874–1965) am 9. 2. 1912 in Glasgow:

Der Daseinszweck der britischen Flotte gilt in erster Linie der Verteidigung. Wir denken nicht daran, irgend jemand anzugreifen, haben niemals daran gedacht und trauen dies auch keiner anderen Großmacht zu. Es besteht jedoch ein großer Unterschied zwischen der Flotte Großbritanniens und der eines anderen großen Reiches, zu dem wir in freundschaftlichen Beziehungen stehen [...], nämlich Deutschlands. Die Flotte ist für Großbritannien eine Notwendigkeit, während sie für Deutschland in vieler Hinsicht nur einen Luxus bedeutet. Unsere Seemacht ist für das Dasein Großbritanniens von größter Wichtigkeit, ja, sie bedeutet unsere Existenz selbst; für Deutschland ist sie ein überflüssiger Kraftzuwachs. Wir können nicht den Frieden auch nur eines einzigen Dorfes auf dem Festland bedrohen, gleichviel wie groß und vollkommen unsere Flotte auch sein mag, andererseits würde Hab und Gut unseres Volkes und Reiches, all das, was wir mit großen Opfern und vielem Fleiß durch die Jahrhunderte hindurch zusammengetragen haben, versinken und vergehen, wenn uns unsere Vorherrschaft zur See genommen würde. England ist eine Großmacht durch seine Flotte, Deutschland aber war in der ganzen Welt angesehen und geachtet, bevor es auch nur ein einziges Schiff besaß [...].

Winston S. Churchill, Weltkrisis, Band 1, Leipzig 1924, zitiert nach: Peter Alter, Der Imperialismus, Stuttgart 1989, S. 79

a) Analysieren und bewerten Sie die britischen Bedenken gegen die deutsche Flottenpolitik.
b) Beschreiben Sie die Folgen, die die deutsche Flottenrüstung für die deutsch-britischen Beziehungen hatte, und ziehen Sie dazu auch M 56 heran.

58 Deutliche Bildersprache: Die Faust des deutschen Kaisers reicht bis zum äußersten Osten. Holländische Karikatur aus dem Jahre 1898.
Ordnen Sie die Karikatur in ihren geschichtlichen Hintergrund ein und erläutern Sie ihre Absicht.

59 Ein „Platz an der Sonne" für die Deutschen.

Rede des Staatssekretärs von Bülow (▷ S. 67) im Reichstag am 6. 12. 1897 über Deutschlands Chinapolitik:

In Ostasien schien der Herr Abgeordnete Dr. Schoenlank (SPD) zu fürchten, daß wir uns in Abenteuer stürzen wollten. Fürchten Sie gar nichts, meine Herren! Der Herr Reichskanzler ist nicht der Mann, und seine Mitarbeiter sind nicht die Leute, irgend unnütze Händel zu suchen. Wir empfinden auch durchaus nicht das Bedürfnis, unsere Finger in jeden Topf zu stecken. Aber allerdings sind wir der Ansicht, daß es sich nicht empfiehlt, Deutschland in zukunftsreichen Ländern von vornherein auszuschließen vom Mitbewerb anderer Völker. [...] Die Zeiten, wo der Deutsche dem einen seiner Nachbarn die Erde überließ, den anderen das Meer und sich selbst den Himmel reservierte, wo die reine Doktrin thront (Heiterkeit – Bravo!) – diese Zeiten sind vorüber. Wir betrachten es als eine unserer vornehmsten Aufgaben, gerade in Ostasien die Interessen unserer Schiffahrt, unseres Handels und unserer Industrie zu fördern und zu pflegen.
Die Entsendung unserer Kreuzerdivision nach der Kiaotschoubucht und die Besetzung dieser Bucht ist erfolgt einerseits, um für die Ermordung deutscher und katholischer Missionare volle Sühne, andererseits für die Zukunft größere Sicherheit als bisher gegen die Wiederkehr solcher Vorkommnisse zu er-

langen. [...] Wir sind gegenüber China erfüllt von wohlwollenden und freundlichen Absichten (Heiterkeit links); wir wollen China weder brüskieren noch provozieren. Trotz der uns widerfahrenen schweren Unbill ist die Besetzung der Kiaotschoubucht in schonender Weise ausgeführt worden. Wir wünschen die Fortdauer der Freundschaft, welche Deutschland seit langem mit China verbindet und die bisher nie getrübt wurde. Aber die Voraussetzung für die Fortdauer dieser Freundschaft ist die gegenseitige Achtung der beiderseitigen Rechte. Die Niedermetzelung unserer Missionare war der nächstliegende und war ein zwingender Grund für unser Einschreiten; denn wir waren nicht der Ansicht, daß diese frommen Leute, welche friedlich ihrem heiligen Berufe nachgingen, als vogelfrei zu betrachten wären. [...] Aber auch abgesehen von diesem traurigen Vorfall hatten wir gegenüber China eine Reihe anderer Beschwerdepunkte. Wir hoffen, daß es gelingen wird, diese Beschwerden auf dem Wege loyaler Unterhandlung gütlich beizulegen. Wir könnten aber nicht zugeben, daß sich in China die Ansicht festsetze, uns gegenüber sei erlaubt, was man sich anderen gegenüber nicht herausnehmen würde. (Sehr richtig! und Bravo!) Wir müssen verlangen, daß der deutsche Missionar und der deutsche Unternehmer, die deutschen Waren, die deutsche Flagge und das deutsche Schiff in China geradeso geachtet werden wie diejenigen anderer Mächte. (Lebhaftes Bravo.) Wir sind endlich gern bereit, in Ostasien den Interessen anderer Großmächte Rechnung zu tragen, in der sicheren Voraussicht, daß unsere eigenen Interessen gleichfalls die ihnen gebührende Würdigung finden. (Bravo!) Mit einem Worte: Wir wollen niemand in den Schatten stellen, aber wir verlangen auch unseren Platz an der Sonne. (Bravo!)

Zitiert nach: Michael Behnen (Hg.), a. a. O., S. 165 f.

a) Charakterisieren Sie das Verhältnis Deutschlands zu den anderen europäischen Mächten und zu China und die Motive der deutschen Reichsregierung.

b) Vergleichen Sie Inhalt und Zielsetzung imperialistischer Politik der neunziger Jahre mit dem Imperialismus Bismarcks.

60 **Träger des imperialen Gedankens.** Gründungsaufruf des „Allgemeinen Deutschen Verbandes“ (später: Alldeutscher Verband) 1891:

Auf [der] Grundlage [des 1871 geschaffenen Deutschen Reiches] weiter zu bauen und unserm Volk die Weltstellung zu gewinnen, wie sie seinem Rang als europäischer Großmacht entspricht, das ist sowohl Aufgabe der Regierungen wie der Nation als solcher. Es würde falsch sein, anzunehmen, daß durch die Errungenschaften der letzten Kriege die politische Entwicklung Deutschlands bereits ihren endgültigen Abschluß erreicht hätte. Noch ist der Ausbau des nationalen deutschen Reiches nicht beendet, und über See genießt unsere Flagge noch nicht das Ansehen wie es der ersten Kriegsmacht Europas zukommt. Noch immer taucht alljährlich der große Strom unserer Auswanderung in fremden Nationalitäten unter, um daselbst dauernd zu verschwinden, und ein unter allen Umständen sicheres Absatzgebiet für unsere Industrie fehlt uns, weil uns eig'ne aufnahmefähige Kolonien in angemessenem Umfange fehlen. In einem Zeitalter, wo alle Staatswesen mehr oder weniger darauf bedacht sind, sich nach außen hin wirtschaftlich abzuschließen, birgt dieser Umstand eine ernste Gefahr für unsere gesammte Volkswirthschaft in sich! Wenn die praktische Lösung der angedeuteten Aufgaben in erster Linie der deutschen Politik anheimfällt, so vermag doch auch das Volk selbst in diesen Entwicklungsgang bestimmend mit einzugreifen. Es würde kein römisches Weltreich entstanden sein, wenn es keine „Römer“ gegeben hätte. Wenn ein ganzes Volk sich mit der Anschauung seiner großen geschichtlichen Aufgaben erfüllt und solche zum Gegenstand seines nationalen Wollens macht, findet es auch die Mittel und Wege, den Inhalt seiner Ideale zu verwirklichen.

In solcher Überzeugung hat sich der „Allgemeine Deutsche Verband“ begründet, welcher beabsichtigt, die Anschauungen unseres Volkes im Sinne seiner großen Weltaufgaben zu gestalten und darauf hinzuwirken, daß der weitere Gang der deutschen Entwicklung sich in der Richtung dieser Gesichtspunkte vollzieht. Der Zweck des Allgemeinen Deutschen Verbandes ist:

1. Belebung des vaterländischen Bewußtseins in der Heimath und Bekämpfung aller der nationalen Entwicklung entgegengesetzten Richtungen.

2. Pflege und Unterstützung deutsch-nationaler Bestrebungen in allen Ländern, wo Angehörige unseres Volkes um die Behauptung ihrer Eigenart zu kämpfen haben, und Zusammenfassung aller deutschen Elemente auf der Erde für diese Ziele.

3. Förderung einer thatkräftigen deutschen Interessenpolitik in Europa und über See. Insbesondere auch Fortführung der deutschen Kolonial-Bewegung zu praktischen Ergebnissen.

Otto Bonhard, Geschichte des Alldeutschen Verbandes. Leipzig / Berlin 1920, S. 248 f., zitiert nach: Wolfgang J. Mommsen, a. a. O., S. 127 f.

a) Charakterisieren Sie das Programm des „Allgemeinen Deutschen Verbandes" und untersuchen Sie seine innen- und außenpolitischen Hintergründe und Konsequenzen.
b) Welche ideologischen Grundzüge weist das Programm auf?

61 „Völker Europas, wahrt eure heiligsten Güter!", Die sieben Frauengestalten stellen von rechts nach links dar: die französische Marianne mit phrygischer Mütze, Germania, Rußland, Österreich, Italia, Britannia. Die Zeichnung von Knackfuß entstand nach einem Entwurf Wilhelms II. nach dem Sieg der Japaner über China und dem Frieden von Shimonoseki am 17. 4. 1895.
Erläutern Sie den historischen Hintergrund der Zeichnung und interpretieren Sie ihren ideologischen Gehalt. Welche Rückschlüsse lassen sich auf das politische Selbstverständnis des deutschen Kaisers ziehen?

Zur Diskussion

Die Eigenart des deutschen Imperialismus

Die Fachwissenschaft hat vielfältige Versuche unternommen, die Besonderheiten und vor allem die ausschlaggebenden Motive des deutschen Imperialismus zu bestimmen. Waren es primär ökonomische Faktoren, spielten sozialintegrative Gesichtspunkte die entscheidende Rolle, waren es mehr außen- oder stärker innenpolitische Gründe? Je nach Gewichtung der verschiedenen Elemente der Kolonialpolitik Bismarcks und der deutschen Weltpolitik und je nach dem vertretenen Forschungsansatz kommen die Historiker zu unterschiedlichen Urteilen. Aus der Vielzahl der Stimmen werden hier drei typische Einschätzungen vorgestellt.

62 Der britische Historiker David K. Fieldhouse:

Es ist immer noch eine historische Streitfrage, warum Bismarck Kolonien für Deutschland forderte. Wenig deutet darauf hin, daß er sich von den Thesen der enthusiastischen Befürworter deutscher Kolonien und den Argumenten der Wirtschaftskreise beeindrucken ließ, die überseeische Besitzungen in Afrika und im Pazifik für die deutsche Wirtschaft als notwendig erachteten. Der deutsche Reichskanzler sah ein, daß die Deutschen in afrikanischen und pazifischen Niederlassungen den Schutz des Reiches beanspruchen könnten und durch das Fehlen eigener Stützpunkte benachteiligt waren. Gleichfalls rechnete er damit, daß eine deutsche Kolonialpolitik den Regierungsparteien in den Reichstagswahlen des Jahres 1884 Stimmen einbringen könnte. Dagegen ist sehr zweifelhaft, ob er selbst Kolonien einen eigenen Wert beimaß. Sein Entschluß, in die koloniale Auseinandersetzung einzugreifen, wurde durch die Erfordernisse der Politik des europäischen Mächteausgleiches bestimmt. Nach der Reichsgründung war das Hauptaugenmerk Bismarcks naturgemäß darauf gerichtet, die Existenz des Deutschen Reiches gegenüber Frankreich und Rußland abzusichern. Im Vergleich zu diesem elementaren Sicherheitsinteresse mußten die dazu noch zweifelhaften wirtschaftlichen Vorteile kolonialer Erwerbungen zweitrangig erscheinen. Um die französische Politik von dem Verlust Elsaß-Lothringens im Jahr 1871 und von der Revanchepolitik abzulenken, unterstützte er die französischen Ansprüche in Westafrika und in Ägypten und forderte gleichfalls für Deutschland Gebiete, die ihn in Gegensatz zu Großbritannien bringen mußten. Er wollte es aber nicht auf einen Konflikt mit England ankommen lassen, sondern vor allem ein diplomatisches Druckmittel schaffen. Die deutschen Kolonien waren so in der Hand Bismarcks Waffen, die er [...] geschickt handhabte, um notfalls die britische Politik in seinem Sinn zu beeinflussen.

David K. Fieldhouse, Die Kolonialreiche seit dem 18. Jahrhundert, Fischer Weltgeschichte Bd. 29, Frankfurt a. M. 1987, S. 179 f.

Eigenart: Bismarcks Position (Tendenzen gg. Kolonien
Skepsis gg. Wirtschaftsargumente
Konzentration des DR auf Europa
innenpolitisch motiviert / für ⊕ gg. ⊖

Schwerpunkte Politik Bismarcks Positionen

Prämission britische Sicht gesellschaftl. Aspekte nicht politisch

Tafel 1 Negersklaven auf Hispaniola bei der Zuckerproduktion. Stich von Theodor de Bry (1528–1598) aus dem Jahre 1595. De Bry schrieb in seiner „Geschichte Amerikas" folgendes Gedicht: „Der Spanier unverdrossen war / Ein weiten Weg zu ziehen dar / Dahin ihn großer Geitz bezwang / Zum Gold und Perlin hat groß verlang, / Welche das India so reich, / Hat uberflüssig dieses Gut / Dahin dem Spanier stundt seyn muth / Lag ihm nicht an religio, / sondern die reiche Regio."
Beschreiben Sie die erkennbaren Arbeitsvorgänge und erläutern Sie die wirtschaftliche Bedeutung der Negersklaven in der Karibik.

Tafel 2 Die Ankunft der Spanier unter Cortez in Veracruz 1519. Frescogemälde von Diego Rivera (1886–1957), fertiggestellt 1951. Der mexikanische Maler und Grafiker Rivera gilt als herausragender Vertreter der „Muralisten", die seit den zwanziger Jahren meist öffentliche Gebäude mit großformatigen Wandbildern ausstatteten und einen sozialen Realismus von Weltgeltung schufen.
Beschreiben und interpretieren Sie die dargestellte Szenerie. Erörtern Sie, von welchem Standpunkt aus sich der Maler mit der kolonialen Vergangenheit seines Landes auseinandersetzt.

Tafel 1

Tafel 2

63 Der deutsche Historiker Winfried Baumgart:

In der Forschung wird zunehmend behauptet, daß die Politik des Kaiserreiches unter dem sogenannten Primat der Innenpolitik gestanden habe. Die Außenpolitik sei nur eine Funktion der Innenpolitik, vor allem Sozialpolitik, des am meisten spannungsgeladenen Bereichs der Innenpolitik, gewesen. Die methodischen Ansätze dieser Forscher leiten sich zum guten Teil aus marxistischen Prämissen ab. Wehler beruft sich bei seiner These vom sogenannten Sozialimperialismus Bismarcks immer auf die Imperialismustheorie Lenins [...].
Dem Selbstverständnis der Zeit entspricht indes genau die umgekehrte Anschauungsweise. Für jede Großmacht war es damals eine Selbstverständlichkeit, sich in ihrer Politik vom Primat der Außenpolitik leiten zu lassen. [...] Die historische Forschung darf aber im Hinblick auf ihre Wertungen, die sie zu geben hat, bei der Feststellung des Selbstverständnisses einer Zeit nicht stehenbleiben. [...] Wenn also die Generation Wilhelms II. auch überzeugt gewesen sein mag, daß der Innenpolitik die Außenpolitik, oder wie sie es sich gewöhnte zu sagen, die Weltpolitik vor- und übergeordnet war, so braucht diese Überzeugung der historischen Wirklichkeit nicht oder nicht ganz zu entsprechen.
Das Wort vom Primat der Innen- oder der Außenpolitik scheint überhaupt ungeeignet zu sein, um das Signum einer ganzen Epoche, selbst eines Epochenabschnitts zu suchen. Man wird, um der historischen Wirklichkeit nahezukommen, vielmehr von der unauflöslichen *Interdependenz von Innen- und Außenpolitik* ausgehen müssen. Dieses Verhältnis der gegenseitigen Abhängigkeit und der Durchdringung beider Bereiche des Politischen wird es dem Zeitgenossen wie dem rückschauenden Auge natürlich immer noch ermöglichen, den einen Bereich für einen kurzen Zeitabschnitt – ein oder zwei Jahre – stärker hervorscheinen zu sehen als den anderen und in diesem Sinne vom Primat des einen oder andern zu sprechen. Der Wechselprozeß des Hervorscheinens und des Wiederentschwindens ist wie bei der Wellenbewegung unaufhörlich, er erreicht Höhen und Tiefen, Kamm und Tal immer wieder von neuem.

Winfried Baumgart, Deutschland im Zeitalter des Imperialismus 1890–1914, Grundkräfte, Thesen und Strukturen, Stuttgart / Berlin / Köln / Mainz, 4. Aufl., 1982, S. 12–14

64 Der deutsche Historiker Hans-Ulrich Wehler:

Was wir [...] unter Sozialimperialismus verstehen, der immer auch ökonomische Expansion impliziert, ist [...] knapp zu definieren. Die Industrialisierung und der technologische Fortschritt haben in der weltwirtschaftlichen Krisenphase nach 1873 zuerst die industrie-, dann auch die agrarwirtschaftliche Wachstumsproblematik ungeheuer verschärft. Die Mitlebenden haben intensiv nach Auswegen aus ihrer bedrängten Lage gesucht. Eine Aushilfsmöglichkeit schien die ökonomische Expansion über die nationalen Grenzen hinweg, mithin der Waren- und Kapitalexport zu bieten. Das entsprach vollauf der Motorik des stetig sich ausdehnenden, prinzipiell grenzenlosen Marktes der kapitalistischen Wirtschaft [...].
Außerdem aber ist vielen Zeitgenossen der unauflösliche Zusammenhang von Wirtschafts- und Gesellschaftsverfassung [...] bewußt gewesen [...]. In einem für das politische Entscheidungshandeln womöglich noch dringenderen Sinn hofften sie daher, die Sprengkraft, die von den ökonomischen Erschütterungen her auf die Gesellschaft einwirkte, durch die Expansion abmildern und die traditionelle Gesellschaftsverfassung dadurch von einem unerträglichen Druck entlasten zu können. Sie hielten die Überproduktion für die Ursache der Depressionen und fürchteten als ihre Folge die Sozialrevolution. Die ideologische Furcht übersteigerte, oft bis zum Extrem, die Bedeutung der ohnehin schwerwiegenden realen Probleme. Der Sozialimperialismus erkannte in dem sozialökonomischen Transformationsprozeß, den die Industrialisierung vorantrieb und während der Konjunkturschwankungen schmerzhaft verschärfte, eine tödliche Gefahr für die überkommene Gesellschaftsordnung, die unter dem Anprall der wirtschaftlichen und sozialen Veränderungen zu zerreißen drohte. In der Expansion nach außen glaubte er, ein Heilmittel zu finden, das den Markt erweiterte, die Wirtschaft sanierte, ihr weiteres Wachstum ermöglichte, die Gesellschaftsverfassung damit ihrer Zerreißprobe entzog und die inneren Machtverhältnisse aufs neue stabilisierte.
Mehr noch als der ökonomische Vorteil und das Streben nach Gewinnmaximierung war die gesellschaftliche Ruhelage sein Ziel, aber er blieb sich des Abhängigkeitsverhältnisses von wirtschaftlicher

Prosperität und Erhaltung des Sozialgefüges vollauf bewußt. Dieser fundamentalen Einsicht entsprangen seine Aktionen. Das gilt sowohl für seine eher unreflektierte, naiv-selbstverständliche, sozusagen ehrlich an wirtschaftliche Abhilfe glaubende, auf unmittelbare Erleichterung gerichtete, als auch für seine bewußte, manipulatorische Form – oder die Verquickung beider in der historischen Wirklichkeit. Vor allem aber der manipulatorische, auf Ersatzbefriedigung zielende Sozialimperialismus strebte danach, die Dynamik der Wirtschaft und der sozialen und politischen Emanzipationskräfte in die äußere Expansion zu leiten, von den inneren Mängeln des sozialökonomischen und politischen Systems abzulenken und durch reale Erfolge seiner Expansion oder zumindest die Steigerung des nationalideologischen Prestiges zu kompensieren. In jedem Fall behielt er das Wirtschafts- und Sozialsystem als Ganzes und die konservative Utopie einer gleichsam bewegungsarmen Gesellschaftsordnung mit einer ungefährdeten Sozial- und Machthierarchie im Auge. Das bildete trotz aller Dynamik seinen zutiefst konservativen, seinen statischen Zug, der ihn in der industriellen Welt letztlich zum Scheitern verurteilte.

Das häufig ausschließlich betonte dynamische Element, das in dem Wachstum der Industrie mit ihrer Überproduktion und der hektischen Suche nach Märkten zutage trat, verschlang sich von Anbeginn an mit einer bewußt sozialdefensiven Haltung, die sich des Imperialismus als gesellschaftspolitischen Integrationsmittels bedienen wollte. Auch dem frühen deutschen Imperialismus war die Funktion einer „Abwehrideologie“ (Bracher) gegen die auflösenden Einwirkungen der Industrialisierung auf das Sozial- und Wirtschaftsgefüge zu eigen. Der Sozialimperialismus war die moderne, in entscheidendem Maße sozialökonomisch motivierte Form einer alten [. . .] Herrschaftstechnik: um der Bewahrung des sozialen und politischen Status quo willen die inneren Bewegungskräfte und Spannungen nach außen abzulenken.

Hans-Ulrich Wehler, Sozialimperialismus, in: ders. (Hg.), Imperialismus, Neue Wissenschaftliche Bibliothek, Bd. 37, Köln / Berlin 1970, S. 85 f.

a) Arbeiten Sie präzise die von den Autoren formulierte Einschätzung der Eigenart des deutschen Imperialismus heraus und vergleichen Sie diese miteinander.
b) Nehmen Sie unter Einbeziehung der Ihnen bekannten Fakten und Zusammenhänge Stellung zu diesen Definitionen. Welche Elemente des deutschen Imperialismus werden besonders betont, welche werden eher vernachlässigt?
c) Kennzeichnen Sie die Prämissen und Voraussetzungen, auf denen die Autoren jeweils ihr Erklärungsmodell für den Imperialismus aufbauen.

1. *Bestimmen Sie die innen- und außenpolitischen Faktoren des deutschen Imperialismus.*
2. *Vergleichen Sie den deutschen mit dem britischen Imperialismus und arbeiten Sie Gemeinsamkeiten und Unterschiede heraus.*
3. ♦ *Worin besteht das Neue des Imperialismus des ausgehenden 19. Jahrhunderts im Vergleich zu der früheren europäischen Expansion?*
4. *Stellen Sie die Ziele der imperialistischen Politik den politischen und ökonomischen Erträgen der Expansion Deutschlands nach Afrika und in die Südsee gegenüber.*
5. *Ist Sozialimperialismus ein zeitgebundenes Phänomen?*

3.3 Die kontinentale Expansion: Das Beispiel Rußland

Anders als die übrigen Großmächte dehnte Rußland im 19. Jahrhundert sein Einflußgebiet nicht nach Übersee aus, sondern über den asiatischen Kontinent. Aber auch diese Expansion weist in Form, Motiven und Ideologie durchaus imperialistische Züge auf. Dabei standen die Ausdehnungsbestrebungen Rußlands in der Tradition eines bereits seit dem 16. Jahrhundert beginnenden Vordringens in die Weiten Sibiriens. In der zweiten Hälfte des 19. Jahrhunderts bekam diese Politik neue Impulse und richtete sich auf neue Ziele in den Randzonen des Riesenreichs. Außergewöhnlich war, daß dabei ausländisches Kapital eine wichtige Rolle spielte, mit dessen Hilfe führende Politiker Rußlands versuchten, den wirtschaftlichen und entwicklungsmäßigen Rückstand des Landes wettzumachen und neue Gebiete an der Peripherie des Landes mit ihren Ressourcen und Absatzmärkten zu erwerben. Dabei gerieten die Russen immer wieder mit anderen imperialistischen Mächten wie z. B. Japan im fernen Osten und Großbritannien in Mittelasien in Konflikt. Begleitet wurden die russischen Expansionsbestrebungen von einer spezifischen imperialistischen Ideologie, dem Panslawismus.

1689	Im Vertrag von Nertschinsk wird als Grenze zwischen China und Rußland die Wasserscheide des Amur festgelegt: Das Amur-Gebiet bleibt chinesisch, Rußland erhält die Möglichkeit zu einem einträglichen China-Handel.
1853–1856	Krimkrieg: In einen Konflikt zwischen Russen und Türken schalten sich Großbritannien und Frankreich ein und bringen dem Zarenreich eine schwere Niederlage bei. Im Frieden von Paris (1856) verliert es die Donaumündung, das Schwarze Meer wird neutralisiert; Beginn des österreichisch-russischen Gegensatzes auf dem Balkan.
1858	China tritt das Amurgebiet und die angrenzende Küstenprovinz an Rußland ab. 1860 wird Wladiwostok gegründet.
1867	Alaska wird für 7,2 Mio. Dollar an die USA verkauft. In Moskau findet der Zweite Panslawistische Kongreß statt.
1877/78	Der russisch-türkische Krieg endet nach dem Frieden von San Stefano auf dem Berliner Kongreß mit der Selbständigkeit Rumäniens, Bulgariens, Serbiens und Montenegros.
1891–1904	Die transsibirische Eisenbahn wird gebaut.
1900	Im Verlauf der Niederschlagung des Boxeraufstands (▷ Kapitel 4.1) besetzen die Russen die Mandschurei.
1904/05	Im russisch-japanischen Krieg erleidet das Zarenregime eine schwere Niederlage.

Das territoriale Interesse des Zarenreichs zielte in zwei Richtungen: Auf die Beherrschung des Schwarzen Meeres mit dem Bosporus und den angrenzenden Balkanländern und auf die Expansion nach Mittel- und vor allem Ostasien bis zum Pazifik. Diese Expansionsgelüste hatten machtpolitische, ökonomische und ideologische Motive.

Auseinandersetzungen um das Schwarze Meer und den Balkan

Das zentrale Motiv der russischen Politik in Südosteuropa war die Kontrolle der Meerengen zum Mittelmeer und des Balkans mit den dort unter türkischer Herrschaft lebenden slawischen Völkern. Neben den Türken waren auch die Briten in dieser Region engagiert, weil sie um die Verbindungswege in den Orient fürchteten und an der Erhaltung des Osmanischen Reichs als lukrativem Markt für Industrieprodukte und als Lieferanten für billiges Getreide aus Rumänien interessiert

waren. Zu einem schweren bewaffneten Konflikt zwischen der Türkei und Rußland kam es 1853–1856 (Krimkrieg), in den sich Briten, Franzosen und später auch Österreicher zugunsten der Türkei einschalteten und der russischen Armee eine schwere Niederlage zufügten. Im Frieden von Paris kam das Zarenreich trotz dieser Demütigung relativ glimpflich davon: Es verlor die zwischenzeitlich besetzten Donaufürstentümer und die Donaumündung wieder an die Türkei, das Schwarze Meer wurde neutralisiert.
Einen zweiten Rückschlag erlitten die Bestrebungen Rußlands nach einem erneuten Krieg gegen das Osmanische Reich 1877/78. Nachdem im Zusammenhang mit dem preußisch-französischen Krieg 1870/71 die Neutralisierung des Schwarzen Meeres aufgehoben worden war und die Russen wieder freie Fahrt durch den Bosporus hatten, sah Zar Alexander II. (1818–1881) die Gelegenheit zu einem erneuten militärischen Vorstoß gekommen, als 1875/76 auf dem Balkan Aufstände gegen die türkische Oberherrschaft ausbrachen. Die Russen erreichten im Januar 1878 das Marmarameer, sahen aber mit Rücksicht auf die Briten von einem Angriff auf Konstantinopel ab und ließen sich auf den Frieden von San Stefano am 3. März 1878 ein: Rumänien, Serbien und Montenegro wurden selbständig, und ein vom Schwarzen Meer bis zur Ägäis reichender bulgarischer Staat sollte entstehen. Außerdem erhielt Rußland die Donaumündungen.
Durch diese Vereinbarungen sahen Österreich und Großbritannien ihre Interessen bedroht, so daß über die orientalische Frage erneut im Juni und Juli 1878 in Berlin unter der Leitung Bismarcks verhandelt wurde. Rußland mußte zurückstecken: Bulgarien wurde in eine türkische Provinz im Süden und einen dem Osmanischen Reich tributpflichtigen Teil im Norden unterteilt; Rußland mußte sich mit Teilen Armeniens und Bessarabien begnügen; Österreich erhielt die Verwaltung über Bosnien und Herzegowina. Dieses Ergebnis wurde von führenden Kreisen des Zarenreichs, die Bismarck dafür die Schuld gaben, als diplomatische Niederlage empfunden und führte zu einer Entfremdung zwischen Rußland und dem Deutschen Reich. Trotzdem wurde 1881 der 1873 geschlossene Drei-Kaiser-Vertrag zwischen Deutschland, Rußland und Österreich erneuert. Der Balkankonflikt schwelte jedoch weiter und blieb bis zum Ersten Weltkrieg ungelöst.

Expansion in Mittelasien

Wie am Bosporus so geriet die russische Politik auch in Mittelasien mit den Engländern in Konflikt. Bereits im 17. und 18. Jahrhundert waren die russischen Zaren an einer Ausdehnung ihrer Macht in den Kaukasus und die angrenzenden Territorien nördlich von Persien und Afghanistan interessiert. Neue Nahrung erhielten diese Bestrebungen nach dem Krimkrieg. Dabei spielten zwei Motive eine wesentliche Rolle: Zum einen konnten Eroberungen in Asien als Kompensation für die erlittene Niederlage dienen, zum anderen galt es, Gebiete an der Peripherie dem möglichen Zugriff der europäischen Rivalen, vor allem Englands, zu entziehen.
Zur Absicherung der bereits seit Beginn des 19. Jahrhunderts dem Perserreich weggenommenen transkaukasischen Territorien Georgien, Armenien und Aserbeidschan wurden zunächst die kaukasischen Bergvölker der Tscherkessen, Dagestaner und Tschetschenen besiegt und einer Militärverwaltung unterstellt. Die Kasachen, die als Nomaden in der kirgisischen Steppe lebten, wurden durch den Bau von Festungen und die Anlage von Kosakensiedlungen unterworfen. Der Zustrom russischer Siedler und der Ausbruch von Viehseuchen beraubten die Nomaden ihrer Existenzgrundlage, so daß sie schließlich seßhaft und russische Untertanen wurden. Die muslimischen Chanate von Chiva, Buchara und Kokand südlich und östlich des Aralsees wurden bald darauf teils annektiert (Kokand), teils indirekter Kontrolle unterstellt. Die annektierten Gebiete wurden dem 1867 errichteten Generalgouvernement Turkestan angegliedert. Damit waren der russische und der britische Herrschaftsbereich in Asien in unmittelbare Nachbarschaft gerückt, so daß sich die Rivalität zwischen diesen beiden Mächten verstärkte. Nach

65 Rußlands Expansion in Asien. Einflußzonen und Stützpunkte fremder Mächte in China.
Zeigen Sie die Zielrichtungen der russischen Expansion und prüfen Sie, inwieweit Rußland mit den Interessen anderer Mächte in Konflikt geraten konnte.

einem militärischen Zwischenfall 1884/85 einigten sich die beiden Mächte auf den Erhalt der Unabhängigkeit Afghanistans, eine verbindliche Nordgrenze des Landes und den Verlauf der persisch-afghanischen Grenze.

Machtpolitische Erwägungen spielten auch beim Vorgehen im politisch und ökonomisch rückständigen Persien eine Rolle, das auf Grund rechtlicher und wirtschaftlicher Privilegien für russische Bürger und Unternehmen in halbkoloniale Abhängigkeit geraten war. Als es wenig später den Briten gelang, ähnliche Privilegien zu erlangen, sahen sich die beiden Rivalen genötigt, ihre durch Truppen abgesicherten Interessensphären in Persien verbindlich abzugrenzen (Vertrag von Sankt Petersburg 1907). Gleichzeitig bestätigten sie den Verzicht auf eine Expansion in Afghanistan und Tibet. So blieben Persien und Afghanistan wegen der britisch-russischen Rivalität davor bewahrt, in eine europäische Kolonie umgewandelt zu werden.

Panslawismus

Die beherrschende politische Ideologie Rußlands dieser Zeit war der Panslawismus. In der ersten Hälfte des 19. Jahrhunderts entstanden, gewann er auf Grund der tiefgreifenden innenpolitischen und gesellschaftlichen Krise nach dem Krimkrieg erhebliche Bedeutung. Sein Ziel war die Zusammenfassung aller slawischen Völker (vor allem auf dem Balkan) in einem großen Reich, das in der Frontstellung zum germanisch-romanischen Kulturkreis und zum Islam gesehen wurde. Slawentum und orthodoxes Christentum als kulturelle Einheit sollten – so die Zukunftsvision – auf Grund ihrer missionarischen Sendung die Welt erlösen. Erste slawische Komitees entstanden bereits 1857, und durch den Slawenkongreß von 1867 in Moskau wurde die Bewegung auf eine breitere Basis gestellt. Hauptvertreter eines staatsloyalen Panslawismus waren der Schriftsteller Fjodor M. Dostojewskij (1821–1881) und der Wissenschaftler und Publizist Nikolai J. Danilevskij (1822–1885), dessen Werk „Rußland und Europa" von 1869 als Hauptwerk des Panslawismus gilt. Aber auch von Regimekritikern und Revolutionären wie Alexander Herzen (1812–1870) und Michail Bakunin (1814–1876) wurde das Programm in modifizierter Form übernommen.

Expansion in Ostasien

Bereits im 17. Jahrhundert waren die beiden großen kontinentalen Mächte Asiens, China und Rußland, im fernen Osten aufeinander gestoßen und hatten 1689 im Vertrag von Nertschinsk ihre jeweiligen Einfluß- und Handelsgebiete festgelegt. Als nach dem Opiumkrieg 1840–1842 (▷ Kapitel 4.1) die Schwäche der Mandschu-Dynastie in China offenbar wurde, gewannen die Russen Spielraum für eine weitere Expansion. Zunächst war es der Generalgouverneur von Ostsibirien, Nikolai Murawjow (1845–1900), der Mitte des 19. Jahrhunderts seine durch die ungeheure Entfernung vom Hof des Zaren gegebene Selbständigkeit zu eigenmächtigem Vorgehen nutzte. 1850 gründete er Nikolajewsk an der Mündung des Amur, und zwischen 1858 und 1860, als das Reich der Mitte in den zweiten Opiumkrieg gegen die Briten und Franzosen verwickelt war, gelang es ihm, das Gebiet nördlich des Amur und östlich des Ussuri in seine Gewalt zu bringen und die Annexion durch China vertraglich bestätigen zu lassen. Die Gründung des eisfreien Hafens Wladiwostok („Beherrscher des Ostens") krönte sein Werk. 1867 verkaufte die Regierung ihren Besitz in Nordamerika, das wirtschaftlich wertlos erscheinende und schwer zu verteidigende Alaska, für 7,2 Mio. Dollar an die USA, um sich ganz auf die Erschließung Ostasiens zu konzentrieren.

Ökonomische Motive

Nach dem Berliner Kongreß trat der russische Imperialismus in eine neue Phase, die stärker als bisher von wirtschaftlichen Motiven geprägt wurde. Protagonist dieser Politik war Finanzminister Sergej Witte (1849–1915), der von 1892 bis 1903 die russische Expansionspolitik bestimmte. Sein Ziel war es, die wirtschaftliche Rückständigkeit Rußlands gegenüber dem Westen durch den Ausbau der Infrastruktur und eine verstärkte Industrialisierung wettzumachen. Dabei setzte er vor allem im Eisenbahnbau auf staatliche Initiativen. Von zentraler Bedeutung war dabei die Transsibirische Eisenbahn, die zwischen 1891 und 1905 entstand und das europäische Rußland mit Asien verband. Zur Finanzierung seiner Vorhaben lockte er ausländisches, besonders französisches und belgisches Kapital ins Land. Auch die Expansion in Asien sollte weniger dem Machtgewinn als der Erschließung von Rohstoffquellen (sibirische Bodenschätze), Anbaugebieten (Baumwolle) und Energiequellen (Erdöl) sowie neuer Märkte dienen. Gleichzeitig sollten die Gebiete Sibiriens die rapide wachsende russische Bevölkerung aufnehmen (zwischen 1880 und 1913 stieg die Einwohnerzahl von 97,7 auf 170,9 Mio. an), um so einer drohenden Agrarrevolution vorzubeugen.

Konfrontation mit Japan

Nach der Niederlage Chinas im chinesisch-japanischen Krieg von 1894/95 (▷ S. 96) sah Witte, der einer möglichst friedlichen, nicht auf Konfrontation mit Japan bedachten Expansionspolitik den Vorzug gab, die Gelegenheit gekommen, die wirtschaftliche Durchdringung der Mandschurei in Angriff zu nehmen. Basis seines Vorgehens waren finanzielle Hilfen an China bei der Bezahlung der Kriegsentschädigung an Japan und ein gegen Japan gerichtetes Defensivbündnis mit China vom 22. Mai 1896, das die Genehmigung zum Bau der Ostchinesischen Eisenbahn zwischen Tschita in Ostsibirien quer durch die Mandschurei nach Wladiwostok

einschloß. Dadurch verstärkten sich die Spannungen zwischen Rußland und Japan, die bereits unmittelbar nach dem chinesisch-japanischen Friedensschluß von Shimonoseki 1895 aufgetreten waren, als die Russen gemeinsam mit Frankreich und dem Deutschen Reich die Japaner durch eine diplomatische Intervention gezwungen hatten, die vertragsgemäß abgetretene Halbinsel Liaodong mit den beiden Häfen Port Arthur und Dairen wieder an China zurückzugeben.
Die Lage spitzte sich zu, als die chauvinistische Fraktion der russischen Regierung mit Außenminister Murawjow an der Spitze aggressivere Maßnahmen ergriff und anläßlich der deutschen Besetzung von Kiautschou in einem Handstreich Liaodong mit den dortigen Häfen von der russischen Flotte besetzen ließ. Die Russen erhielten die Konzession zu einer weiteren Eisenbahnlinie, die die Ostchinesische Bahnlinie mit dem Hafen von Dairen verbinden sollte (Südmandschurische Eisenbahn). Wittes Konzept war endgültig gescheitert, als im Verlaufe des Boxeraufstands im Jahre 1900 (▷ S. 96) die Mandschurei von russischen Truppen besetzt und eine Militärherrschaft errichtet wurde. Zur Eskalation kam es 1904: Weil die Russen den Japanern Korea nicht als Einflußsphäre überlassen wollten, griffen die Japaner überraschend an und brachten den russischen Verbänden zu Lande (Schlacht bei Mukden) und zu Wasser (Eroberung von Port Arthur, Seeschlacht von Tsushima) eine vernichtende Niederlage bei. Im Frieden von Portsmouth (USA) vom 5. September 1905 kam das Zarenreich relativ glimpflich davon: Es verlor die südliche Mandschurei mit Liaodong und den südlichen Teil der Insel Sachalin an Japan und mußte dem japanischen Protektorat über Korea zustimmen, blieb darüber hinaus aber, abgesehen von einem erheblichen Prestigeverlust, ungeschoren. Gravierender waren die innenpolitischen Folgen der Niederlage: 1905 brach in Petersburg die erste russische Revolution aus (Petersburger Blutsonntag), die den Zaren zum Zugeständnis einer Verfassung und eines Parlaments (Duma) zwang. Das Ende des autokratischen und spätfeudalen Zarenreichs zeichnete sich ab. Aber auch wirtschaftlich brachten die Erwerbungen in Ostasien nicht das, was Witte erhofft hatte: Die Erträge blieben gering und konnten bei weitem nicht die Kosten der expansiven Ostasienpolitik decken.

66 „Japanisches Bravourstück". Karikatur zum Sieg der Japaner im Krieg gegen Rußland 1904/05.
Interpretieren Sie die Karikatur. Beachten Sie besonders die Haltung, das Aussehen und die Kleidung der dargestellten Personen.

67 **Zivilisation gegen Barbarei.** Zirkulardepesche des russischen Außenministers A. M. Gortschakow (1798–1883) vom 21.11./3.12. 1864:

Die Situation Rußlands in Zentralasien ist die aller zivilisierten Staaten, welche sich in Kontakt mit nomadisierenden, halbwilden Völkerschaften ohne feste Organisation befinden. Die Sicherheit der Grenzen und des Handels verlangt in solchem Falle, daß der zivilisierte Staat ein gewisses Übergewicht über seine Nachbarn ausübe. Zunächst sind ihre Einfälle und Plünderungen zurückzuweisen. Um denselben ein Ende zu machen, ist man genötigt, die Grenzbevölkerung zu einer mehr oder minder direkten Unterwerfung zu zwingen. Ist dies Resultat erreicht, so nehmen die Grenzbewohner ruhigere und seßhaftere Gewohnheiten an, dafür werden sie aber nunmehr von ferner lebenden Stämmen beunruhigt. Der Staat ist verpflichtet, jene zu schützen, diese zu züchtigen. Daraus entspringt die Notwendigkeit entfernter, kostspieliger, sich stets wiederholender Expeditionen gegen einen Feind, den seine Organisation eigentlich unangreifbar macht. Jeder Schritt vorwärts führt zu neuen Schritten, jede überwundene Schwierigkeit zu neuen Schwierigkeiten. Ein Rückschreiten aber gibt es nicht, weil die Asiaten das für Schwäche ansehen würden. Sie achten nur die fühlbare und greifbare Gewalt [...]. Das war das Los aller Staaten, die den gleichen Bedingungen unterlagen. Die Vereinigten Staaten in Amerika, Frankreich in Afrika, Holland in seinen Kolonien, England in Ostindien – alle ließen sich weniger aus Ehrgeiz als aus unbedingter Notwendigkeit unaufhörlich vorwärtsreißen auf diesem Wege [...].

Zitiert nach: Otto Hoetzsch, Russland in Asien, Geschichte einer Expansion, Stuttgart 1966, S. 27

a) Untersuchen Sie die weltanschaulichen Hintergründe dieses Dokuments und vergleichen Sie diese mit den Zielsetzungen des Panslawismus.
b) Formulieren Sie die entscheidende Aussage dieses Textes und nehmen Sie kritisch zu ihr Stellung.

68 **Rußland – zur Weltherrschaft berufen.** Bericht Fürst Radolins, des deutschen Botschafters in Petersburg, vom 14.7.1895 an den Reichskanzler Fürst zu Hohenlohe-Schillingsfürst:

Mit Stolz und Selbstbewußtsein sprachen mir unlängst hochgestellte Offiziere von der großen Aufgabe Rußlands in Asien und der neuen Ära, die sich auftut, um Rußland zu einem Kulturstaat ersten Ranges zu machen. – Finanzminister Witte hätte dies erfaßt und arbeite mit großem Geschick, wenn auch mit Tollkühnheit, an diesem großen Werk. Rußland sei endlich erwacht von dem jahrelangen Schlaf zu neuem Leben. Es dehne sich nach allen Richtungen aus, baue Eisenbahnen in großen Proportionen, um die entferntesten Gegenden zugänglich zu machen und neue Erwerbsquellen zu erschließen. Es habe einen kolossalen, nie dagewesenen Kredit erlangt und hätte Ressourcen wie kein anderes Land der Welt. Auch brauche es vor nichts zurückzuschrecken, es sei unüberwindlich. Kurzum, aus allem dem, was ich höre, klingt die eine Stimme heraus, daß Rußland berufen ist, mit der Zeit die Weltherrschaft zu erlangen, dieselbe vorerst nach dem Osten und Südosten auszudehnen, wo noch keine europäische Zivilisation und die mit ihr verbundenen Krebsschäden herrschen. Das westliche Europa sei verderbt und müsse, so denken die Russen, wohl erst geläutert werden, bevor Rußland sein Augenmerk auf dasselbe werfen könne. – Einstweilen sei es in moralischer Hinsicht noch eine Gefahr für Rußland, und deshalb schließe sich letzteres vor einem engeren Kontakt mit dem Westen möglichst ab. Der Nihilismus und alle revolutionären Umsturzideen seien nach hiesiger Ansicht Produkte der europäischen Zivilisation. Ich habe es nicht für möglich gehalten, daß ein so hochgradiger Fanatismus in Rußland herrschen könnte, wie ich es jetzt konstatiere. Es sind nicht bloß einige exaltierte Köpfe, die so denken und sprechen. – Es ist die allgemeine Ansicht, der man freilich verblümt begegnet.

Die Große Politik der Europäischen Kabinette 1871–1914, hg. v. Johannes Lepsius, Albrecht Mendelssohn Bartholdy, Friedrich Thimme, Band 9, Berlin 1923, S. 357 f.

a) Grenzen Sie die verschiedenen Aspekte und Motive imperialistischen Denkens in diesem Bericht voneinander ab.
b) Charakterisieren Sie das Verhältnis zwischen Rußland und Europa, das hier deutlich wird.

69 **Rußland in China – ein Ende mit Schrecken?** Differenzen in der russischen Regierung über die Art des Vorgehens in China. Auszug aus den Memoiren des Finanzministers Sergej Witte (▷ S. 86):

In dem Memoire [Denkschrift] [des Außenministers Murawjew] hieß es: In Anbetracht dessen, daß die Deutschen Tsingtau besetzt hätten, sei für uns der Moment günstig, gleichfalls einen chinesischen Hafen zu besetzen, wofür entweder Port Arthur oder das in der Nähe gelegene Talienwan (Dairen) in Betracht kämen. Graf Murawjew erklärte, er halte eine solche Besetzung oder richtiger ausgedrückt: Aneignung für durchaus zeitgemäß, da es für Rußland wünschenswert sei, im Stillen Ozean einen Hafen zu besitzen, und diese beiden Häfen [...] seien ihrer strategischen Lage nach von größter Bedeutung.

Ich widersetzte mich dieser Maßnahme aufs entschiedenste. Nachdem wir, führte ich aus, für die Unantastbarkeit Chinas eingetreten seien, um dieses Prinzipes willen Japan gezwungen hätten, die Liautung-Halbinsel zu räumen, zu der auch die Häfen Port Arthur und Talienwan gehören, nachdem wir mit China ein geheimes Defensivbündnis gegen Japan geschlossen hätten, worin wir uns verpflichteten, China gegen alle Eroberungsgelüste von seiten Japans zu schützen, – nach alledem wäre ein Übergriff solcher Art im höchsten Grade empörend als ein Treubruch unsererseits. Doch, abgesehen von der Verwerflichkeit einer solchen Maßnahme, wäre es auch vom rein egoistischen Standpunkt aus, sowohl in bezug auf Japan als auch in bezug auf China, ein sehr gefährliches Unternehmen. Denn wir hätten ja eben erst den Bau der Ostchinesischen Bahn begonnen, die Verhältnisse seien für uns dort ganz ausgezeichnet. Die Besitzung aber von Port Arthur oder Talienwan würde China unzweifelhaft gegen uns aufbringen und seine freundschaftliche Gesinnung gegen uns in eine feindselige verwandeln. Ich sagte ferner, daß wir dann auch für eine Verbindung jener Punkte mit der Ostchinesischen Bahn sorgen müßten, um unseren Besitz auch halten zu können. Außerdem würden wir dann gezwungen sein, noch einen Zweig der Bahn zu bauen, und zwar durch die Mandschurei (ein von Chinesen dicht bevölkertes Gebiet), und über Mukden, die Heimat des chinesischen Herrscherhauses. Das alles würde uns in Verwicklungen bringen, die ein ganz klägliches Ende nehmen könnten. [...]

Da ich in diesem Schritt ein ganz verhängnisvolles Unternehmen sah, das ein Ende mit Schrecken nehmen mußte, so kam ich darob mit dem Minister des Äußern und dem Kriegsminister einige Male hart aneinander. Auf meine Vorstellungen, daß weder Japan noch England sich gleichgültig dazu verhalten könnten, erklärte mir Graf Murawjew, er nähme die Verantwortung auf sich und sei überzeugt, daß weder England noch Japan deswegen irgendwelche Gegenmaßregeln ergreifen würden.

Sergej Witte, Erinnerungen, hg. von Otto Hoetzsch, Berlin 1923, S. 81 f.

a) Kennzeichnen Sie die Motive und die Methode der Politik Wittes gegenüber China.
b) Erörtern Sie die unterschiedlichen Konzeptionen Wittes und Murawjews vor allem hinsichtlich ihrer außenpolitischen Konsequenzen.

70 **Industrie und Ökonomie im russischen Imperialismus**

a) Die Transsibirische Eisenbahn. Denkschrift der russischen Kaufmannschaft auf dem Jahrmarkt zu Nishny-Nowgorod 1889:

Diese Dampfbahn wird eine außerordentliche wirtschaftliche Bedeutung für Rußland haben und die russische Industrie in hohem Maße beleben: Sie verbindet 400 Millionen Chinesen und 35 Millionen Japaner durch Rußland mit Europa. Die hartnäckigen Anstrengungen, die von Deutschland gemacht werden, um sich in den Besitz der Märkte des Stillen Ozeans zu setzen, die Anstrengungen, welche gemacht sind, um den Panama-Kanal herzustellen, zeigen klar, daß bald und auch jetzt schon sich ein wirtschaftlicher Kampf an dem Stillen Ozean entspinnt. Schon jetzt hat die Kanadische Eisenbahn einen Teil der Waren (Seide, Tee, Häute) an sich gerissen, welche bis dahin über Suez nach Europa gingen. Unzweifelhaft wird ein Teil der Waren durch Rußland transportiert werden, wenn sich der Transport aus Europa über Wladiwostok bis Schanghai in 18–20 Tagen anstatt in 45 Tagen über Suez oder in 35 Tagen auf der Kanadischen Bahn vollzieht.

Zitiert nach: Horst Gründer, Der moderne Imperialismus, Düsseldorf, 1980, S. 59

b) Der russische Finanzminister Sergej Witte in seinen Memoiren:

Nach dem Türkenkriege, Ende der siebziger Jahre, wurde der Bahnbau zeitweilig eingestellt, und erst ich fing wieder an, das Eisenbahnnetz schnell auszubauen und zu entwickeln. Auch diese Maßnahme wurde damals kritisiert. Man versicherte, ich ginge zu schnell vor. Jetzt hört man diesen Vorwurf nicht mehr, denn alle haben nun begriffen, daß diese neugebauten Bahnen dem Staate von großem Nutzen waren und sein werden, so daß man in letzter Zeit wieder angefangen hat, recht energisch noch neue Bahnen zu bauen. Zu meiner Zeit ist die russische Industrie bedeutend gewachsen. Dank der systematischen Durchführung des Schutzsystems und der Gewinnung ausländischer Kapitalien fing die Industrie bei uns an, sich schnell zu entwickeln, und man kann sagen, daß unter meiner Verwaltung des Ministeriums eine nationale russische Industrie entstanden und erstarkt ist. In dieser Beziehung fand ich wohl auch die Unterstützung Seiner Majestät, doch schon in geringerem Grade. Ich war und bleibe ein Anhänger des Prinzips, die ausländischen Kapitalien, die nach Rußland zum Besten seiner Entwicklung hereinwollen, nicht zu hindern. Es gab aber Leute, die von einem eng nationalen Gesichtspunkt aus diesen Zustrom ausländischer Kapitalien nach Rußland nicht gern sahen und nur dann dafür zu haben waren, wenn sie persönlich, in der einen oder anderen Form, an der Errichtung z. B. einer Fabrik oder an der Ausbeutung unserer natürlichen Reichtümer interessiert waren.

Sergej Witte, a. a. O., S. 129

c) Witte über ökonomische und machtpolitische Aspekte der russischen Politik:

Die wirtschaftlichen Beziehungen Rußlands zu Westeuropa ähneln noch vollkommen den Beziehungen der Kolonialländer zu ihren Metropolen: die letzteren betrachten ihre Kolonien als günstigen Markt, wo sie die Produkte ihrer Arbeit, ihrer Industrie ungehindert absetzen und aus denen sie mit harter Hand die ihnen notwendigen Rohstoffe herausziehen können. Darauf stützen die Staaten Westeuropas ihre ökonomische Macht, und der Schutz oder die Eroberung neuer Kolonien ist dafür ihr hauptsächliches Mittel. Rußland ist auch jetzt noch in gewissem Grad für alle industriell entwickelten Staaten eine solche gastfreie Kolonie, die jene Staaten freigebig mit den billigen Produkten ihres Landes versorgt und für die Erzeugnisse der Arbeit der Industrieländer teuer bezahlt. Doch im Vergleich zur Lage der Kolonien gibt es einen wesentlichen Unterschied: Rußland ist ein politisch unabhängiger, mächtiger Staat; es hat das Recht und die Kraft, nicht der ewige Schuldner der ökonomisch entwickelten Staaten zu bleiben, [...] es will selbst eine Metropole sein, – und auf dem Boden der von leibeigenen Fesseln befreiten Volksarbeit hat bei uns unsere eigene nationale Industrie zu wachsen begonnen, die ein hoffnungsvolles Gegengewicht gegen die ausländische Vorherrschaft zu werden verspricht.

Zitiert nach: Dietrich Geyer, Der russische Imperialismus, Kritische Studien zur Geschichtswissenschaft, Bd. 27, Göttingen 1977, S. 114

a) Erörtern Sie die Beschreibung des Verhältnisses zwischen Rußland und den westlichen Mächten aus der Sicht Wittes.
b) Vergleichen Sie die Interessen der privaten Kaufleute mit denen des Staates.
c) Beurteilen Sie Wittes Einschätzung seiner eigenen Politik.

71 Panslawismus

a) Das panslawische Reich. Der Historiker und Publizist Michael Pogodin (1800–1875) in einem Brief über die russische Geschichte an den künftigen Zaren Alexander II., 1837:

Rußland – welch wunderbare Erscheinung auf der Weltbühne [...]. Ein Volk von 60 Millionen, ohne die, die nicht erfaßt worden sind, eine Bevölkerung, die jedes Jahr um eine weitere Million wächst und bald 100 Millionen zählen wird! [...] Dieser Zahl laßt uns noch die dreißig Millionen Brüder und Vettern hinzufügen, die Slawen, die über ganz Europa verstreut sind von Konstantinopel bis Venedig, von Morea bis zur Ost- und zur Nordsee, die Slawen, in deren Adern das gleiche Blut fließt wie in unsern, die die gleiche Sprache sprechen wie wir und deshalb, einem Naturgesetz folgend, wie wir fühlen, die Slawen, die trotz geographischer und politischer Trennung durch Ursprung und Sprache eine geistige Einheit mit uns bilden. So können wir ihre Zahl von der Bevölkerung des benachbarten Österreichs und der Türkei und von dem übrigen Europa abziehen und zu unserer Zahl addieren. [...] Wer kann sich mit uns vergleichen, wen zwingen wir nicht zur Unterwerfung? Liegt nicht das politische Schicksal der Welt in unseren Händen, wann immer wir es so oder so entscheiden wollen! Die Wahrheit meiner Worte wird noch offenkundiger, wenn wir die Zustände in anderen europäischen Ländern betrachten. Im Gegensatz zu Rußlands Kraft, Einheit und Harmonie finden wir dort nichts als Streit, Zersplitterung und Schwäche, durch die unsere Größe – wie Licht durch den Schatten – nur noch mehr beleuchtet wird.

Zitiert nach: Wolfgang J. Mommsen, Imperialismus. Seine geistigen, politischen und wirtschaftlichen Grundlagen. Ein Quellen- und Arbeitsbuch, Hamburg, 1977, S. 165

b) Die historische Bedeutung Rußlands und des Slawentums. Nikolaj J. Danilevskij (▷ S. 86) in seinem Werk „Rußland und Europa" von 1869:

Mit dem Aufkommen einer selbständigen slawischen Kraft verlor die türkische Herrschaft jeden Sinn – beendete der Mohammedanismus seine geschichtliche Rolle. Das Reich Philipps und Konstantins erstand von neuem auf den gewaltigen Ebenen Rußlands. [...]

Mit dem Krimkrieg endete die dritte Periode der Orientalischen Frage und begann die vierte und letzte Periode der Lösung dieser Frage, die zeigen soll: ist der slawische Stamm mächtig nur durch seine Zahl und die Ausdehnung des von ihm eingenommenen Gebietes oder ist er das durch seine innere Bedeutung, ist er ein gleichberechtigtes Glied in der Familie der arischen Völker, ist es ihm beschieden, eine Weltmachtsrolle zu spielen gleich seinen älteren Brüdern, ist es ihm beschieden, einen von den selbständigen Kulturtypen der Weltgeschichte zu bilden – oder ist ihm die nebensächliche Bedeutung eines Vasallenstammes vorausbestimmt, die nicht beneidenswerte Rolle ethnographischen Materials, das seinen stolzen Herrschern und Suzeränen[2] zur Nahrung dienen muß? Die ganze historische Analogie überzeugt uns vom Gegenteil und zwingt uns, alle Mittel anzuwenden, alle Kräfte, die ganze Energie auf diesen entscheidenden Streit, der schon nicht mehr lange verschoben werden kann. [...]

Früher oder später, ob wir es wollen oder nicht, ist der Kampf mit Europa (oder wenigstens mit dem bedeutendsten Teil von ihm) unvermeidlich um der Orientalischen Frage willen, d. h. um die Freiheit und Unabhängigkeit der Slawen, um die Herrschaft über die Zarenstadt, um alles das, was nach der Meinung Europas den Gegenstand unberechtigter Ehrliebe Rußlands ausmacht, hingegen nach der Meinung jedes Russen, der dieses Namens würdig ist, die unerläßliche Forderung seiner historischen Berufung bedeutet.

Zitiert nach: Wolfgang J. Mommsen, a. a. O., S. 166–168

[1] Iwan III. (der Große), 1440–1505, heiratete die Nichte des letzten byzantinischen Kaisers (Übernahme oströmischer Tradition), eroberte und vereinte mehrere russische Teilstaaten; Iwan IV. (der Schreckliche), 1530–1584, begann mit der Expansion nach Asien.

[2] Über Vasallenstaaten herrschende Staaten

a) Stellen Sie die wichtigsten Faktoren der panslawistischen Ideologie zusammen und diskutieren Sie ihre außenpolitischen Konsequenzen.
b) Was versteht Danilevskij unter der orientalischen Frage?
c) Vergleichen Sie den Panslawismus mit den ideologischen Grundlagen des britischen und deutschen Imperialismus. (M 41, 51, 60)
d) Kennzeichnen Sie die Funktion der imperialistischen Ideologie auf dem Hintergrund der politischen, sozialen und ökonomischen Lage Rußlands in der zweiten Hälfte des 19. Jahrhunderts.

1. *Arbeiten Sie die strukturellen Parallelen und Unterschiede zwischen dem russischen Imperialismus einerseits und dem deutschen und britischen andererseits heraus.*
2. *Worin liegen die grundlegenden Schwächen der russischen Expansionspolitik?*
3. *Vergleichen Sie die russische Expansion vor und nach 1878 im Hinblick auf die Frage von Kontinuität und Diskontinuität miteinander.*
4. *Grenzen Sie die verschiedenen Motive des russischen Imperialismus voneinander ab.*
5. *Diskutieren und beurteilen Sie die Entwicklungen in der UdSSR seit dem Machtantritt Gorbatschows und die Auflösung der Sowjetunion vor dem Hintergrund des russischen Imperialismus des 19. Jahrhunderts.*

4. Ursachen und Auswirkungen imperialer Herrschaft in Asien und Afrika

4.1 China: Ein Land unter indirekter Herrschaft

Schon früh hatten die Europäer Kontakt mit China aufgenommen und dort Handel getrieben. Dabei konnte das Reich der Mitte mit seiner festgefügten Ordnung, Jahrhunderte alten Tradition und hohen Kultur bis ins 19. Jahrhundert hinein seine Selbständigkeit bewahren. Erst danach geriet es in immer stärkere Abhängigkeit von auswärtigen Mächten, die bis weit in das 20. Jahrhundert hinein andauern sollte. Direkte Kontrolle und Regierungsgewalt übernahmen die Fremden jedoch nicht. Vielmehr teilten mehrere europäische Länder, die USA und Rußland das chinesische Reich mehr oder weniger „brüderlich" in Einflußzonen auf ▷ Karte S. 85, beuteten das ehemals mächtige Reich wirtschaftlich aus und trugen so weiter zu seinem politischen Niedergang und zur Unterdrückung der Bevölkerung bei. Die erste chinesische Revolution von 1911 änderte an diesem Zustand noch nichts; im Gegenteil, in den dreißiger Jahren blieb China ein Opfer imperialistischer Bestrebungen des asiatischen Rivalen Japan. Erst der Sieg der Kommunisten 1949 brachte die völlige Unabhängigkeit.

1839–1842	Im Opiumkrieg unterliegen die Chinesen den waffentechnisch überlegenen Briten und müssen im Vertrag von Nanking (1842) fünf Handelshäfen für den britischen Handel öffnen, Hongkong abtreten und günstige Zolltarife einräumen. Bald darauf muß China ähnliche „ungleiche Verträge" mit Frankreich und den USA abschließen.
1850–1864	T'ai-p'ing-Aufstand der christlich beeinflußten religiös-sozialen Sekte des Hung Hsiu-ch'uan gegen die Mandschu-Herrschaft und die sozialen Mißstände in China.
1856–1858	Zweiter Opium-, sogenannter Lorcha-Krieg zwischen China und Großbritannien und Frankreich: Erneute Niederlage der Chinesen und weitere Konzessionen an die Sieger im Vertrag von Peking 1860.
1900	Die ursprünglich gegen die Mandschu-Dynastie gerichtete Aufstandsbewegung der Boxer zielt auch gegen den Einfluß der Ausländer und löst eine Strafexpedition der Imperialmächte aus.
1905	Der Arzt Sun Yat-sen gründet die Reformbewegung Kuo Min-tang, die
1912	nach einer Revolution und der Abdankung der Mandschu-Dynastie China in eine Republik umwandelt.

Das Reich der Mitte unter dem „Sohn des Himmels"

In China herrschte seit 1644 die fremde, aus der Mandschurei stammende Dynastie der Ch'ing, die mit starker Militärmacht nach China eingefallen war, die Streitkräfte des letzten Kaisers der Ming-Dynastie geschlagen und die letzte chinesische Kaiserdynastie begründet hatte, die das Riesenreich bis 1911 regieren sollte. Wie ihre Vorgänger machten die Mandschu-Herrscher sich die konfuzianische Staatsideologie zu eigen, die auf der Lehre des Philosophen K'ung fu-tse (Konfuzius) fußte: Der Herrscher als „Sohn des Himmels" hatte die Aufgabe, Harmonie und Bestand des Reichs entsprechend der kosmischen Ordnung vor dem Verfall der öffentlichen Moral und inneren Unruhen zu schützen. China als „Reich der Mitte" bildete in dieser Lehre das Zentrum der Welt und war allen

anderen Reichen und Ländern weit überlegen. Außerhalb des Reichs lebten nach chinesischer Vorstellung nur minderwertige und barbarische Völker, die durch Tributleistungen die Oberhoheit des „Sohns des Himmels" anerkennen mußten. Entsprechend interpretierten die chinesischen Kaiser die im 17. und 18. Jahrhundert beginnenden Handelsbeziehungen mit europäischen Mächten als eine durch Tribute vollzogene Unterwerfung der Fremden unter ihre Herrschaft.
Um 1800 zeigten sich erste Risse in der scheinbar so festgefügten Ordnung Chinas. Ausschlaggebend dafür war wohl vor allem eine starke Bevölkerungsvermehrung zwischen 1700 und 1850 von etwa 150 auf 430 Millionen, die durch eine lange Friedensperiode, Verbesserungen im Agrarbereich und die Hochschätzung einer großen Kinderzahl (Arbeitskräfte und Altersversorgung) verursacht wurde. Das damit verbundene erhebliche Wachstum von Wirtschaft und Handel schuf einen immensen Binnenmarkt, dessen Volumen weitaus größer war als das des Außenhandels. Der Handel lag in der Hand von spezialisierten regionalen Kaufmannsgilden, die zum Teil mit kaiserlichen Monopolen ausgestattet waren. Den Weg zu modernen kapitalistischen Produktions- und Wirtschaftsformen wie die zeitgenössischen Europäer fanden die Chinesen jedoch trotz fortgeschrittener handwerklicher Technik nicht. Das durch den Handel gewonnene Kapital wurde nicht in die industrielle Produktion oder in die Verbesserung der Infrastruktur investiert, sondern für luxuriösen Konsum ausgegeben; ein Bank- und Kreditsystem steckte erst in den Kinderschuhen; vor allem aber war das Wirtschaftswachstum nicht mit einem Produktivitätswachstum verbunden, da das Überangebot an billiger menschlicher Arbeitskraft die maschinelle Produktion überflüssig zu machen schien. So verharrte China bei seiner arbeitsintensiven, vormodernen Wirtschaftsweise. Die starren staatlichen Monopole (z. B. Salz, Tee) und die ungeheure Korruption in Verwaltung und Wirtschaft lähmten die Entwicklung zusätzlich. Der als Begründung für die Rückständigkeit Chinas häufig angeführte Einfluß der imperialen Mächte muß vor diesem Hintergrund erheblich relativiert werden. Die Krise des Reichs der Mitte im 19. Jahrhundert war in erster Linie „hausgemacht", wurde allerdings durch das Eindringen der Europäer noch verschärft.

Soziale Mißstände

Die starren und lethargischen Regierungsinstitutionen Chinas waren nicht in der Lage, auf die sozialen und wirtschaftlichen Veränderungen angemessen zu reagieren. Die Verwaltungsinstanzen und Beamtenapparate wurden den gewachsenen Bedürfnissen nicht durch eine Ausweitung der Stellenzahlen angepaßt. Eine zu-

Konfuzianismus. Der auf der Lehre des Philosophen K'ung fu-tse (551–479 v. Chr.) beruhende sog. Konfuzianismus war gleichzeitig religiöses Fundament und Staatsideologie Chinas bis zum Ende des Kaiserreichs 1911. Nach der Vorstellung des Konfuzianismus ist der Himmel ein persönliches Wesen, das an alle Menschen, Herrscher und Untertanen, moralische Forderungen stellt, die in Pflichten- und Tugendkatalogen zusammengefaßt werden. Im Erkennen des himmlischen Willens und dem entsprechenden Handeln besteht die wahre Weisheit. Die Erde betrachtet K'ung fu-tse als Geschöpf des Himmels und als Spiegelung der kosmischen Ordnung, über deren Bewahrung der Herrscher im Auftrag des Himmels zu wachen hat. Wenn er das tut, befindet er sich im Einklang mit der Weltordnung, so wie die Untertanen auf ihre Weise durch Befolgung der ihnen auferlegten Pflichten und Tugenden das Ihre zum Erhalt des Kosmos beitragen. Der vollkommene Herrscher verkörpert die fünf Kardinaltugenden in reinster Form: Humanität, Rechtschaffenheit, rituelles Verhalten, Weisheit und Treue. Die hierarchische Gesamtordnung des Kosmos spiegelt sich auch in der Gesellschaft, die durch die „fünf Beziehungen" gekennzeichnet ist, die ebenfalls hierarchisch in einem Über- und Unterordnungsverhältnis gedacht werden: Vater und Sohn (mit den entsprechenden Tugenden Liebe und Pietät), Fürst und Untertan (Güte und Loyalität), älterer und jüngerer Bruder (Wohlwollen und Ehrfurcht), Mann und Frau (Gerechtigkeit und Gehorsam), Freund und Feind (Treue und Vergeltung). Die Praktizierung der vom Himmel gebotenen Riten wie z. B. die Ahnenverehrung gehört gleichfalls zum pflichtgemäßen Verhalten. Die gründliche Ausbildung der Beamten in der Lehre des K'ung fu-tse diente also ganz im Sinne dieser Staatslehre dem Erhalt der staatlichen und gesellschaftlichen Ordnung und damit dem Bestand des Kosmos.

nehmende Anzahl unzufriedener, gebildeter junger Männer ohne Aufstiegschance auf der einen und ein Kampf um die wenigen Stellen verbunden mit Korruption und Vetternwirtschaft auf der anderen Seite waren die Folge. Dadurch wurden die konfuzianischen Tugendprinzipien in Verwaltung und Justiz ausgehöhlt, das Vertrauen in eine angemessene Rechtsprechung und Steuererhebung erschüttert und der Steuerdruck auf die Bevölkerung erhöht. Öffentliche Ordnung und allgemeine Moral sanken gleichermaßen; die gravierende Bodenknappheit auf Grund der gewachsenen Bevölkerungszahlen und dazu Dürre, Überschwemmungen, Hungersnöte und Seuchen reduzierten das Dasein der meisten auf einen Kampf um das nackte Überleben: Betrug, Gewalt, Prostitution und Schmuggel blühten.
Zusätzlich wies die chinesische Gesellschaftsstruktur zwei fundamentale Schwächen auf: Erstens eine durch das komplizierte Schriftsystem und enzyklopädische Bildungsanforderungen zementierte gesellschaftliche Spaltung in eine dünne höher gebildete Oberschicht und eine weitgehend ungebildete Unterschicht; zweitens die Überzeugung von der philosophisch legitimierten Minderwertigkeit der Frau, die durch das weit verbreitete Einbinden der Füße verkrüppelt, ihrer Bewegungsfreiheit beraubt und der männlichen Herrschaft unterworfen war.

T'ai-p'ing-Aufstand

Die gesellschaftlichen Spannungen entluden sich immer wieder in Rebellionen der unzufriedenen ländlichen Bevölkerung. Bereits 1795–1804 signalisierte die bäuerliche gegen den Steuerdruck und die Mandschu-Dynastie gerichtete Aufstandsbewegung des „Weißen Lotus" die krisenhafte Lage Chinas. Ähnliche Ziele verfolgte der T'ai-p'ing-Aufstand (1850–1864), der sich außerdem gegen die durch den Konfuzianismus begründete soziale Ungleichheit richtete. In ihm erreichte die soziale Erschütterung Chinas ihren Höhepunkt. Eine besondere Bedeutung gewann dieser mit äußerster Grausamkeit geführte und niedergeschlagene Aufstand durch seine spezifische soziale, religiöse und nationale Elemente umfassende Programmatik. Der Gründer der T'ai-p'ing-Bewegung, Hung Hsiu-ch'uan (1814–1864), stammte aus der Gruppe der frustrierten Intellektuellen, die die Prüfung für die Beamtenlaufbahn nicht bestanden hatten. Enttäuscht wandte er sich dem Christentum zu und gründete eine auf einer Verbindung von westlichen und östlichen Ideen basierende Sekte, die sich zum Ziel setzte, die Mandschu-Herrschaft zu beseitigen und eine neue, christlich-soziale Ordnung der Gesellschaft zu verwirklichen. Hung predigte einen sittlichen Rigorismus (gegen Opium, Glücksspiel, Götzendienst, Ehebruch, Prostitution usw.), eine egalitäre Ordnung ohne Privateigentum und die Gleichberechtigung der Frau. Die Bewegung entwickelte eine ungeheure Stoßkraft, gewann viele Anhänger und brachte große Teile Chinas und fast sogar Peking unter ihre Kontrolle. Der Aufstand scheiterte letztlich an inneren Zwistigkeiten von Regionalkönigen der T'ai-p'ing und dem tatkräftigen Einsatz einzelner konfuzianisch gesinnter Heerführer in den Provinzen; außerdem unterstützten nach dem Friedensschluß von Peking 1860, der den zweiten Opiumkrieg beendete (s. u.), europäische Freikorps die Regierungstruppen. Man schätzt, daß der T'ai-p'ing-Aufstand mindestens 20 Millionen Opfer gefordert hat. Die aus diesem und anderen Aufständen resultierende Schwächung des Reichs (Bevölkerungsrückgang auf ca. 350 Millionen im Jahre 1873) erleichterte es den westlichen Mächten, stärker in China Fuß zu fassen und einen Prozeß fortzusetzen, der bereits zu Beginn des Jahrhunderts begonnen hatte.

Opiumkrieg und „ungleiche Verträge"

Schon geraume Zeit hatten die Engländer durch die East India Company einen florierenden Handel mit China getrieben (Zinn, Blei, Woll- und Baumwollstoffe gegen Tee und Seide), wobei die Handelsbilanz für China zunächst positiv blieb (▷ Kapitel 2.2). Eine von den Briten gewünschte Ausweitung des Marktes für britische Industrieprodukte und eine Vereinbarung fester Zolltarife stießen jedoch bei den chinesischen Machthabern auf taube Ohren. Das änderte sich erst, als die EIC ab etwa 1820 den Export von Opium, das als Medizin und Rauschmittel genutzt wurde, aus Indien nach China trotz kaiserlicher Verbote erheblich forcierte. Die

Folgen für China waren verheerend. Nicht nur, daß die Volksgesundheit durch etwa zwei Millionen Opiumraucher untergraben wurde, noch schwerer wogen die zunehmende Korrumpierung der Beamtenschaft, die am Opiumschmuggel kräftig verdiente, und eine durch den starken Abfluß von Silber als Zahlungsmittel verursachte negative Handelsbilanz mit stark inflationären Begleiterscheinungen. Als der kaiserliche Kommissar Lin Tse-hsu 1839 im britischen Vertragshafen Kanton die gesamten Opiumvorräte im Wert von ca. 4 Mio. Pfund Sterling vernichten ließ, kam es zum Krieg. Der britischen Flotte, die zum Teil von britischen Opiumhändlern ausgerüstet wurde, gelang es relativ schnell, ihre Überlegenheit auszuspielen, so daß Kaiser Tao-kuang 1842 kapitulieren mußte. Im Vertrag von Nanking mußten die Chinesen die demütigenden britischen Bedingungen akzeptieren: Abtretung Hongkongs, 21 Mio. Silberdollar Kriegsentschädigung, die Öffnung von weiteren vier Vertragshäfen (Fouchou, Amoy, Shanghai, Ning-po), feste Zollsätze, die Abschaffung des Monopols der Co-hong-Kaufleute als Handelspartner für die Ausländer, die Meistbegünstigungsklausel, wonach alle anderen Mächten eingeräumten Rechte automatisch auch den Briten zufallen sollten, eine eigene Konsulargerichtsbarkeit und weitere exterritoriale Rechte für die Engländer. Hierbei handelte es sich um den ersten der von den Chinesen als „ungleich" bezeichneten Verträge, dem 1844 ähnliche Abmachungen mit Frankreich, Belgien und den USA folgten.

Damit waren die Konflikte jedoch noch nicht beendet. 1856 brach der zweite Opiumkrieg aus, in dem sich England und Frankreich durch ein gemeinsames Expeditionskorps engagierten und die chinesische Regierung schnell zur Kapitulation zwangen. In den Friedensverträgen von Tientsin vom Juni 1858 und Peking 1860 wurden neben der Auflage einer Kriegsentschädigung die Rechte der Ausländer beträchtlich erweitert: Öffnung von elf weiteren Häfen, Erlaubnis der ungehinderten christlichen Mission, Freizügigkeit für die europäischen Kaufleute in China und freie Schiffahrt auf den Flüssen, Einrichtung einer englischen Gesandtschaft in Peking, Minderung der Zollsätze, Legalisierung des Opiumhandels und Abtretung der gegenüber Hongkong liegenden Halbinsel Kowloon an England. In ähnlichen Verträgen sicherten sich die USA und Rußland sowie Preußen für den Deutschen Bund unter Ausnutzung der prekären Lage Chinas entsprechende Konzessionen.

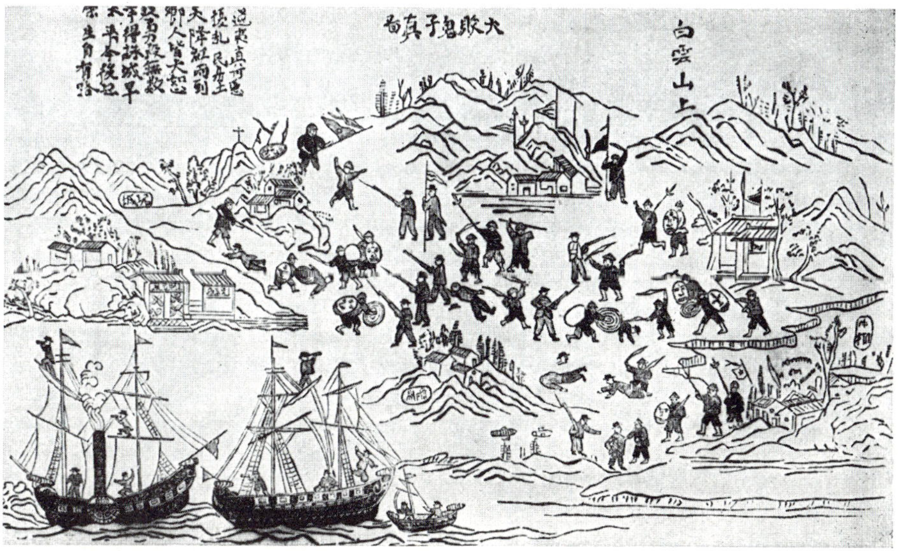

72 Gefecht während des Lorcha-Krieges 1857, Holzschnitt nach einer chinesischen Darstellung.
Begründen Sie die militärische Überlegenheit der Europäer gegenüber den Chinesen.

Reformversuche

Als China ein Menschenalter später im Krieg um die Oberherrschaft in Korea gegen den bisher als minderwertig betrachteten asiatischen Rivalen Japan 1894/95 eine vernichtende Niederlage erlitt, zeigte dies unter den führenden Schichten des Reiches eine schockartige Wirkung. Nun konnte man angesichts der technischen und materiellen Überlegenheit der fremden Mächte die Augen vor der Notwendigkeit von Reformen nicht mehr verschließen. Es waren vor allem Akademiker, die sich zu Sprechern der Reformbewegung machten. So wurde der Gelehrte K'ang Yu-wei 1895 aktiv, der sich nach der Niederlage gegen Japan zum Wortführer der in Peking versammelten Kandidaten für die Beamtenprüfung machte und in einer Resolution an den Kaiser, die von 1200 Prüflingen mit unterzeichnet wurde, die Ablehnung des Friedensvertrages und grundlegende Veränderungen in Staat, Verwaltung und Wirtschaft forderte. Seine große Chance erhielt K'ang, als er 1898 die Gelegenheit erhielt, dem siebenundzwanzigjährigen Kaiser Kuang-hsu (1871–1908) sein Programm vorzustellen. Er fand bei dem jungen Herrscher ein offenes Ohr. In der „Reform der hundert Tage" erließ der Kaiser 40 Dekrete, die sich im wesentlichen mit einer Reform des Universitäts- und Schulwesens nach westlichem Vorbild, der Reorganisation der Beamtenschaft und der Verwaltung, der Förderung von Landwirtschaft, Industrie und Handel, der Verbesserung des Militärs und der Einrichtung eines festen Staatshaushalts befaßten. All diese Maßnahmen blieben jedoch nur auf dem Papier, da die Kaiserinwitwe Tz'u-hsi (1834–1908) als Führerin der Konservativen einen erfolgreichen Staatsstreich unternahm und den Kaiser auf einer Insel im Palastsee festsetzte. Danach übernahm sie die Regentschaft, und die Reformer mußten nach Japan fliehen. Der Versuch einer „Reform von oben" war gescheitert.

Boxeraufstand

Als Reaktion auf den Reformversuch Kuang-hsus verstärkte sich nun am kaiserlichen Hof um die Regentin Tz'u-hsi und den Prinzen Tuan die fremdenfeindliche Haltung. Dabei fand die herrschende Clique in der Sekte der „Faustkämpfer für Recht und Einigkeit", den sog. Boxern, einen Bündnispartner. Dieser Geheimbund war im Norden Chinas entstanden und sammelte in seinen Reihen eine Vielzahl von Verarmten und Enttäuschten: durch allmähliche Industrialisierung und ausländische Konkurrenz ihrer Existenz beraubte bäuerliche Heimarbeiter, durch Dürrekatastrophen oder Überschwemmungen verelendete Bauern, ehemalige Soldaten und andere Unzufriedene, die sich zunächst unter der Parole „Stürzt die Ch'ing, vernichtet die Fremden" zusammenfanden. Den konservativen Kreisen am Hof gelang es nun, diese auch gegen sie gerichtete Bewegung für ihre Zwecke einzuspannen und die Masse der Unzufriedenen gegen die Reformbewegung einerseits und die fremden Mächte in China andererseits umzulenken. Unter dem neuen Motto „Stützt die Ch'ing, vernichtet die Fremden" drangen die „Boxer" im Sommer des Jahres 1900 unter Beteiligung von Regierungstruppen plündernd, mordend und zerstörend in die Ausländerviertel Pekings und Tientsins ein, so daß sich die fremden Mächte bedroht fühlten und die chinesische Regierung unter Druck setzten. Als am 19. Juni 1900 der deutsche Gesandte von Ketteler ermordet wurde, begannen die Boxer mit der Belagerung des Gesandtschaftsviertels in Peking, die bis zum 14. August andauern sollte. Am 21. Juni erklärte China allen fremden Mächten offiziell den Krieg. Einmütig organisierten England, Frankreich, Rußland, Deutschland, Italien, Japan und die USA ein internationales Expeditionskorps unter Führung des Grafen von Waldersee, das nach heftigen Kämpfen den Belagerungsring durchbrach und Peking eroberte. Die Regierung floh ins Hinterland, und China mußte im sog. Boxerprotokoll von 1901 die harten Bedingungen der Sieger akzeptieren: eine Kriegsentschädigung von 450 Mio. Silberdollar, Verbot der Waffeneinfuhr, Schleifung zahlreicher Forts, Hinrichtung bzw. schwere Gefängnisstrafen für hohe Beamte, Erweiterung und Befestigung des Gesandtschaftsviertels, Sühnegesandtschaften und Verbot fremdenfeindlicher Aktionen. Der Boxeraufstand und seine demütigenden Folgen hinterließen tiefe Spuren im

Bewußtsein der Chinesen. Das Ende der Ch'ing-Dynastie zeichnete sich ab, während die fremden Mächte ihre Macht ausdehnten.

Ende der Mandschu-Herrschaft

Der führende Kopf der revolutionären Bewegung, die China schließlich in eine Republik umwandeln sollte, war der aus einer armen Bauernfamilie im Süden Chinas stammende, im Ausland (auf Hawaii) erzogene und später zum Christentum übergetretene Arzt Sun Yat-sen (1866–1925). Schon früh betätigte er sich politisch und gründete 1894 die „Gesellschaft zur Wiederbelebung Chinas", deren Programm noch ganz auf der Linie der Reformer am Hofe stand, die die Erneuerung im Einvernehmen mit der Ch'ing-Regierung durchführen wollten. Erst der verlorene Krieg gegen Japan und der Boxeraufstand sowie zwei gescheiterte Putschversuche 1895 und 1900, nach denen er ins Ausland nach Japan fliehen mußte, brachten Sun allmählich zu der Überzeugung, daß Reformen nur nach dem Sturz der alten Dynastie verwirklicht werden konnten. Unter Vermittlung und auf Druck der Japaner schlossen sich 1905 verschiedene revolutionäre Geheimorganisationen unter der Führung Suns zum „Chinesischen Revolutionsbund" zusammen, aus dem 1912 die „Kuo Min-tang" (Nationale Volkspartei) gebildet wurde. Sein im wesentlichen von Sun formuliertes Programm umfaßte vier Hauptpunkte: 1. Vertreibung der fremden Mandschu-Dynastie, 2. Wiedererrichtung der chinesischen Herrschaft über China, 3. Umwandlung Chinas in eine parlamentarische Republik mit gleichen Rechten für alle, 4. Verbesserung der sozialen Lage durch Abschöpfung des Zuwachses des Werts von Grund und Boden durch den Staat.

Die endgültige Zersetzung der kaiserlichen Macht begann mit dem Ableben der Regentin Tz'u-hsi im November 1908, nur einen Tag nach dem Tode Kaiser Kuanghsus, der wahrscheinlich auf ihren Befehl ermordet worden war. Prinz Ch'un, der als Vater des erst drei Jahre alten Thronerben P'u-yi die Regentschaft übernahm, gelang es nicht, das Land unter seine Kontrolle zu bringen. Im Gegenteil, rebellierende Garnisonen und die Unabhängigkeitsbestrebungen zahlreicher Provinzgouverneure aus der Mitte und dem Süden Chinas, die sich von der Regierung lossagten, entzogen der Ch'ing-Dynastie im Oktober 1911 ihre Machtbasis. Inzwischen hatten die Rebellen aus den Provinzen mit den Führern des „Revolutionsbundes" in Nanking eine provisorische Gegenregierung gebildet. Als der kaiserliche General Yuan Shih-k'ai in richtiger Erkenntnis der Lage die Seiten wechselte und mit den Aufständischen Verbindung aufnahm, war das Schicksal

73 Sun Yat-Sen, Gründer der Kuo-min-tang, mit seiner Frau.
Was wird aus der Kleidung des Ehepaars deutlich?

des chinesischen Kaisertums besiegelt. Am 12. Februar 1912 wurde die Abdankung P'u-yis verkündet. Um weitere Konflikte zu vermeiden und den fähigsten Heerführer der alten kaiserlichen Armee auf seine Seite zu ziehen, trat Sun Yatsen, der am 29. Dezember 1911 zum Präsidenten der Republik China gewählt worden war, wenige Wochen später zugunsten Yuan Shih-k'ais zurück. Mit dieser ersten erfolgreichen Revolution in China war zwar die Ch'ing-Dynastie gestürzt und eine Republik etabliert worden. Die eigentlichen tiefgreifenden Probleme des Reichs der Mitte, nämlich die soziale und wirtschaftliche Rückständigkeit und die Abhängigkeit von den ausländischen Mächten, waren jedoch noch nicht beseitigt, so daß eine wirkliche, grundlegende Revolution erst noch bevorstand.

74 Zwei verschiedene Barbarentypen; Bildenzyklopädie San-tsai t'u-hui von 1709.
Welche Einstellung Chinas zu den Fremden spiegelt sich in diesen Abbildungen?

75 Fremde und Barbaren

a) Antwortschreiben des Kaisers Ch'ien Lung (1736–1796) auf das Gesuch des britischen Königs Georg III., eine diplomatische Vertretung zur Erleichterung des Handelsverkehrs einzurichten, 1793:

Was Euer dringendes Gesuch angeht, einen Eurer Untertanen abzuordnen, daß er an meinem Himmlischen Hof akkreditiert werde und die Kontrolle über den Handel Eures Landes mit China ausüben soll, so steht diese Bitte im Gegensatz zu den Gewohnheiten meiner Dynastie und kann nicht in Erwägung gezogen werden [. . .].

Wenn Ihr versichert, daß Eure Hochachtung für Unsere Himmlische Dynastie Euch mit dem Wunsch nach unserer Kultur erfüllt, muß doch darauf hingewiesen werden, daß unsere Gebräuche und Gesetzgebung sich so vollständig von den Euren unterscheiden, daß, selbst wenn Euer Gesandter in der Lage wäre, die Ansätze unserer Kultur aufzunehmen, unsere Gewohnheiten und Sitten unmöglich in Euern fremden Boden verpflanzt werden könnten. Daher würde durch die Bestellung eines Botschafters nichts gewonnen werden, wie geschickt er auch sein würde. Meine Herrschaft über die weite Welt hat das eine Ziel, vollkommen zu regieren und die Staatspflichten zu erfüllen: fremde und kostspielige Gegenstände interessieren mich nicht.

Wenn ich die von Euch, o König, gesandten Tributgaben annehmen ließ, so geschah das lediglich in Anbetracht der Gesinnung, die Euch veranlaßte, mir diese von weither zu senden. Der hervorragende Ruf unserer Dynastie ist in jedes Land unter dem Himmel gelangt, und Herrscher aller Völker haben ihre Tributgabe auf dem Land- und Seeweg überbracht. Wie Euer Gesandter mit eigenen Augen sehen kann, besitzen wir alles. Ich lege keinen Wert auf Gegenstände, die fremdländisch oder geschickt erfunden sind, und ich habe keine Verwendung für die Produktion Eures Landes. Dieses ist nun meine

Antwort auf Eure Bitte, eine Vertretung an meinem Hof zu ernennen, eine Bitte, die im Gegensatz zu unserem dynastischen Brauch steht, und die nur Schwierigkeiten für Euch selbst zur Folge haben würde. Ich habe meine Wünsche im einzelnen dargelegt und Eurem Abgesandten empfohlen, in Frieden heimzureisen. Es schickt sich, o König, meinen Willen zu achten und mir in Zukunft noch größere Verehrung und Loyalität zu erweisen, so daß Ihr durch ständige Unterwerfung unter unseren Thron Frieden und Wohlwollen für Euer Land sichert.

Hans Süßmuth, Die Geschichte der Volksrepublik China, ein didaktischer Entwurf; in: Beilage zur Wochenzeitung „Das Parlament" vom 16. 8. 1967, S. 8; zitiert nach: Geschichte in Quellen, Bd. 5, Das bürgerliche Zeitalter 1815–1914, bearb. von Günter Schönbrunn, München 1980, S. 531 f.

b) Aus einer Schilderung des britischen Dolmetschers Thomas Taylor Meadows im Jahre 1852:

Die Chinesen nennen gewöhnlich die Europäer „Barbaren" und halten sie für solche; mit dem Ausdruck meinen sie „Völker in einem rohen, unzivilisierten Zustand, moralisch und geistig unkultiviert" [...].

Diejenigen Chinesen, die unmittelbare Gelegenheit hatten, etwas von unseren Sitten und von unserer Kultur zu erfahren – sie mögen, in allen fünf Vertragshäfen zusammen, fünf oder sechstausend zählen gegenüber 360 Millionen –, halten uns meist in Moral und in geistiger Kultur für tiefer stehend als ihr Volk. Was die anlangt, die keine solche Gelegenheit hatten, so kann ich mich nicht auf das Gespräch mit einem einzigen besinnen – und ich habe mit vielen gesprochen –, dessen Vorstellungen von uns nicht analog zu denen gewesen wären, die wir von Wilden haben. Die Chinesen sind stets überrascht – um nicht zu sagen erstaunt – zu hören, daß wir Familiennamen haben, und in der Familie die Unterscheidung von Vater, Bruder, Frau, Schwester usw. verstehen; kurzgesagt, daß wir anders als eine Viehherde leben [...].

Wolfgang Franke, China und das Abendland, Göttingen 1962, S. 85, zitiert nach: Günter Schönbrunn, a. a. O., S. 535

a) Beschreiben Sie das Verhältnis der Chinesen und des chinesischen Kaisers zu der übrigen Welt und zu den Regierungen der anderen Länder und kennzeichnen Sie das Selbstverständnis der Chinesen.

b) Welche Konsequenzen und Probleme ergeben sich aus dieser Haltung für das Aufeinandertreffen Chinas mit den imperialistischen Nationen der übrigen Welt?

76 **Drei Nöte des Volkes.** Aus einer Eingabe des Ministers Tseng Kuo-fan an die kaiserliche Regierung (Anfang 1852). Tseng Kuo-fan, strenger Konfuzianer und Chinese, kein Mandschu, war einer der Marschälle, die den T'ai-p'ing-Aufstand (▷ S. 94) niederschlugen:

Der tugendhafte Wille des Weisen Herrschers dringt nicht bis zum Volke durch, und die Nöte im Volke können nicht an den Herrscher appellieren. Euer Minister nimmt sich die Freiheit, sie einzeln aufzuzählen. Erstens ist der Preis des Silbers zu hoch, und es ist schwer, die Steuern zu bezahlen. [...] In früheren Tagen war eine Unze Silber eintausend Kupfermünzen wert, so daß man für einen Pikul [60,5 kg] Reis drei Unzen Silber bekam. Heutzutage ist eine Unze Silber zweitausend Kupfermünzen wert, so daß man für einen Pikul Reis nur eineinhalb Unzen Silber bekommt. In früheren Tagen brachte der Verkauf von drei Scheffeln [ein Scheffel 6,05 kg] Reis die Grundsteuer für einen Morgen Land [etwa 600 qm] ein und noch etwas darüber. Heutzutage ist der Verkauf von sechs Scheffeln Reis noch nicht genug, um die Grundsteuer für einen Morgen Land zu bezahlen. Die Kaiserliche Regierung hält natürlich an dem regulären Betrag der jährlichen Steuer fest, aber die kleinen Leute haben, ohne daß dies klar zutage tritt, die Steuer doppelt zu zahlen. Außerdem betragen die nach dem Silberpreis gesondert zu zahlenden Steuern, wie für Haus-Grundstücke oder für Grabplätze, auch das Doppelte wie in früheren Tagen. Die, die so wenig ernten, daß sie überhaupt nicht die Kraft haben zu zahlen oder auf Grund der Ernte-Einschätzung zur Zahlung gedrängt werden müssen, sind unzählig. Die Kreis- und Distrikt-Präfekten erschöpfen ihre ganze Kraft, um auf Zahlung der Steuern zu drängen. Weil sie fürchten, daß nicht bezahlt wird, beordern sie häufig Angestellte zu ihrer Unterstützung und senden subalterne Beamte und Amtsdiener überallhin aus. Tag und Nacht verfolgen und drängen diese mit Peitschen- und Stockschlägen die säumigen Steuerzahler. Überall in den Gerichtssälen ist

das Blut und Fleisch der wegen Steuerschulden vor Gericht Gestellten wild durcheinander auf dem Boden ausgespritzt. Sind das etwa nur Aktionen grausamer Beamter? Nein! Denn handeln sie nicht so, müssen sie, wenn bei der Feststellung ihrer Leistung noch nicht einmal 70% des geforderten Betrages erreicht sind, eine Anklage befürchten, bei der sie für den Fehlbetrag aufkommen müssen, was ihnen Zehntausende kostet und noch ihren Söhnen und Enkeln Sorgen bereitet [...].
Zweitens sind Diebe und Räuber zu zahlreich, und es ist für die rechtschaffenen Leute schwierig, in Frieden zu leben. [...] In letzter Zeit wird berichtet, daß das Banditenunwesen immer mehr zunimmt. Am hellichten Tag plündern und rauben die Banditen und fangen Menschen, um Lösegeld zu erpressen. Das Volk kann nicht umhin, sich deswegen an die Beamten zu wenden. Wenn dann die Beamten Leute ausziehen lassen, die Banditen zu arretieren, erlassen diese im voraus eine Bekanntmachung, und wenn sie den Platz erreicht haben, erzählt der Diensttuende der lokalen Selbstverwaltung ohne weiteres eine Lüge, daß die Banditen entflohen seien. Die Beamten lassen dann, um ihre Macht zu demonstrieren, in der Nachbarschaft Häuser der Bevölkerung abbrennen, und darauf ziehen sie ab. Die Büttel und Amtsdiener erpressen Geld und Besitztum von dem die Zeche zahlenden Wirt (d.h. der von den Banditen ausgeplünderte, der sich an die Beamten gewandt hat), beladen sich voll und kehren dann um. Die Banditen sind aber in Wirklichkeit nicht geflohen. [...]
Drittens sind die ungerechtfertigten Gefangensetzungen zu zahlreich. [...] Wenn eine Familie einen lange schwebenden Rechtsfall hat, gehen zehn Familien davon bankrott. Wenn eine Person fälschlich angeklagt ist, werden hundert Personen durch ihr Leid in Mitleidenschaft gezogen. Oft wird ein kleiner, unbedeutender Fall für Jahre nicht abgeschlossen. Recht und Unrecht sind auf den Kopf gestellt, und die Angeklagten werden alt und sterben im Gefängnis. Wenn man das hört, stehen einem die Haare zu Berge. Das ist noch ein weiteres, was Euer Minister Nöte im Volke nennt.

Zitiert nach: Wolfgang Franke, Das Jahrhundert der chinesischen Revolution 1851–1949, München 1958, S. 41–44

a) Stellen sie die strukturellen, wirtschaftlichen und sozialen Probleme Chinas zusammen und erörtern Sie mögliche Ursachen und die Folgen für die Bevölkerung.
b) Welches Verhältnis der chinesischen Regierung zu ihrem Volk spiegelt dieser Bericht?
c) Vergleichen Sie die hier dargestellte Lage mit dem Selbstverständnis der Chinesen (▷ M 75 a) u. b)).

77 Reformversuch von oben

a) Aus dem Edikt des Kaisers Kuang-hsu (▷ S. 96 f.) vom 13. 9. 1898:

Unsere Liebe für unser Volk und unsere Sorge, das Reich von Lethargie und Korruption zu befreien, die es befallen haben und dem Untergang entgegenführen, haben uns veranlaßt, diese Reformära der Regierung anzusetzen und eine höhere und umfassendere Erziehung zum Vorteil des Volkes und zur Stärkung und Bereicherung des Reiches einzurichten. Doch wir konnten das nicht mit eigenen Mitteln leisten. Deshalb haben wir entschieden, zu unserer Hilfe Gelehrsamkeit und Wissen des Westens einzuführen, was uns für unsere Zwecke fehlt. Denn die Menschen des Westens sind uns an Eifer und Beharrlichkeit im Bemühen um das Wissen überlegen. Und doch tadelten konservative Staatsmänner und Studierende das westliche Wissen und erklärten, daß die Menschen des Westens kein System in ihrer Erziehung hätten. Diese Unwissenden beachten nicht, daß die Herrschaftskenntnis und das Erziehungssystem westlicher Länder durch Eifer und Beharrlichkeit über tausend und sogar zehntausend Schwierigkeiten hinweg zu ihrer gegenwärtigen Vollendung gebracht worden sind und alle zu einem Hauptziel führten: dem der Hebung der Massen. So sind wir der Ansicht, daß die Menschen des Westens weise und weitsichtig sind. Sie bringen ihren Familien Wohlstand, Gesundheit. Sie haben das, was den Verstand klar und wach macht und die Person vervollkommnet. Sie haben eine lange Lebenserwartung. All das wird durch ihr Herrschafts- und Erziehungssystem ermöglicht. Die Menschen des Westens sind stets bemüht, alles was sie zum Wohle und Nutzen ihres Volkes finden, zu verbreiten, damit allen der Vorteil zuteil wird.
Wir haben uns mit dem Vorteil der westlichen Gelehrsamkeit gründlich auseinandergesetzt, und Tag und Nacht drängt uns der sehnliche Wunsch, diese Reformen in unser Land einzuführen. Gibt es Menschen, die denken, daß wir darum bemüht sind,

neue Dinge gerade zu unserem Vergnügen, um der Neuheit willen, einzuführen? Nein; das ist sicherlich nicht so. Uns liegt tatsächlich daran, unserem Volk so zu helfen, daß es an dem Besten, was die Gegenwart geben kann, teilhat.

Hans Süßmuth, a. a. O., S. 8 f.; zit. nach: Günter Schönbrunn, a. a. O., S. 676

b) Der Reformer Liang Ch'i-ch'ao (1873–1929), 1902:

Können wir das Niveau der modernen Zivilisation erreichen und unser Volk unbesiegbar machen, indem wir von hier ein wenig und von dort ein wenig übernehmen, indem wir hin und wieder einen kleinen Schritt vorwärts machen? Ich weiß, daß wir das nicht können. [. . .] Ein Gesetz, das nicht befolgt wird, ist soviel wie kein Gesetz; deshalb muß die rechtsprechende Gewalt definiert werden. Schlechte Gesetzgebung ist schlimmer als gar keine Gesetzgebung; und deshalb muß entschieden werden, wem die Gewalt gehört. Wenn diejenigen, die die Gesetze verletzen, nicht bestraft werden, werden die Gesetze ungültig, kaum daß sie verkündet sind; deshalb müssen die Pflichten der rechtsprechenden Gewalt bestimmt werden. Zieht man den logischen Schluß aus alldem, so kann man erkennen, daß der Außenhandel nicht ohne eine Verfassung, ein Parlament und eine verantwortliche Regierung gefördert werden kann. Diejenigen, die heute vom Außenhandel sprechen, sagen ständig: „Ich fördere ihn, ich fördere ihn“, und weiter nichts. Ich weiß nicht, wie sie ihn fördern wollen. Das ist nur ein Beispiel, aber es ist auch in allen anderen Fällen wahr. Daher weiß ich, warum die sogenannten neuen Methoden wirkungslos sind. Warum? Weil es ohne Zerstörung keinen Aufbau geben kann. [. . .] Was also ist der Weg, unsere Rettung zu bewirken und Fortschritte zu machen? Die Antwort ist, daß wir mit einem Schlag das despotische und konfuse Regierungssystem von Jahrtausenden zerschmettern müssen, wir müssen die korrupten und heuchlerischen Lehren dieser Jahrtausende wegfegen.

William Theodore de Bary/Wing-tsit Chan/Chester Tan (Hg.), Sources of Chinese Tradition, Bd. 2, New York/London 1964, S. 96 ff., zitiert nach: Peter Weber-Schäfer, Die republikanische Bewegung, in: Peter J. Opitz (Hg.), Chinas große Wandlung, München 1972, S. 86

a) Kennzeichnen und vergleichen Sie die Grundtendenz und die Inhalte der beiden Reformvorschläge.
b) Vergleichen Sie die Haltung des Kaisers mit der seines Vorgängers etwa ein Jahrhundert zuvor (▷ M 75 a)).
c) Beurteilen Sie die Erfolgsaussichten der beiden Programme.

78 **Fremde Teufel in Peking.** Auszüge aus Aufrufen der „Boxer“:

Peking, April 1900: In einer Straße Pekings sahen Boxer um Mitternacht plötzlich einen Geist in ihre Mitte herabschweben. Der Geist schwieg lange Zeit, und die Versammelten fielen auf die Knie und beteten. Dann hörten sie eine schreckliche Stimme sagen: „Ich bin niemand anders als der große Yütt (Gott der unsichtbaren Welt) und bin in eigner Person herabgekommen. Da ich wohl weiß, daß ihr alle mir ergeben seid, bin ich zu euch gekommen, um euch zu sagen, daß jetzt die Zeit großer Unruhe gekommen ist. Von den fremden Teufeln habt ihr Böses zu erwarten: überall gründen sie Missionen, bauen Telegraphen und Eisenbahnen, glauben nicht an die heilige Lehre und lästern die Götter. Ihre Sünden sind zahllos wie die Haare auf dem Haupte. Daher zürne ich, und meine Donner grollen. Tag und Nacht habe ich an diese Dinge gedacht. Hätte ich meinen Generalen befohlen, zur Erde zu kommen, so hätten selbst sie nicht einmal das Schicksal wenden können. Daher sage ich euch, daß ich an der Spitze aller Heiligen zur Erde kommen werde und daß überall, wo die Ihot-schüan (Boxer) versammelt sind, die Götter mitten unter ihnen sein werden. [. . .] Der Wille des Himmels ist, daß zuerst die Telegraphendrähte zerschnitten, dann die Eisenbahnschienen aufgerissen und dann die Teufel enthauptet werden. [. . .] Die Zeit des Regens ist noch fern, und alles wegen der „fremden Teufel“.

Umgebung von Paotingfu, April 1900: Fremde Teufel sind gekommen und haben durch ihre Lehre viele zu ihrem römischen oder protestantischen Glauben verleitet. Ihre Kirchen stehen außerhalb menschlicher Beziehungen; sie haben sich indessen mit viel Bosheit Ehrgeizige und Begierige zugeführt. Sie haben ohne Grenze ihre Kraft mißbraucht, bis alle guten Beamten verdorben und ihre Diener geworden waren aus Begierde nach fremdem Reichtum. Der Telegraph und die Eisenbahnen sind eingerichtet worden, man hat Gewehr- und Geschützfabriken angelegt, und diese Anstalten verursachen den fremden Teufeln eine Freude der Bosheit voll; ebenso ist es mit den Lokomotiven, den Ballons und den elektrischen Lampen, Erfindungen, die diese fremden Teufel für vorzüglich halten. Obwohl ihr Rang ihnen dies Recht nicht gibt, lassen sie sich in Sänften tragen; China aber betrachtet sie doch als Barbaren, die Gott verdammen wolle. Geister und Genien steigen vom Himmel herab, um sie zu vernichten: die ersten dieser Himmelsmächte, die auf die Erde gekommen sind, das „Licht der roten Lampe“ und die „Gesellschaft der Freiwilligen der geschlossenen Faust“ (fremdenfeindliche Organisationen), werden die fremden Teufel bekämpfen. Die Freiwilligen werden die Häuser der Fremden verbrennen und die Tempel wiederherstellen.

Zitiert nach: Gottfried Guggenbühl, Quellen zur Allgemeinen Geschichte, Bd. IV, Quellen zur Geschichte der Neuesten Zeit, hg. von Hans C. Huber, Zürich, 5. Aufl. 1978, S. 255 f.

a) Charakterisieren Sie die politischen Ziele der „Boxer“ und beurteilen Sie die Perspektiven ihres Programms.
b) Vergleichen Sie den Reformansatz des Kaisers mit den Zielvorstellungen der „Boxer“.

1. *Charakterisieren Sie die Besonderheiten indirekter Herrschaft am Beispiel Chinas.*
2. *Vergleichen Sie das Eindringen und die Machtübernahme der Briten in Indien mit dem Vorgehen der Imperialmächte in China im Hinblick auf ihre Hintergründe, die Art des Vorgehens und die Folgen.*
3. *Läßt sich das Verhältnis der Industrieländer zu den Entwicklungsländern heute als indirekte Herrschaft interpretieren?*
4. *Erörtern Sie mögliche Ursachen von Rückständigkeit.*

79 Soldaten der am Boxerkrieg beteiligten Nationen, von links: Engländer, Amerikaner, russischer Marinesoldat, Anglo-Inder, Deutscher, franz. Kolonialsoldat, österreichischer Marinesoldat, Italiener, Japaner.
Warum beteiligten sich so viele verschiedene Staaten an der Niederschlagung des Boxeraufstands?

4.2 Namibia: Ein Land unter direkter Herrschaft

Die Völker der Nama und Herero lebten am Rande der Namib-Wüste, einem etwa 150 km langen Küstenstreifen zwischen Angola im Norden und Südafrika im Süden. Sie wurden Opfer der Deutschen, die in den achtziger Jahren des 19. Jahrhunderts die internationale Bühne als Kolonialmacht betraten (▷ Kapitel 3.2.1). Nach der Devise „The flag follows the trade" übernahm das Reich die Schutzherrschaft über das von dem Bremer Kaufmann Adolf Lüderitz 1883 erworbene Land an der Südwestküste Afrikas. Das Vorhaben der Deutschen, Regierungsgewalt über Farbige zu etablieren und gleichzeitig Lebensraum für deutsche Siedler zu schaffen, schuf Konflikte, die auf Dauer nur zu Lasten der dort lebenden Eingeborenen gelöst werden konnten. Die bis zum Ende des Ersten Weltkriegs währende deutsche Kolonialherrschaft in diesem Gebiet ist unlösbar verbunden mit einem der blutigsten und grausamsten Kapitel der Kolonialgeschichte: der fast völligen Ausrottung der Herero.

1884	Bismarck stellt die Erwerbungen von Adolf Lüderitz in Angra Pequeña unter deutschen Schutz.
1893/94	Die Nama unter Hendrik Witbooi erheben sich gegen die deutsche Herrschaft.
1904	Der große Aufstand der Herero (12.1) und Nama (3.10.) bricht aus und wird im Laufe der nächsten Jahre auf Befehl des Generals Lothar von Trotha auf brutalste Weise niedergeschlagen.
1907/1909	Der Kriegszustand wird beendet, Südwestafrika erhält deutsche Selbstverwaltung und eine Landesverfassung.
1914/1919	Im Ersten Weltkrieg wird die Kolonie von Südafrika besetzt; 1919 stellt der Völkerbund das Gebiet unter südafrikanische Mandatsverwaltung.

Herero und Nama

Im Südwesten Afrikas, dem heutigen Namibia, lebte ursprünglich das Jäger- und Sammler-Volk der Buschleute. Als Mitte des 18. Jahrhunderts die Stammesverbände der Herero und Nama allmählich von Norden und Süden einwanderten, verdrängten diese nach und nach die Urbevölkerung und bestimmten bis zum Eintreffen der Deutschen das Schicksal des Landes. Die zu der Gruppe der Bantu gehörenden Herero setzten sich seit der Mitte des 18. Jahrhunderts im nördlichen Bergland Südwestafrikas fest. Sie lebten ausschließlich von der Viehzucht und kannten keinen Privatbesitz am Weideland; ihr Volk war in von Häuptlingen mit priesterlichen Funktionen geleitete Stämme und Sippen untergliedert und lebte in Runddörfern, den sogenannten „Werften".

Die Nama (auch Hottentotten oder Khoikhoi genannt) waren mit ihrem zierlichen Körperbau und der eher rötlichen Hautfarbe den Buschleuten verwandt. Wenn von den „roten und schwarzen Menschen" gesprochen wurde, so waren damit Nama und Herero gemeint. Die Nama lebten nomadisierend als Rinder-, Schaf- und Ziegenhirten sowie als Jäger und Sammler und waren ebenfalls in Sippen- und Stammesverbände unterteilt. Sie wanderten in zwei Schüben aus dem Süden in das Land ein; mit der zweiten Einwanderungswelle kamen die sog. „Orlam-Stämme", die vorher unter der Herrschaft der Buren (▷ Kapitel 3.1.1) gelebt hatten. Sie kannten bereits Feuerwaffen, Pferde, Ochsenkarren und europäische Kleidung; einige sprachen sogar kapholländisch und waren christlich getauft.

Stammeskonflikte

Zwischen den Herero und Nama, die beide auf der Suche nach guten Weideplätzen für ihr Vieh waren, entbrannten fast während des ganzen 19. Jahrhunderts blutige Kriege. Unter ihrem Häuptling Jonker Afrikaaner (gestorben 1861), der sich als Christ verstand, gelang es dabei den Nama dank ihrer besseren Bewaffnung, die Herero zu unterwerfen, sich im Gebiet des späteren Windhuk niederzulassen und eine Art Hegemonialherrschaft in Südwestafrika zu errichten. Als letzte Orlam-Gruppe hatten sich die Witbooi („weiße Jungen", nach ihren weißen Hüten) unter ihrem Häuptling Kido Witbooi an einem Ort am Fischfluß niedergelassen, dem sie den biblischen Namen Gideon gaben. Die immer wieder aufflackernden Stammeskonflikte erleichterten es später den Deutschen, das Land ihrer Herrschaft zu unterwerfen.

Christliche Mission

Eine wichtige Rolle bei der Kolonisierung Südwestafrikas spielten die christlichen Missionare, die im Dienste der „Rheinischen Missionsgesellschaft" aus Barmen 1842 ins Land gekommen waren. Diese bemühten sich nicht nur um die Bekehrung und christliche Unterweisung der Einheimischen, sondern trieben auch durch eine 1869 eigens gegründete Missions-Handelsgesellschaft einen schwunghaften und einträglichen Handel mit Schußwaffen, Munition, Kleidung, Schuhen usw. Gleichzeitig schalteten sie sich in die Konflikte zwischen Herero und Nama ein, und es gelang ihnen 1870, einen Frieden zwischen den rivalisierenden Gruppen zustande zu bringen, der allerdings nur einige Jahre hielt.

Deutsche Schutzherrschaft

Da die Briten kein Interesse an der unwirtlichen Gegend zeigten, war der Weg für die Deutschen frei, als sich 1883 der Bremer Kaufmann Adolf Lüderitz (▷ S. 66) auf der Suche nach Gold und Diamanten nach Südwestafrika wandte. Er kaufte dem Nama-Häuptling Joseph Fredericks die Bucht von Angra Pequeña (später Lüderitzbucht genannt) einschließlich fünf Meilen Lands und wenig später einen 20 Meilen breiten und knapp 400 km langen Küstenstreifen nördlich des Oranje gegen 260 Gewehre und Waren im Wert von 600 Pfund Sterling ab, wobei er den Häuptling bewußt täuschte. Der Nama-Führer ging von englischen Meilen (1,6 km) aus, Lüderitz dagegen von deutschen Landmeilen von je 7,5 km. Im Laufe des nächsten

Mission. Bereits in der ersten Phase der europäischen Expansion im 16. und 17. Jahrhundert spielte der Gedanke der Mission zur Legitimation der Unterwerfung der Eingeborenen in Amerika und Asien eine wichtige Rolle. Die Entdecker und Konquistadoren waren meist von Priestern begleitet, die in den eroberten Gebieten sofort mit der Bekehrung der Urbevölkerung und der Einrichtung kirchlicher Strukturen begannen. Dabei waren die Geistlichen Wegbereiter, aber auch kritische Begleiter der Kolonisierung. Gerade aus geistlichen Kreisen stammt die erste massive Kritik an der Behandlung der Eingeborenen durch die europäischen Siedler und Soldaten.

Der Gedanke einer systematischen Missionierung, zunächst unabhängig von Eroberungsgelüsten, entstand bei den Protestanten Ende des 18. Jahrhunderts in England und Schottland. Gespeist vom Ideengut der sogenannten Erweckungsbewegung, die sich auf ein tief im Inneren erfahrenes persönliches Glaubenserlebnis berief, entstanden zahlreiche Missionsgesellschaften, die sich zur Aufgabe machten, den „heidnischen" Völkern ebenfalls die Heilsbotschaft zukommen zu lassen. In der zweiten Hälfte des 19. Jahrhunderts verband sich vor allem bei angelsächsischen Missionaren das Missionsmotiv oft mit nationalem Pathos und zivilisatorischem Sendungsbewußtsein, das die koloniale Expansion des Mutterlandes begleitete und ihr gleichzeitig christlich-humane Züge zu verleihen suchte.

Auch auf deutschem Boden entstanden zu Beginn des 19. Jahrhunderts zahlreiche Missionsgesellschaften. Beispielhaft ist die 1828 von Kaufleuten und Fabrikanten gegründete „Rheinische Missionsgesellschaft". Sie machte es sich zur Aufgabe, die Ausbildung und Entsendung von Missionaren vorzubereiten und zu finanzieren. Die Tätigkeitsgebiete dieser Missionsgesellschaft waren vor allem Südwestafrika, Indonesien und China. Unter ihrem Vorsitzenden Friedrich Fabri (1824–1891, Inspektor der Missionsgesellschaft 1857–1884) leistete die RMG auch einen wichtigen theoretischen und praktischen Beitrag zur Begründung des deutschen Kolonialreichs.

Auf katholischer Seite wurden gleichfalls in der ersten Hälfte des 19. Jahrhunderts päpstliche Missionswerke gegründet (z. B. „Werk der Glaubensverbreitung", „Werk des hl. Petrus" u. a.); dazu kamen zahlreiche Missionsvereine, die sich der Verbreitung des Missionsgedankens und dem Sammeln von Spenden für die Mission widmeten.

Noch heute sind ca. 30 protestantische Missionsgesellschaften und auf katholischer Seite zahlreiche päpstliche Missionswerke, Mönchsorden und andere Gesellschaften in aller Welt aktiv.

Jahres erwarb er den gesamten Küstenstreifen bis zur Grenze des heutigen Angola. Da aber seine geschäftlichen Pläne wenig Gewinn brachten, verkaufte er seine Eigentumsrechte an die 1885 gegründete „Deutsche Kolonialgesellschaft für Südwestafrika", die allerdings genauso wenig Erfolg hatte. Immerhin gelang es Lüderitz, den Schutz des Deutschen Reichs für seine Erwerbungen zu gewinnen. Im September 1884 erkannte England die deutsche Oberhoheit an.

Zunächst waren weder die Nama, die sich von Lüderitz betrogen fühlten, noch die mit England sympathisierenden Herero für eine Zusammenarbeit mit den Deutschen zu gewinnen. Erst als 1889 eine kleine, später verstärkte „Schutztruppe" unter dem kolonialerfahrenen Hauptmann Curt von François (später von Major Leutwein abgelöst) in Südwestafrika eintraf, gelang es den Deutschen nach langwierigen Kämpfen, eine durch Schutzverträge abgesicherte Oberhoheit über die Herero unter Häuptling Kamaharero und über die Nama unter Moses Witbooi (nach dessen Tod unter seinem Sohn Hendrik, ca. 1830–1905) zu errichten. Sie gründeten einen Stützpunkt in Windhuk und planten, aus dem Schutzgebiet eine Siedlungskolonie für deutsche Auswanderer zu machen.

In Schutzgebieten galt die Reichsverfassung nicht, sondern das Wort des Kaisers hatte unmittelbare Gesetzeskraft. Im Auswärtigen Amt wurde eine besondere Kolonialabteilung eingerichtet, die für die zivile und zusammen mit dem Reichsmarineamt auch für die militärische Verwaltung in den Kolonien zuständig war. In den Schutzgebieten selbst waren die Gouverneure die höchste Autorität, denen Bezirksamtmänner, Kolonialbeamte und ab 1903 beratende, aus Siedlern und Beamten bestehende Gouvernementsräte unter- bzw. beigeordnet waren. Den Gouverneuren unterstanden auch die Schutztruppen samt Offizieren und die zum Teil auch mit Eingeborenen besetzten Polizeitruppen. Die farbige Bevölkerung erhielt einen besonderen Rechtsstatus und lebte weitgehend nach dem traditionellen Stammesrecht. Bei Streitigkeiten zwischen Deutschen und Farbigen entschieden selbstverständlich die für die Deutschen zuständigen Gerichte.

Schutzgebiet mit einer Zwei-Klassen-Gesellschaft

Als Gouverneur von Südwestafrika bemühte sich Theodor Leutwein (1849–1921) um ein gutes Verhältnis vor allem zu den Stammeshäuptlingen. Diese sollten als zwischengeschaltete Ordnungskraft fungieren und ihren Untertanen die deutsche Oberherrschaft auf möglichst wenig spürbare Weise vermitteln. Auf der anderen Seite stand er unter dem ständigen Druck der deutschen Siedler, die ein härteres Durchgreifen vor allem gegen die selbstbewußten Herero forderten. Außerdem häuften sich Fälle von Landspekulation durch staatlich konzessionierte Siedlungsgesellschaften. Leutwein machte sich an die schwere Aufgabe, die Interessen der Siedler zu wahren, gleichzeitig den Eingeborenen ihre Existenzgrundlage nicht zu entziehen und auf diese Weise die ihm unterstellte Kolonie mit friedlichen Methoden zu verwalten. Seine Vorstellungen gingen dahin, aus dem Schutzgebiet ein

Protektorat / Schutzherrschaft. Das Instrument der Schutzherrschaft wurde – vor allem im 19. Jahrhundert – häufig benutzt, um die faktische Beherrschung anderer Staaten bzw. Gebiete durch einen stärkeren Staat völkerrechtlich zu legitimieren und gleichzeitig zu verschleiern. Inhaltlich bestand es in einer vertraglichen Abmachung, durch die sich ein Staat dem Schutz eines anderen gegen einen angeblichen oder tatsächlichen Feind unterstellte und diesem gleichzeitig bestimmte Privilegien auf seinem Territorium einräumte (Truppenstationierung, Zoll- und Handelsprivilegien u. ä.). Besonders das Deutsche Reich bediente sich Ende des 19. Jahrhunderts des Instruments der Schutzherrschaft bei der Errichtung seines Kolonialreichs in Afrika. Seit Beginn der Dekolonisation seit dem Zweiten Weltkrieg war die Auflösung der Protektoratsverträge ein beliebtes Mittel für die ehemaligen Kolonien, auf friedliche Weise die Unabhängigkeit zu erlangen. Einen Sonderfall stellen die vom Deutschen Reich in der Zeit der nationalsozialistischen Herrschaft proklamierten Protektorate Böhmen und Mähren sowie Slowakei dar, bei denen es sich im Grunde um nichts anderes als um eine verschleierte Annexion dieser Gebiete handelt.

80 Gouverneur Leutweins Ideal. Zeichnung aus dem Jahre 1906.

Gemeinwesen mit einer Zwei-Klassen-Gesellschaft zu machen: den politisch und wirtschaftlich dominierenden deutschen Siedlern sowie den einheimischen Herero und Nama als Bürgern zweiter Klasse. Diese Konstellation mußte jedoch zwangsläufig zu Konflikten um die Weideflächen zwischen den Deutschen und den Eingeborenen führen.

Vollends schwierig und letztlich verhängnisvoll für die schwarze Bevölkerung wurde die Lage, als 1897 eine Rinderpest ausbrach, der bald darauf eine Malariaepidemie folgte; beide Seuchen trafen vor allem die Herero. Sie wurden des größten Teils ihres Viehbestands und damit ihrer Lebensgrundlage beraubt, und viele starben, durch Milchmangel geschwächt, an der Malaria. Um überleben zu können, waren sie gezwungen, sich als Lohnarbeiter zu verdingen, und sie wurden so stärker vom europäischen Warenangebot abhängig. Da sie nur noch über wenige Rinder als Tauschobjekte verfügten, mußten sie nun immer öfter Land an die Weißen verkaufen. So wechselten ab 1898 große Teile des Herero-Landes ihren Besitzer. Dabei kam es häufig zu Auseinandersetzungen, da nach der Auffassung der Herero Land nicht in Privateigentum überführt werden konnte, sondern nur zur Niederlassung oder Nutzung überlassen wurde. Und vor den deutschen Ortsgerichten bekamen die Weißen in der Regel recht.

Nach dem Bau einer Eisenbahnlinie zwischen Swakopmund und Windhuk zogen zahlreiche deutsche Kolonisten ins Land, die sich im Hererogebiet niederließen, sich meist als „Herrenmenschen“ gebärdeten und sich häufig mit unlauteren oder betrügerischen Mitteln Land verschafften; auch Mißhandlungen und drakonische Bestrafungen der Eingeborenen auch bei geringfügigen Vergehen machten böses Blut. Eine besonders üble Rolle spielten die Händler, die die Unerfahrenheit oder Notlage der Bevölkerung ausnutzten, zu überhöhten Preisen auf Kredit Waren verkauften und bei Zahlungsunfähigkeit rücksichtslos Land und Vieh beschlagnahmten. So war die friedliche Koexistenz zwischen Schwarz und Weiß, die Leutwein vorgeschwebt hatte, ernstlich gefährdet.

Reservate

Schon 1895 hatte die Rheinische Mission den Vorschlag gemacht, den Eingeborenen unverkäufliche Reservate zuzuteilen, in denen sie unbehelligt von den Weißen leben könnten. Eine erste Frucht dieses Bemühens war eine kaiserliche Verordnung von 1898, die den Nama ein Reservatsgebiet von 120 000 Hektar garantierte. Nach der verheerenden Viehpest und dem Vordringen der weißen Siedler wand-

81 Aufstand der Herero und Nama in Deutsch-Südwestafrika 1904/05.

ten sich nun auch einige Hererohäuptlinge an Gouverneur Leutwein und baten um Einrichtung eines großen Hereroreservats. Das im Dezember 1903 gebildete Reservat enttäuschte jedoch die Hoffnungen der Herero: Ihr bisheriges Hauptwohngebiet gehörte nicht dazu, so daß sie das beste Weideland verloren.

Aufstand der Herero und Nama

Nach dieser Enttäuschung zeigte sich, daß die Loyalität der Häuptlinge in erster Linie Gouverneur Leutwein galt, von dem sie sich insgesamt fair behandelt fühlten, kaum aber den Siedlern, Kolonialbeamten und Militärs oder gar dem Deutschen Reich. Als sich bei den Herero zu Beginn des Jahres 1904 das Gerücht verbreitete, Leutwein sei bei der Niederschlagung von Unruhen im Süden des Landes im Kampf gefallen, befürchtete der Oberhäuptling der Herero, Samuel Maharero, ohne den Schutz des Gouverneurs hilflos den Machenschaften der deutschen Siedler ausgeliefert zu sein. Er fühlte sich nicht mehr an die getroffenen Abmachungen gebunden und stellte sich an die Spitze eines Aufstands gegen die Herrschaft der deutschen Siedler und Kolonialherren. Die Niederschlagung dieses Aufstandes stellt eines der düstersten Kapitel der kurzen deutschen Kolonialgeschichte dar.

Dem letzten Versuch der Herero, das Joch der deutschen Oberhoheit abzuschütteln, die ihre Lebensgewohnheiten und -grundlagen gefährdete, schlossen sich im Oktober des Jahres 1904 auch die Nama an. Diese hatten zwar zunächst den Deutschen Waffenhilfe geleistet, als jedoch die Leitung der militärischen Operationen Generalleutnant Lothar von Trotha übertragen wurde, fühlten sich Witbooi und seine Leute nicht mehr an das mit dem Gouverneur geschlossene Abkommen gebunden. Sowohl die Herero als auch die Nama waren hervorragende und ausdauernde Kämpfer, bestens vertraut mit Klima und Gelände, und konnten ausgezeichnet reiten und schießen.

Anders als Leutwein, der aus wirtschaftlichen und wohl auch aus humanitären Gründen die Eingeborenen zwar unterwerfen, aber nicht ausrotten wollte, plante von Trotha die Vernichtung der Herero. Nach dem Sieg am Waterberg im August 1904 trieben seine Truppen das geschlagene Volk in die wasserlose Omaheke-Wüste im Osten und riegelten das gesamte Gebiet auf eine Länge von 250 km ab, so daß ein großer Teil verdurstete. Schätzungsweise zwischen 30 und 50% des gesamten Herero-Volkes verloren auf diese Weise ihr Leben. Die Gefangenen ließ

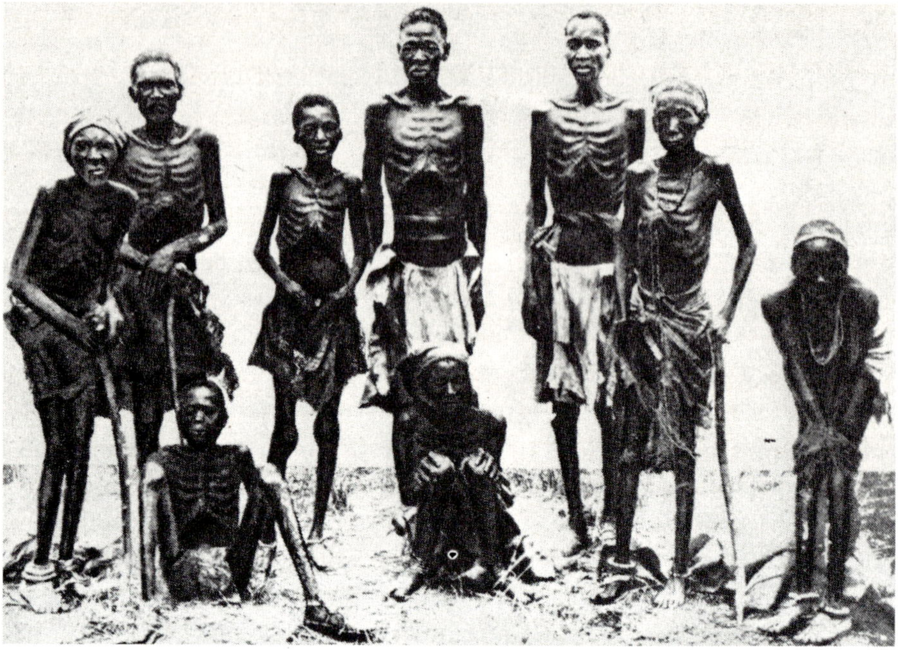

82 Halbverhungerte Herero, 1904 von den deutschen Truppen in der fast wasserlosen Omaheke-Wüste eingeriegelt.
Vergleichen Sie Anspruch und Wirklichkeit deutscher Kolonialherrschaft miteinander (siehe auch M 80) und geben Sie eine Begründung für die Diskrepanz zwischen beiden.

von Trotha, der inzwischen Leutwein als Gouverneur abgelöst hatte, Zwangsarbeit beim Bahnbau leisten. Durch kaiserlichen Erlaß verlor das Volk der Herero sein gesamtes Land. Das dezimierte Volk wurde auf Befehl des Zivilgouverneurs Friedrich von Lindequist in Internierungslagern zusammengefaßt und bei öffentlichen Arbeiten eingesetzt. Seine Verordnung im Jahre 1907 schränkte schließlich die Lebensbedingungen der Hereros rigoros ein (▷ M 91). Der Kampf mit den Nama hatte den Charakter eines Guerillakrieges und zog sich noch etwas länger hin. Erst nach dem Tod des achtzigjährigen Hendrik Witbooi am 29. 10. 1905 brach der Widerstand allmählich zusammen. Von Trotha erhielt den Orden „Pour le mérite".

Das Ende von Deutsch-Südwestafrika

Bald nach Beginn des Ersten Weltkriegs marschierten südafrikanische Truppen in die deutsche Kolonie ein, der die zahlenmäßig kleine Schutztruppe hoffnungslos unterlegen war. Am 9. Juli 1915 kapitulierte Gouverneur Theodor Seitz, und das Gebiet wurde von Südafrika annektiert. Nach dem Krieg und dem Verlust aller deutschen Kolonien sprach die Konferenz von Versailles Südafrika das Mandat über das ehemalige Deutsch-Südwestafrika zu.

83 **Harmlose Viehzüchter und Arbeiter für Essen, Schnaps und Kautabak?** Auszug aus der Denkschrift von Adolf Lüderitz (▷ S. 66, 104 f.) an die Deutsche Kolonialgesellschaft für Süd-Westafrika vom 25. 2. 1885:

Was die Eingeborenen anbetrifft, so sind es harmlose Menschen die hauptsächlich von Viehzucht und Jagd leben. Wie alle Nomaden sind die Leute aber faul zum Arbeiten und deßhalb findet man auch keinen Ackerbau, selbst wo im Innern Wasser genug vorhanden ist. Die Sicherheit für Reisende im Lande ist unbedingt. Ich habe selbst Monate lang unter den Hottentotten und Buschleuten zugebracht. Händler reisen seit Jahren im Lande umher etc. und noch nie ist irgend Jemand ermordet worden.

Die Missionare (Rheinische Mission) haben großen und guten Einfluß bei den Eingeborenen, und kein Häuptling unternimmt Etwas ohne seinen Missionar

um Rath zu fragen. Sämmtliche Missionsberichte bestätigen oben Gesagtes.
Die Namaquas haben ihre Rinder- Schaaf- Ziegen- und Pferdezucht und bilden diese Thiere ihren Reichthum. [. . .] Die Herreros sind günstiger situirt wie die Namaquas, da bei ihnen mehr Regen fällt und sie in Folge dessen auch ausgedehntere Weideflächen besitzen. Sie sind ausgezeichnete Viehzüchter und giebt es einzelne unter ihnen die 10–12000 Stück Vieh besitzen. Auch Hier wird hauptsächlich Tauschhandel gegen Vieh getrieben. Da Ochsen z. B. 3–4 £ kosten, wogegen ungefähr 1–1½ £ Werth Waare gegeben werden, so läßt sich event. mit Nutzen Fleisch in getrocknetem oder eingesalztem Zustande exportiren, wie es z. B. von Australien und Südamerika der Fall ist.
Die Damaras sind gute Arbeiter für Minenbetrieb etc. und wenn dieser in Betrieb gesetzt wird, so genügt es, für vielleicht je 6 Eingeborene [. . .] einen Weißen anzustellen unter dessen Leitung sie zu stehen kommen. Ich habe s. Z. mit ca. 30 Hottentotten und Buschleuten 7 Dämme durch den Kleinfontain gelegt, und arbeiteten die Leute gut und willig für das Essen, und einen Schnaps nebst 1 Stück Kautabak den sie Abends bei Feierabend von mir bekamen. Während der 8 Tage die ich dort war, passirte auch nicht eine Ausschreitung.

C. A. Lüderitz (Hg.), Die Erschließung von Deutsch-Südwest-Afrika durch Adolf Lüderitz, Akten, Briefe und Denkschriften, Abhandlungen und Vorträge herausgegeben von der Wittheit zu Bremen, Bd. 16, Heft 1, Oldenburg 1945, S. 110 f.

a) Nehmen Sie Stellung zur Beurteilung der Charaktereigenschaften der Eingeborenen durch Lüderitz.
b) Welche wirtschaftlichen Perspektiven entwickelt er?
c) Interpretieren Sie den Text im Hinblick auf seinen Adressaten.

84 **Mission und Schutzherrschaft.** Gouverneur Theodor Leutwein (▷ S. 105 f.) über die Rolle der Mission in Südwestafrika:

Ein entschiedenes Verdienst hat sich dagegen die Mission in Südwestafrika um die Aufrichtung der deutschen Schutzherrschaft erworben. War es doch überhaupt schon ein günstiger Umstand, daß wir im Lande gerade eine deutsche Mission vorgefunden haben. Als die Frage, ob englische oder deutsche Schutzherrschaft an die Eingeborenen herantrat, waren es im wesentlichen die Missionare, die durch ihr Eingreifen die Entscheidung für Deutschland herbeigeführt haben. Auch später, als es galt, mit den zur Verfügung stehenden geringen Mitteln unsere nominelle Schutzherrschaft in eine tatsächliche umzuwandeln, waren es wieder die Missionare, die als Dolmetscher und Vermittler diese Frage in friedlichem Sinne lösen halfen. Ohne deren vermittelnde Aufklärung würde es vielleicht während des Zuges des Majors v. François und von mir im Jahre 1894 durch das Namaland an manchem Platze lediglich aus Mißtrauen und Mißverständnis auf seiten der Eingeborenen zum Schießen gekommen sein. Eine nichtdeutsche Mission würde diese überaus wertvolle politische Mitarbeit nicht haben leisten können. Als Gegenwert hat die Mission in dem bisher durch Kriege zerrütteten Lande Ruhe und Frieden eingetauscht, aber auch das Zuströmen zweifelhafter weißer Elemente, die durch ihr bloßes Vorhandensein ihre Arbeit unter den Eingeborenen zu erschweren geeignet waren. Überhaupt ist eine starke weiße Einwanderung angesichts der ohnehin auf lockeren Füßen stehenden Moralbegriffe der Eingeborenen der Missionsarbeit nicht förderlich. Da aber die Regierung für die weiße Rasse gleichfalls „Ellbogenfreiheit" zu schaffen hatte, kam es dem oft allzu starken Eintreten der Missionare für ihre Pflegebefohlenen gegenüber in der Folge auch zwischen diesen und der Verwaltung zu mancher Meinungsverschiedenheit, so in der Reservats- wie in der Landverkaufsfrage. Meist aber wurden bei der auf beiden Seiten vorhandenen Neigung zum Entgegenkommen solche leicht wieder ausgeglichen.

Theodor Leutwein, Elf Jahre Gouverneur in Deutsch-Südwestafrika, Berlin 1906, S. 279 f.

a) Beschreiben und bewerten Sie die Rolle der Mission für die Kolonisierung Südwestafrikas.
b) Ziehen Sie Vergleiche zur Rolle der Mission bei der Errichtung des spanischen Kolonialreichs.

85 **Deutscher Schutz für einen souveränen Stammesherrscher?** Gespräch zwischen Curt von François, 1891–1894 Landeshauptmann in Südwestafrika, und Hendrik Witbooi am 9. 6. 1892:

1. Ansprache des Hauptmanns und Kommissars: [...] Ich komme als Freund, um Euch den guten und besten Rat zu geben, doch das zu tun, was dieser Tage alle anderen Kapitaine des Landes getan haben, nämlich Euch unter deutschen Schutz zu stellen. Mit dem nächsten Schiff kommt eine große Anzahl Menschen aus Europa, und die müssen beschützt werden. Die deutsche Regierung ist verpflichtet, alle Menschen zu beschützen, die sich unter ihren Schutz gestellt haben. Sie kann nicht die einen beschützen und die anderen schutzlos lassen. [...]

4. Der Kapitain antwortet: [...] Was ist Schutz? Wovor werden wir beschützt, vor welcher Gefahr, Mühseligkeit und Not wird ein Oberhaupt von einem anderen Oberhaupt geschützt?

5. Der Hauptmann und Kommissar antwortet: Ihr werdet beschützt vor den Buren und anderen starken Nationen, die beabsichtigen, in dieses Land zu kommen, hier zu bleiben und sich hier zu betätigen, wo es ihnen paßt, ohne die Kapitaine des Landes um Erlaubnis zu bitten. [...]

6. Der Kapitain antwortet: Ich denke folgendermaßen darüber: Die Sache erscheint mir unmöglich und wunderlich; ich kann sie nicht verstehen. Ein jeder Kapitain regiert sein Volk und Land selbständig und ist unabhängiges Oberhaupt seines Landes und Volkes. Er hat sein Volk gegen jede Gefahr oder Not, die über sein Volk kommt oder ihm Schaden zufügen könnte, zu beschützen. Aus diesem Grund gibt es verschiedene Königreiche, und jeder Kapitain sorgt für sein Volk und Land und beherrscht es. Wenn nun ein Kapitain einem anderen unterstellt ist, dann ist der Unterstellte nicht mehr unabhängig und nicht mehr sein eigener Herr und nicht mehr Herr seines Volkes und Landes; denn wer einem anderen unterstellt ist, ist nur ein Untertan dessen, der ihn beschirmt, denn der steht oben, und wer über ihm steht, ist sein Herr, Vorgesetzter und Oberhaupt. Ich kann wahrlich keine Möglichkeit sehen, um einen Kapitain, der sich einem anderen unterstellt, als unabhängigen Kapitain zu bezeichnen, der tun kann, was ihm beliebt. Dieses Afrika ist das Land von uns roten Kapitainen. Wenn über einen von uns eine Gefahr kommt und er sich zu schwach fühlt, ihr allein zu begegnen, so kann er zu seinen Mitbrüdern, den Kapitainen der roten Volksstämme sagen: „Kommt Bruder, oder Brüder, laßt uns für unser Land Afrika zusammenstehen und die Gefahr abwenden, die mit Gewalt in unser Land eindringen will.“ Denn nach Farbe und Lebensart gehören wir zusammen, und dieses Afrika ist als Ganzes das Land der roten Kapitaine. Daß wir verschiedene Königreiche und Gebiete besitzen, bedeutet nur eine nebensächliche Unterteilung Afrikas.

7. Der Hauptmann und Kommissar antwortet: Was der Kapitain soeben gesagt hat, ist wahr und richtig; ich kann auch nicht unter einem anderen Herrn stehen. Der Kapitain sollte aber wohl bedenken, daß er nicht gezwungen ist, den Schutz anzunehmen. Es wird dem freien Willen und der Entscheidung des Kapitains überlassen, ob er annehmen will oder nicht. Der Kapitain sollte aber auch Folgendes bedenken und berechnen: Wohl verfügt Ihr über mutige und streitbare Kämpfer, aber was hilft Euch das, wenn Ihr nicht imstande seid, Euch selbst mit Schießbedarf zu versorgen, während ein anderer Mensch, der mit Euch kämpft, reichlich versehen ist und Euch mit Kugeln überschüttet, während Eure Leute das Gewehr verkehrt anfassen und mit Kolben schlagen müssen. Auf so etwas könnt Ihr Euch doch nicht einlassen. [...] Alle Nationen, das deutsche, englische, russische, französische, spanische und italienische Volk sind übereingekommen, die Einfuhr von Schießbedarf ganz und gar zu verbieten, so daß weder Waffen noch Munition ins Land kommen.[1] Wenn die Stämme keinen Schießbedarf mehr erhalten, so werden sie den Krieg, der alles zerstört und behindert, einstellen müssen; er behindert das freie Leben, behindert Arbeit, Handel und Wandel.

8. Der Kapitain antwortet: Ich kann das Werk und den Plan von Euch großen Leuten durchaus nicht loben, kann es durchaus nicht gutheißen und kann es nicht als recht und billig bezeichnen; denn lediglich Euren Verboten der Einfuhr von Waffen ist es zu verdanken, daß der Krieg so lange dauert. Ich bekomme nicht mehr soviel Schießbedarf, wie ich benötige, um den Krieg so zu führen, wie ich möchte. Ich denke über Waffen und Munition ganz anders als Ihr. Ihr weißen Menschen besitzt Verstand und Kenntnisse genug, um alle dem menschlichen Leben nötigen und erforderlichen Dinge herzustellen. Über Schießbedarf aber denke ich folgendermaßen. Ich verstehe darunter eine freie, der Allgemeinheit zugängliche Sache, die Ihr Euch nicht allein zueignen und für die Ihr keine Verbote erlassen könnt. Laßt Waffen frei ins Land kommen; denn unser irdisches Leben besteht aus Schießbedarf.

Mittels Schußwaffen leben wir von Wild, und der Mensch schützt sich durch sie vor Angriffen der Menschen und der wilden Tiere. [...] Zweitens: Der Herrgott hat [...] den Krieg wegen der Sünde der Menschen auf die Erde gebracht, um Sündhaftigkeit und Ungerechtigkeit eines Volkes bestrafen zu können; mit der Peitsche können Sünde und Ungerechtigkeit eines Volkes nicht gestraft werden. Der Herr ruft ein Volk auf und gibt ihm Auftrag, ein anderes zu schlagen; er hat das Schießzeug demnach als Zuchtrute geschaffen. Aus diesem Grund erscheint es mir nicht recht, wenn Ihr die Waffeneinfuhr sperrt. Schießbedarf ist für mich so frei wie Regen, und wenn es heute regnen will, so regnet es auf jeden Menschen und auf jedes Stück Land, wie es will. [...] Ihr seid fremde Menschen, die erst seit kurzem in dieses Land gekommen sind; aber Ihr habt in dieser kurzen Zeit bereits das ungerechte Leben und Treiben des Hererovolkes beobachtet. Ihr sagt selbst, daß schon so viele Klagen über deren Missetaten bei Euch eingelaufen sind. Der Herero ist ein Mordbube; er erschlägt und verzehrt Menschen. Es geschieht ihm deshalb nur recht, wenn sich die roten Kapitaine wider ihn erheben und schlagen, damit er zur rechten Erkenntnis der Wahrheit und Gerechtigkeit komme. Aber nun sperrt Ihr uns den Schießbedarf und behauptet, daß dadurch Frieden werden wird. [...]

Hendrik Witbooi, Afrika den Afrikanern, Aufzeichnungen eines Nama-Häuptlings aus der Zeit der deutschen Eroberung Südwestafrikas 1884 bis 1894, hg. von Wolfgang Reinhard, Berlin/Bonn 1982, S. 126–132

1 François bezieht sich hier auf einen Beschluß der internationalen Antisklavereikonferenz von Brüssel 1890 gegen die Einfuhr moderner Waffen in Sklavenhandelsgebiete, der allerdings auf Südwestafrika kaum anwendbar ist.

a) Stellen Sie die Rechtspositionen Witboois und der Deutschen einander gegenüber und prüfen Sie ihre Legitimität.
b) Beurteilen Sie den Argumentations- und Verhandlungsstil von François.
c) Welche Rolle spielt der Waffenhandel in Witboois Argumentation? Warum legt er so großen Wert auf den freien Zugang zu Feuerwaffen?
d) Welche Angebote macht François an Witbooi und wie sind diese Angebote zu beurteilen?

86 Unter Hendrik Witbooi erheben sich die Nama 1904 gegen die deutsche Herrschaft.

87 **Warnung vor den Deutschen.** Brief Hendrik Witboois an Joseph Fredericks, Häuptling des Nama-Stammes von Bethanien, 27. 6. 1892:

Mein lieber Kapitain Joseph Fredericks! Ich schicke Euch diese paar Zeilen und ersuche Euch sehr freundlich und aufrichtig zu Eurem und meinem Besten um Folgendes. Ich erfahre, daß Ihr einem Weißen namens Hermann Erlaubnis gegeben habt, auf Nomtsas zu wohnen. Ich schreibe Euch in dieser Sache, um Euch mitzuteilen, daß ich damit nicht einverstanden bin, und daß ich nicht haben will, daß Ihr Weißen Farmplätze auf meinem Gebiet gebt. Ich wünsche auch nicht, daß Ihr einem Weißen einen Platz auf Eurem Gebiet gebt. Ich denke so: dieses Afrika ist das Land der roten Kapitaine; wir sind von derselben Farbe und Lebensart, haben gemeinschaftliche Gesetze, die für uns und unsere Leute genügen. Wir sind nicht hart gegeneinander, sondern ordnen Dinge in Frieden und Brüderschaft. Wenn Leute eines Kapitains mit Menschen eines anderen Kapitains auf demselben Platz wohnen, so halten sie Frieden, und die Kapitaine haben nichts dagegen. Sie stellen keine Gesetze gegeneinander auf über Wasser, Weide, Wege, um Geld daraus zu schlagen. Für jeden Reisenden, der durch unser Land kommt, halten wir diese Dinge frei zur Verfügung, sei er von roter, weißer oder schwarzer Farbe. Das ist recht und gut und reicht für uns zum Leben. Wir benachteiligen auf diese Art niemanden, weder an seinen Lebensmöglichkeiten noch an seinem Geld, und belästigen keinen Menschen durch Fragerei nach Wasser, Weide und Geld. Die weißen Menschen aber handeln ganz anders. Ihre Gesetze sind unpassend für uns rote Menschen und undurchführbar. Diese unbarmherzigen Gesetze bedrücken den Menschen von allen Seiten; sie kennen kein Gefühl oder Rücksicht darauf, ob ein Mensch reich ist oder arm. Ich bin sehr ungehalten über Euch und alle Kapitaine von Groß-Namaqualand, die Ihr deutschen Schutz angenommen habt und dadurch den weißen Menschen Rechte und Einfluß in unserem Land gebt. Die Sache mit den Deutschen sehe ich mit ganz anderen Augen an. Sie geben vor, Euch vor anderen großen Nationen schützen zu wollen. Mir scheint aber, sie selbst sind die große Nation, die mit Gewalt in unser Land kommen will. Ich sehe sie mit Gewalt regieren und in unserem Land Verbote aufstellen. Ich wünsche deshalb nicht, daß Ihr in unserem Gebiet noch Plätze hergebt, auf denen diese Leute mit [ihren] Gesetzen wohnen, freie Rechte üben und Arbeiten ausführen können. [...] Mit der Ankunft der Deutschen kann ich den Frieden nicht kommen sehen; denn sie rühmen sich ihrer Macht und ihrer Werke zu sehr.

Ich teile Euch, lieber Kapitain, noch mit, daß die Deutschen auch mich zu einem Schutzvertrag aufgefordert haben; ich weigere mich aber, das anzunehmen, und so versuchen sie auf manche Art und Weise, wie sie einen Weg zu mir finden könnten. [...] Für mich bedeutet [der Schutzvertrag] vielmehr Schmälerung, Verachtung und die Errichtung eigener Herrschaft über Kapitaine, Volk und Land; denn die Deutschen lassen sich im Gebiet der Kapitaine nieder, ohne erst um Erlaubnis zu bitten, drängen den Menschen, denen die Gebiete gehören, ihre Gesetze auf, verbieten das freie Herumstreifen auf den Wegen, verbieten ihnen freie Verfügung über ihr eigenes Wasser und über die Weide; sie verbieten den Landeseingeborenen die Jagd auf ihr eigenes Wild; verbieten den Menschen, mit Gewehr auf irgendeinem Platz zu erscheinen; geben den Menschen bestimmte Uhrzeiten und Tage als Termine an und halten die Menschen außerhalb der Wohnplätze an. So hart, unerträglich, unmöglich und schädlich ist das deutsche Gesetz; ferner ist es drückend und kleinlich. Es wirkt nur zum Schaden und zur Bedrückung des Menschen. [...] Ich grüße Euch von Herzen, Euer Freund und Kapitain, Hendrik Witbooi.

Hendrik Witbooi, a. a. O., S. 132–134

a) Beschreiben und erklären Sie die unterschiedlichen Lebensformen und Interessenlagen der Nama und der Deutschen und die sich daraus ergebenden Konflikte.

b) Bewerten Sie die Einschätzung der Deutschen durch Witbooi.

88 **Unproduktive Hereros?** Bericht Theodor Leutweins an den deutschen Reichskanzler Fürst Hohenlohe-Schillingsfürst vom 13. 12. 1894:

Die Hereros scheuen vor zwei Dingen zurück, die mit unseren kolonialen Bestrebungen in direktem Widerspruch stehen. Einerseits wollen sie kein Land an Weiße verkaufen, sondern diesen lediglich die Erlaubnis zum dort wohnen geben, andererseits ihre Ochsenherden nicht verwerten,[1] sondern in das Ungemessene vermehren. Das erste steht der gedeihlichen Entwicklung des Landes direkt im Wege, da ein Weißer, welcher nicht Besitzer, sondern nur Nutznießer desselben ist, nichts dafür tun wird, während die Wasser- und Weideverhältnisse hier noch sehr der Verbesserung harren. Außerdem liegt die ganze Zukunft der Kolonie in dem allmählichen Übergang des Landes aus den Händen der arbeitsscheuen Eingeborenen in diejenigen der Europäer begründet, was auf diesem Wege in der friedlichsten Weise geschehen wird. Das Anhäufen der Ochsenherden dagegen macht die Herero für unseren Handel und Industrie unproduktiv.

Zitiert nach: Horst Drechsler, Aufstände in Südwestafrika, Der Kampf der Herero und Nama 1904–1907 gegen die deutsche Kolonialherrschaft, Berlin 1984, S. 34

1 Die Herero verzehrten kein Fleisch, sondern nutzten ihr Vieh nur als Milchlieferanten.

a) Interpretieren und beurteilen Sie die Begriffe „arbeitsscheu" und „unproduktiv" in ihrem moralischen und wirtschaftlichen Kontext.
b) Welche Rolle spielen im Verkehr zwischen Deutschen und Eingeborenen unterschiedliche Rechtsvorstellungen?

89 **Menschwerdung durch Prügel.** Gesuch der weißen Einwohner des Bezirks Windhoek an die Kolonialabteilung des Auswärtigen Amtes gegen eine mögliche Abschaffung der Prügelstrafe vom 21. 7. 1900. Trotz einiger Versuche der Kolonialabteilung nach 1906, die Strafpraxis zu mildern und in gesetzliche Bahnen zu lenken, änderte sich bis zum Ende der deutschen Kolonialherrschaft in Südwestafrika im Umgang mit den Eingeborenen kaum etwas.

Aus den Verhandlungen des Reichstags ersehen wir, daß daselbst beantragt worden ist, in unseren Kolonien die Prügelstrafe bei Eingeborenen abzuschaffen. Ohne Zweifel liegen diesem Antrag humane Ansichten zugrunde, wie solche aber nur in der Heimat entstehen können, wo man wohl Fragen über Eingeborene theoretisch erörtern kann, aber jede praktische Erfahrung für dieselben noch gänzlich fehlt. Da wir nun in der Aufhebung der Prügelstrafe bei Schwarzen eine ernstliche Bedrohung der gesunden wirtschaftlichen Entwicklung unserer Kolonie sehen, so halten wir es für unsere Pflicht, die Kolonial-Abteilung des Auswärtigen Amtes sehr ergebenst zu bitten, der Gefahr vorzubeugen, welche unserer Kolonie durch Aufhebung der Prügelstrafe drohen würde. Die erste Vorbedingung für eine richtige Behandlung der Eingeborenen ist, daß man sich über ihre Lebensanschauung und ihren Gesichtskreis klar wird. Unsere Eingeborenen leben seit Urzeiten in Faulheit, Roheit und Stumpfsinn in den Tag hinein; je schmutziger sie sind, desto wohler fühlen sie sich. Für jeden Weißen, der unter Eingeborenen gelebt hat, ist es nicht gut möglich, dieselben als Menschen im europäischen Sinne anzusehen; sie müssen erst mit endloser Geduld, Strenge und Gerechtigkeit im Laufe der Jahrhunderte dazu erzogen werden. Für Milde und Nachsicht hat der Eingeborene auf die Dauer kein Verständnis; er sieht nur Schwäche darin und wird infolgedessen anmaßend und frech gegen den Weißen, dem er doch nun einmal gehorchen lernen muß, denn er steht geistig und moralisch doch so tief unter ihm.

Ehrgefühl darf man bei dem Eingeborenen nicht suchen, weshalb auch entehrende Strafen für ihn zwecklos sind. Entziehung der Freiheit faßt er falsch auf, bekommt er doch bei Gefängnis seiner Meinung nach gute Wohnung und besseres Essen als er selbst hat. Als Strafe war ihm bisher nur körperliche Züchtigung bekannt, und die muß naturgemäß auch beibehalten werden, bis er in späteren Zeiten einmal mehr Mensch geworden ist. Wie die Erfahrung gelehrt hat, haben die in Südafrika geborenen Weißen ihre Eingeborenen zu den relativ brauchbarsten Arbeitern erzogen; sie kränkeln nicht an einer übertrieben humanen Auffassung, sondern geben ihren

Eingeborenen bei Bedarf ihre verdiente Züchtigung. Der Eingeborene fühlt sich bei ihnen wohl und arbeitet gern bei ihnen. Ob die Prügelstrafe beibehalten wird oder nicht, der eingeborene Kapitän [Häuptling] wird sich nicht daran kehren, wodurch letzterer eine größere Gewalt über die Eingeborenen bekommt als der Weiße, der dadurch in seinem Ansehen sinken muß.

Wir wiederholen deshalb nochmals unsere ergebene Bitte, uns in der Erziehung der Eingeborenen nicht die Hände zu binden, sondern die notwendige Prügelstrafe bei denselben gütigst bestehen zu lassen.
75 Unterschriften

Zitiert nach: Fritz Ferdinand Müller, Kolonien unter der Peitsche, Berlin 1962, S. 55 f.

a) Charakterisieren Sie das Menschenbild der Eingeborenen und der Siedler, das in diesem Dokument zum Ausdruck kommt.
b) Vergleichen Sie diesen Text mit Carl Peters' Gedanken über Kolonialismus (M 51).

90 Die Vernichtung der Herero

a) Bericht Theodor Leutweins an das Kolonialamt vom 23. 2. 1904:

In Kolonialfragen muß neben dem Führer immer der Diplomat stehen. Die Aufständischen müssen wissen, daß ihnen auch noch ein Rückweg freisteht, welcher nicht auf alle Fälle zum Tode führt. Andernfalls treiben wir sie zur Verzweiflung und ein nicht endenwollender Krieg ist die Folge, bei welchem der Nachteil auf unserer Seite ist. Denn die Eingeborenen haben dann nichts mehr zu verlieren, als das ohnehin verlorene Leben, während wir infolge des Stillstandes unserer Kolonisationsarbeit täglich Einbuße erleiden. [...]
Was nun die künftigen Unterwerfungsbedingungen betrifft, so stimme ich mit der hohen Abteilung darin überein, daß es für die Hereros nach allen ihren Untaten nichts anderes mehr geben kann als bedingungslose Übergabe. Auf der anderen Seite kann ich mich auch nicht mit denjenigen unüberlegten Stimmen einverstanden erklären, welche die Hereros nunmehr vollständig vernichtet sehen wollen. Abgesehen davon, daß ein Volk von 60 000–70 000 Seelen sich nicht so leicht vernichten läßt, würde ich eine solche Maßregel für einen schweren wirtschaftlichen Fehler halten. Wir bedürfen der Hereros noch als kleine Viehzüchter und besonders als Arbeiter. Nur politisch tot muß das Volk gemacht werden. Wenn es einigermaßen zu erreichen ist, so dürfen sie keine Stammesregierung mehr besitzen und müssen in Reservate eingedämmt werden, welche für ihre Bedürfnisse gerade ausreichen.

Zitiert nach: Horst Drechsler, a. a. O., S. 67 f.

b) Bericht von Trothas an den Chef des Generalstabs der Armee von Schlieffen vom 4. 10. 1904:

Es fragte sich nun für mich nur, wie ist der Krieg mit den Herero zu beendigen. Die Ansichten darüber bei dem Gouverneur und einigen „alten Afrikanern" einerseits und mir andererseits gehen gänzlich auseinander. Erstere wollten schon lange verhandeln und bezeichnen die Nation der Herero als notwendiges Arbeitsmaterial für die zukünftige Verwendung des Landes. Ich bin gänzlich anderer Ansicht. Ich glaube, daß die Nation als solche vernichtet werden muß, oder, wenn dies durch taktische Schläge nicht möglich war, operativ und durch die weitere Detail-Behandlung aus dem Lande gewiesen wird. Es wird möglich sein, durch die erfolgte Besetzung der Wasserstellen [...] und durch eine rege Beweglichkeit der Kolonnen die kleinen nach Westen zurückströmenden Teile des Volkes zu finden und sie allmählich aufzureiben. [...] Da ich mit den Leuten weder paktieren kann noch ohne ausdrückliche Weisung Seiner Majestät des Kaisers und Königs will, so ist eine gewisse rigorose Behandlung aller Teile der Nation unbedingt notwendig, eine Behandlung, die ich zunächst auf meine eigene Verantwortung übernommen und durchgeführt habe, von der ich auch, solange ich das Kommando habe, ohne direkte Weisung nicht abgehe. Meine genaue Kenntnis so vieler zentralafrikanischer Stämme, Bantu und anderer, hat mir überall die überzeugende Notwendigkeit vorgeführt, daß sich der Neger keinem Vertrag, sondern nur der rohen Gewalt beugt. Ich habe gestern vor meinem Abmarsch, die in den letzten Tagen ergriffenen Orlog-Leute [Krieger], kriegsgerichtlich verurteilt, aufhängen lassen, und habe alle zugelaufenen Weiber und Kinder wieder in das Sandfeld [...] zurückgejagt. [...] Andererseits ist die Aufnahme der Weiber und Kinder, die beide zum größten Teil krank sind, eine eminente Gefahr für die Truppe, sie jedoch zu verpflegen eine Unmöglichkeit. Deshalb halte ich es für richtiger, daß die Nation in sich untergeht, und nicht noch unsere Soldaten infiziert und an Wasser und Nahrungsmitteln beeinträchtigt. Außerdem würde irgendeine Milde von meiner Seite von seiten der Herero nur als Schwäche aufgefaßt werden. [...] Dieser Aufstand ist und bleibt der Anfang eines Rassenkampfes, den ich schon 1897 in meinen Berichten an den Reichskanzler für Ostafrika vorausgesagt habe.

Zitiert nach: Horst Drechsler, a. a. O., S. 86 f.

a) Vergleichen Sie die Konzepte Leutweins und von Trothas im Umgang mit den aufständischen Herero und Nama miteinander und nehmen Sie Stellung zu den ihnen zugrundeliegenden Prinzipien.

b) Erörtern Sie den Stellenwert und die kurz- und langfristigen Folgen der beiden Konzepte für die betroffenen Eingeborenen.

91 **Kontrolle durch Paragraphen.** Verordnung des Gouverneurs von Deutsch-Südwestafrika, Friedrich von Lindequist, vom 18. 8. 1907 über die Behandlung der Eingeborenen:

§ 1. Eingeborene können nur mit Genehmigung des Gouverneurs Rechte oder Berechtigungen an Grundstücken erwerben.

§ 2. Den Eingeborenen ist das Halten von Reittieren oder Großvieh nur mit Genehmigung des Gouverneurs gestattet. Diese Vorschrift findet keine Anwendung auf die Bastards von Rehoboth, insoweit sie im Distrikt Rehoboth[1] wohnen und ihr Vieh haben.

§ 3. Die Eingeborenen werden in ein von der Aufsichtsbehörde für Eingeborene (vgl. § 5) geführtes Eingeborenenregister eingetragen. [...]

§ 4. Eingeborene, die herumstreichen, können, wenn sie ohne nachweisbaren Unterhalt sind, als Landstreicher bestraft werden.

§ 5. Namens des Gouverneurs wird bis zur Ernennung besonderer Eingeborenen-Kommissare die Oberaufsicht über die Werften[2] und die Lebensverhältnisse der Eingeborenen von dem zuständigen Bezirksamtmann geführt. [...]

§ 6. Von der Errichtung einer Werft auf einem Grundstück, das vom Eigentümer oder sonst Berechtigten bewohnt oder unter Bewirtschaftung genommen ist, hat dieser unter Angabe der Zahl der in der Werft wohnenden eingeborenen Familien oder Einzelpersonen der zuständigen Aufsichtsbehörde Anzeige zu machen.

§ 7. Mehr als zehn eingeborenen Familien oder einzelnen eingeborenen Arbeitern darf das Wohnen auf einem solchen Grundstück nicht gestattet werden. Eine Überschreitung dieser Zahl ist nur mit Zustimmung der Aufsichtsbehörde zulässig. Die Zustimmung kann an Bedingungen oder Auflagen geknüpft werden.

§ 8. Bezüglich der außerhalb bewohnter und bewirtschafteter Grundstücke lebenden Eingeborenen bestimmt die Aufsichtsbehörde den Ort der Niederlassung und die Zahl der Familien, die dort zusammen wohnen dürfen. Hierunter fallen insbesondere die in der Nähe von größeren Ortschaften errichteten Werften. Es bleibt der Aufsichtsbehörde überlassen, für größere Ortschaften ihres Bezirks oder Distrikts Bestimmungen zu treffen, wonach sich die dort wohnhaften Eingeborenen in der Zeit zwischen 9 Uhr abends und 4 Uhr morgens auf ihrer Werft zu befinden haben.

§ 9. Die Aufsichtsbehörde hat die Verwaltungstätigkeit der mit der örtlichen Aufsicht über die Werften betrauten Personen [...] zu überwachen und insbesondere die im allgemeinen Interesse liegenden Anordnungen zur Regelung der Arbeitsverhältnisse, zur Herbeiführung eines guten Gesundheitszustandes und zur Aufrechterhaltung der Ordnung unter den Eingeborenen zu erlassen.

§ 10. Die örtliche Aufsicht über Eingeborenen-Werften, die sich auf Regierungsland und solchem Land befinden, das noch nicht vom Eigentümer oder sonst Berechtigten bewohnt oder unter Bewirtschaftung genommen ist, wird von den Organen der Aufsichtsbehörde ausgeübt.

§ 11. Die örtliche Aufsicht über andere Werften (Privatwerften) ist Sache des auf dem Grundstücke ansässigen Dienstherrn der Eingeborenen oder dessen Stellvertreters.

§ 12. Derjenige, dem die örtliche Aufsicht über eine Privatwerft obliegt, hat für den Gesundheitszustand und für die Aufrechterhaltung der Ordnung auf der Werft sowie für die Beobachtung der Vorschriften dieser Verordnung durch die Eingeborenen Sorge zu tragen. Er hat ein genaues Verzeichnis der seiner Aufsicht unterstellten Eingeborenen-Behausungen zu führen und darin die Namen und Beschäftigungen der Bewohner und die Nummern ihrer Paßmarken anzugeben.

§ 13. Die mit der Werftaufsicht betraute Person soll sich im Verkehre mit den Bewohnern der ihm unterstellten Werft in der Regel der Vermittlung eines Vormannes bedienen, den er aus der Zahl der Eingeborenen ernennt und der für das Verhalten der Werft verantwortlich zu machen ist. Bei der Bestellung des eingeborenen Vormanns sollen tunlichst die Wünsche der ihm zu unterstellenden Eingeborenen berücksichtigt werden. [...]

§ 15. Eingeborene, die den ihnen durch Vorschriften dieser Verordnung auferlegten Verpflichtungen nicht nachkommen, werden nach Maßgabe der für sie geltenden Bestimmungen bestraft.

§ 16. Zuwiderhandlungen Weißer gegegen §§ 6, 7 Absatz 1 und § 12 Absatz 2 werden mit Geldstrafe bis zu 300 Mark bestraft.

Die deutsche Kolonial-Gesetzgebung, hg. von Dr. Köbner und Gerstmeyer, Bd. 11, Jahrgang 1907, Berlin 1908, S. 345–347

[1] Mischlinge aus der Gegend von Rehoboth; diese hatten sich nicht am Aufstand beteiligt.
[2] Eingeborenensiedlung

a) Arbeiten Sie aus dieser Verordnung die wesentlichen Maßnahmen der deutschen Kolonialverwaltung heraus und untersuchen Sie ihre Motivation.
b) Beschreiben Sie das Verhältnis zwischen Deutschen und Eingeborenen in der Kolonie.
c) Inwiefern ist die Verordnung eine Reaktion auf die Erfahrungen der zurückliegenden Jahre?
d) Vergleichen Sie diese Ordnung mit Leutweins Kolonisierungssystem und kennzeichnen Sie mögliche Veränderungen.

♦

1. *Informieren Sie sich (u. a. mit Hilfe der auf S. 169 angegebenen Literatur) über die heutige Situation Namibias und beschreiben Sie die Auswirkungen der Kolonialzeit und der südafrikanischen Mandatsverwaltung.*
2. *Setzen Sie sich mit der These auseinander, eine geordnete Kolonialverwaltung auf rechtlicher Grundlage sei letztlich doch vorteilhafter für die Bevölkerung als das Regiment der Häuptlinge und ihre ständigen Zwiste.*
3. *Beurteilen Sie die ökonomische und soziale Bedeutung Deutsch-Südwestafrikas für die von der deutschen Kolonialbewegung angestrebten Ziele (▷ Kapitel 3.).*
4. *Vergleichen Sie direkte und indirekte Herrschaft miteinander und diskutieren Sie mögliche Vor- und Nachteile dieser beiden Formen imperialer Machtausdehnung für die Betroffenen.*

Zur Diskussion

Kolonialherrschaft und Unterentwicklung

Seit dem allmählichen Ende der europäischen Kolonialherrschaft in Lateinamerika (19. Jahrhundert), Afrika und Asien (in der Regel nach dem Zweiten Weltkrieg) wird die koloniale Praxis der alten Mächte vor allem angesichts der in den ehemaligen Kolonialländern vielerorts anzutreffenden Unterentwicklung mit Vehemenz angeprangert. Die inzwischen unabhängigen Länder machen dabei in erster Linie die früheren Kolonialmächte für die mangelnde Wirtschaftskraft ihrer Volkswirtschaften, die Ausbeutung von Rohstoffen zu billigen Preisen, schlechte Handelsbedingungen, Monokulturen, Abhängigkeit vom Weltmarkt, Unterernährung und Hunger der Bevölkerung verantwortlich, da die Grundlagen dazu während der Zeit der Kolonialherrschaft gelegt worden seien. Auch in der wissenschaftlichen Forschung der Europäer und Amerikaner ist der mögliche Zusammenhang zwischen Kolonialherrschaft und Unterentwicklung in den letzten dreißig Jahren gründlich untersucht worden.

92 Kolonialismus – Entwicklung – Unterentwicklung: Schuld der Industrieländer oder Schwäche der Dritten Welt?

a) Richard F. Behrendt:

Der Kapitalismus ist die erste Wirtschaftsordnung, die Wege aus dem für fast alle Menschen in allen Zeiten und Kulturen bezeichnenden Urelend, aus hoffnungsloser, als schicksalhaft betrachteter Armut, Unwissenheit, Ohnmacht gegenüber den Oberen im Jenseits und Diesseits und aus kurzem Leben gewiesen und beschritten hat. Daß wir heute überhaupt von Entwicklung und (an ihr gemessen!) Unterentwicklung sprechen und daß wir Entwicklung fordern und fördern können, ist ein Ergebnis des Kapitalismus und der dynamischen Kultur, an deren Herausbildung er entscheidend mitgewirkt hat.

Der kapitalistische Imperialismus hat neben der – in der geschichtlichen Erfahrung selbstverständlichen – Unterdrückung und Ausbeutung auch neue, lebenserhaltende und -bereichernde Möglichkeiten angeboten – und zwar, muß ich hinzusetzen, desto entschiedener, je kapitalistischer, also dynamischer er war. [. . .] Ob dieses Angebot von Möglichkeiten der sozio-ökonomischen Entwicklung angenommen, ob, wieweit und mit welchen Auswirkungen diese Möglichkeiten verwirklicht worden sind – das hing entscheidend von den internen Umständen in den abhängig gewordenen Gesellschaften ab, und zwar im besonderen von folgenden:

(1) Von der autochthonen [einheimischen], traditionalen Kultur und Gesellschaftsordnung der diese Impulse empfangenden Länder und vom Ausmaß des in ihr bestehenden Wandlungspotentials im Sinne von Dynamisierung und Mobilisierung. [. . .]

(2) Von dem Einfluß von Einwanderern aus Ländern, die bereits in Dynamisierung eingetreten waren. Hier sind die puritanischen britischen „Pioniere“ unter den Siedlern in den späteren USA repräsentativ und überhaupt die einstmals angelsächsischen Kolonien, soweit sie von Europäern besiedelt wurden. Sie fanden sehr rasch ihren Weg zu wirtschaftlicher und sozialer Entwicklung und zu nationaler Selbständigkeit.

(3) Von dem Ausmaß der dynamischen Orientierung der jeweiligen Imperialmacht. Spanien und Portugal waren – zum Unterschied von Großbritannien, Frankreich, den Niederlanden – keine Träger kapitalistischer Verhaltensweisen und Methoden, sondern repräsentierten noch weitgehend feudale oder höchstens merkantilistische Ordnungen [. . .].

Meine These ist also, daß die entscheidenden Ursachen der Unterentwicklung interne Faktoren der betreffenden Gesellschaften sind, generell gesprochen Mangel an dynamischen Impulsen und Möglichkeiten in ihrer Kultur und insbesondere in ihrer Wertordnung und ihren gesellschaftlichen Schichtungsstrukturen.

Richard F. Behrendt, Die Zukunft der Entwicklungsländer als Problem des Spätmarxismus, in: futurum 4/1970, S. 574ff., zitiert nach: Rolf Lüpke / Georg Friedrich Pfäfflin, Abhängige Dritte Welt. Ein Arbeitsbuch über Unterentwicklung, Stein/Nürnberg / Freiburg (Schweiz) 1974, S. 30f.

b) Der Schweizer Historiker Max Silberschmidt:

Dieser Prozeß bedeutet auch Modernisierung der Welt in dem Sinn, wie wir den Begriff der Moderne in der europäischen Geschichte verwenden: als Hinwendung zu einer säkularen [weltlichen] Haltung dem Leben gegenüber, als Suche nach Gewinnung neuer Güter für den materiellen Wohlstand, als Streben, die Natur dem Menschen dienstbar zu machen, als Suche nach geistiger Erfassung der Vorgänge im Naturgeschehen und im Weltgeschehen überhaupt, als „Entdeckung der Welt und des Menschen“ (Jacob Burckhardt), aber auch als Versuch einer systematischen Gesamterfassung des Alls. Daß Kolonialgeschichte nichts weniger als die Europäisierung der Erde durch das Werk der Kolonialmächte darstellt, ist uns in der jüngsten Zeit besonders deutlich bewußt geworden, als die Macht der Europäer über fremde Völker bereits ins Wanken geraten war, als neue Völker, die uns bisher dienten, sich als Herren aufzuspielen begannen und sich bereits der Prozeß einer Kolonisation gegen uns abzuzeichnen anfing. Als die Parolen von Freiheit und Unabhängigkeit und Territorialhoheit uns entgegengeschleudert wurden, da konnte nicht mehr zweifelhaft sein, was in den letzten Jahrhunderten geschehen war – die Worte und das sie begleitende Gebaren waren uns wohlvertraut. Es waren Worte, deren wir uns selbst im Kampf um unsere eigene Freiheit bedient haben. [. . .] Die offensichtlichsten Früchte aber hat der Kolonialismus wohl im Bereich von Wirtschaft und Technik getragen. Die Industrielle Revolution Europas hatte einige ihrer wesentlichen Wurzeln in der kolonialen Expansion und in den dadurch sich stellenden Aufgaben. Umgekehrt hat die Industrielle Revolution der kolonialen Entwicklung neue Impulse gegeben und hat schließlich dazu geführt, daß die bisher untertänigen Gebiete das Verlangen verspürten, frei zu werden und die Gestaltung ihrer Wirtschaft und ihres geistigen Lebens selbst an die Hand zu nehmen, um, wie sie glauben, der Früchte ihrer Anstrengungen in vermehrtem Maße teilhaftig zu werden. Uns Europäern bleibt der Vorzug einer einzigartigen kolonialen Erfahrung und die Möglichkeit weiterer entscheidender Einflußnahme. Seit dem Zweiten Weltkrieg geht im Verhältnis zu den „Entwicklungsländern“ die westliche Welt neue, vielversprechende Wege.

Max Silberschmidt, Europa und der Kolonialismus, Zürich 1962, S. 87–89

c) Der Südamerikaner André Gunder Frank:

Es wird allgemein angenommen, daß die ökonomische Entwicklung in der Reihenfolge der Entwicklungsstufen der kapitalistischen Länder verläuft, und daß die Länder, die heutzutage unterentwickelt sind, sich noch auf einer Stufe befinden, die manchmal als ursprüngliches Stadium der Geschichte geschildert wird, durch das die jetzt entwickelten Länder vor langer Zeit hindurchgegangen sind. Selbst eine bescheidene Kenntnis der Geschichte jedoch zeigt, daß die Unterentwicklung nicht ursprünglich oder traditionell ist, und daß weder die Vergangenheit noch die Gegenwart der unterentwickelten Länder in irgendeiner Hinsicht der Vergangenheit der jetzt entwickelten Länder entspricht. Die jetzt entwickelten Länder waren niemals unterentwikkelt, auch wenn sie unentwickelt gewesen sein mögen. Ebenso wird oft angenommen, daß die derzeitige Unterentwicklung eines Landes als das Produkt oder die Reflexion seiner eigenen ökonomischen, politischen, sozialen und kulturellen Besonderheiten oder Struktur verstanden werden könne. Die historische Forschung zeigt jedoch, daß die zur Zeit stattfindende Unterentwicklung zum großen Teil das historische Produkt der vergangenen und andauernden wirtschaftlichen und anderen Beziehungen zwischen den unterentwickelten Satelliten und den jetzt entwickelten Metropolen ist. Weiterhin sind diese Beziehungen ein wesentlicher Teil der Struktur und Entwicklung des kapitalistischen Systems in seinem gesamten Weltumfang.

André Gunder Frank, Lateinamerika: Entwicklung der Unterentwicklung, Berlin 1969, S. 29f.

d) Die Dänen Ellen Brun und Jacques Hersh:

Diese systematische Plünderung von vier Kontinenten im Verlauf der Handelsexpansion des 16. bis 18. Jahrhunderts schuf die Bedingungen für den entscheidenden Vorsprung, den Europa durch die industrielle Revolution und danach erhielt. [...] Hatten die früheren Beziehungen nur recht oberflächliche Folgen für die südlichen Kontinente, so fanden in dieser Periode jene tiefgreifenden Veränderungen statt, die zu den Strukturen führten, die heute für die Entwicklungsländer charakteristisch sind. In Afrika wirkte sich der Sklavenhandel weit über die ehemaligen Kosten hinaus aus. Zu Beginn der Periode, in der der Sklavenhandel auf seine Höhe kam, also zu Beginn des 16. Jahrhunderts, war Afrika [...] im ganzen weder rückständiger noch fortgeschrittener als Europa, und wenn es immer noch Gemeinschaften gab, die fast unverändert so weiterlebten, wie sie es jahrtausendelang getan hatten, so galt das ja auch für Europa. Mit dem Sklavenhandel wurden die bisherigen Entwicklungsverläufe unterbrochen, und dem Kontinent wurden Millionen seiner besten menschlichen Ressourcen geraubt. [...]
Auch in Indien wurde die Gesellschaftsstruktur durch das Eindringen des Westens in ihren Grundfesten erschüttert, und der aufkeimende Umbruch von der „asiatischen Produktionsweise“ zu einer einsetzenden Industrialisierung geriet in Stockung, als die Engländer die indische Textilindustrie zerstörten. Daß sich die englische industrielle Revolution auf den Ruinen der indischen abspielte, ist unbestritten. Andererseits läßt sich die Bedeutung der Schätze, die besonders aus dem reichen Bengalen angeschleppt wurden, für England kaum überschätzen.

Ellen Brun / Jacques Hersh, Der Kapitalismus im Weltsystem. Ein Lehrbuch über Industrie- und Entwicklungsländer, Frankfurt a.M. 1975, S. 42–45

a) Analysieren Sie auf der Basis der vorliegenden Texte den Zusammenhang zwischen Kolonialismus und Unterentwicklung einerseits und Kolonialismus und Industrialisierung bzw. Kapitalismus andererseits.
b) Zeigen Sie auf, inwiefern die Autoren zwischen „unentwickelt“ und „unterentwickelt“ unterscheiden und wie sie „Unterentwicklung“ bewerten.
c) Vergleichen Sie die Texte miteinander und arbeiten Sie Übereinstimmungen, Abweichungen, Schwerpunkte, Auslassungen und Tendenzen heraus.
d) Erörtern Sie, welche politischen und wirtschaftlichen Konsequenzen sich für die Industrieländer und für die Länder der Dritten Welt aus den verschiedenen Beurteilungen ergeben.
e) Prüfen Sie, ob die angeführten Analysen mit den Ihnen bekannten historischen Fakten übereinstimmen und nehmen Sie dazu Stellung.

5. Der Erste Weltkrieg – Gipfel des Imperialismus und Urkatastrophe des Jahrhunderts

5.1 Vorkriegskrisen – Zuspitzung der imperialistischen Konflikte

Nachdem mit der Aufteilung Afrikas und der Durchdringung des asiatischen Raums die Expansion der imperialistischen Mächte an ihre Grenzen gestoßen war, konnte, wenn überhaupt, eine weitere Ausdehnung und Machterweiterung nur noch in Europa selbst erfolgen, was zwangsläufig zu einer direkten Konfrontation mit den europäischen Rivalen führen mußte. Außerdem schlugen notwendigerweise Konflikte an der Peripherie auf das europäische Zentrum zurück. So nahmen die Reibungen und Spannungen zwischen den europäischen Führungsmächten nach der Jahrhundertwende ständig zu. Verschärft und auf eine gleichsam höhere Ebene gehoben wurden diese Konflikte durch die dem imperialistischen Denken und Handeln zugrundeliegenden Ideologien. Politische Interessengegensätze wurden zu weltanschaulichen Kämpfen von universaler Dimension uminterpretiert und erhielten so eine erhebliche Brisanz. Zwei weitere Faktoren verkomplizieren die politische Konstellation in dieser Zeit: Das labile Gleichgewicht der europäischen Mächte untereinander, das durch das Bündnissystem Bismarcks aufrecht erhalten worden war, geriet nach dem Sturz des Kanzlers und der Hinwendung der Deutschen zur „Weltpolitik“ ins Wanken. Außerdem begann auf dem Balkan mit dem allmählichen Zusammenbruch des Osmanischen Reichs ein neuer Krisenherd zu schwelen, der schließlich zur „Urkatastrophe des 20. Jahrhunderts“ (George F. Kennan) führte.

1898	Nach der Eroberung des Sudan durch die Engländer droht bei Faschoda am oberen Nil eine bewaffnete Auseinandersetzung mit den Franzosen.
1904	„Entente cordiale“ zwischen England und Frankreich über Interessenabgrenzung in Ägypten und Marokko.
1905	Erste Marokkokrise: Deutschland schreitet demonstrativ gegen französische Expansionsabsichten in Marokko ein.
1907	Verständigung zwischen England und Rußland in Asien.
1908	Bosnienkrise: Österreich-Ungarn annektiert die osmanischen Provinzen Bosnien und Herzegowina; nach internationalen Protesten (Serbien, Montenegro, Rußland) solidarisiert sich das Deutsche Reich mit Österreich.
1911	Zweite Marokkokrise: Die Konfrontation zwischen Deutschland sowie Frankreich und England verschärft sich nach der Entsendung des deutschen Kanonenboots „Panther“ nach Agadir („Panthersprung“).

Bündnisse und Gegensätze

Gegen Ende des 19. Jahrhunderts bestimmten zwei Bündniskonstellationen das Verhältnis zwischen den europäischen Großmächten: auf der einen Seite der durch den Beitritt Italiens zum Dreibund erweiterte Zweibund zwischen dem Deutschen Reich und Österreich-Ungarn von 1879 und auf der anderen Seite das russisch-französische Bündnis von 1894. Großbritannien, das sich bisher aus den kontinentalen Verflechtungen ferngehalten hatte, sah sich Ende der neunziger Jahre auf Grund zunehmender Konflikte in Europa und Rivalitäten in Afrika und Asien veranlaßt, seine Isolierung aufzugeben und sich auf dem Kontinent nach einem möglichen Partner umzusehen. Gegen Rußland sprachen die Interessen-

93 „Wie sollen wir uns da die Hand geben?!“ Karikatur aus dem Simplicissimus, 1912.
Erläutern Sie die Bedeutung der Flottenrüstung für das deutsch-britische Verhältnis.

gegensätze in Asien und am Bosporus. Das seit langem schon gespannte Verhältnis zu Frankreich wurde durch die Gegnerschaft in Afrika, die in der Faschoda-Krise gipfelte, noch zusätzlich belastet: Im September 1898 traf ein französisches Expeditionskorps, das zur Ostküste Afrikas vorstoßen sollte, bei Faschoda am Weißen Nil auf die von Norden kommenden siegreichen britischen Truppen unter ihrem Oberbefehlshaber Horatio Kitchener (1850–1916), die das Mahdi-Reich im Sudan erobert hatten. Die Briten, die die Verbindung zwischen Ägypten und Südafrika gefährdet sahen, forderten die Rivalen ultimativ zum Abzug auf. Die Franzosen mußten nachgeben, das Gebiet des Oberen Nil räumen und sich auf ihr westafrikanisches Kolonialgebiet zurückziehen. In Frankreich wurde die Niederlage als eine schwere nationale Demütigung empfunden. Nach diesem Konflikt schien Frankreich vorerst als möglicher Bündnispartner für Großbritannien auszuscheiden.

Neue Bündniskonstellationen

Deshalb setzte sich vor allem Kolonialminister Joseph Chamberlain (1836–1914) für ein Zusammengehen mit Deutschland ein. Die deutsche Flottenrüstung (▷ Kapitel 3.2.2) steckte damals noch in den Anfängen und wurde von den Briten zunächst nicht als schwerwiegende Bedrohung empfunden. Um die Jahrhundertwende streckten die Briten daher mehrmals diplomatische Fühler aus, um den Spielraum für ein mögliches Bündnis mit den Deutschen auszuloten. Die deutsche Regierung unter Reichskanzler Bernhard von Bülow (▷ S. 123f.) dagegen war davon überzeugt, wegen des britisch-russischen Gegensatzes einerseits und der französisch-britischen Spannungen andererseits in der Lage des lachenden Dritten zu sein und außenpolitisch „freie Hand“ zu haben. Aus diesem Grunde reagierte Bülow abwartend auf die britischen Bündnisangebote in der Meinung, die Zeit arbeite für die Deutschen und mache die Briten bereit, irgendwann einen angemessenen Preis für das Übereinkommen mit Deutschland zu zahlen. Das Gegenteil trat ein: Die nach der Flottennovelle von 1900 forcierte und eindeutig gegen England gerichtete deutsche Flottenrüstung rückte eine Verständigung mit den Briten in weite Ferne.

Dagegen gelang es den Briten, sich über ein Tauschgeschäft in Nordafrika mit den Franzosen zu verständigen: England überließ Frankreich Marokko als Einflußgebiet, das seinerseits die britische Herrschaft in Ägypten anerkannte („Entente cordiale“ vom 8. April 1904). Die Briten erhofften sich von dieser Vereinbarung gleichzeitig, Frankreich als möglichen Bündnispartner Rußlands, des Rivalen in Asien, zu neutralisieren.

Das Zarenreich (▷ Kapitel 3.3) stand um die Jahrhundertwende in einer doppelten Abhängigkeit: Sein „Eisenbahnimperialismus“ war weitgehend mit Hilfe französi-

scher Kapitalhilfen finanziert, andererseits war die russische Wirtschaft auf das Deutsche Reich als Exportmarkt für russisches Getreide und als Lieferanten hochwertiger Industrieprodukte angewiesen. Daher war die russische Politik bemüht, es sich mit keiner dieser beiden Mächte ernsthaft zu verderben, ohne dabei den eigenen politischen Handlungsspielraum zu verlieren.
Nach dem Scheitern eines deutsch-russischen Abkommens im Sommer 1905 suchten die Russen nun, die Konfliktherde mit England in Asien zu beseitigen. Unter Vermittlung französischer Diplomaten einigten sich die beiden Kontrahenten im Sommer 1907 auf eine Abgrenzung ihrer Interessengebiete: Persien wurde in drei Teile geteilt, einen nördlichen unter russischem und einen südlichen unter britischem Einfluß; diese beiden Teile wurden durch eine neutrale Mittelzone getrennt. Afghanistan sollte unabhängig bleiben und als Pufferzone zwischen Rußland und Britisch-Indien fungieren, Tibet schließlich sollte unter chinesischer Oberhoheit verbleiben. Das wichtigste politische Ergebnis dieses Abkommens war die damit verbundene lockere Verknüpfung von Briten, Russen und Franzosen, die jeweils durch zweiseitige Abkommen miteinander verbunden waren.

„Einkreisung" Deutschlands?

Damit war das Scheitern der illusionären deutschen „Politik der freien Hand" endgültig offenbar geworden. Die deutschen Politiker interpretierten jedoch die Verständigung der drei Mächte nicht als Reaktion auf ihre imperiale Politik, die durch den vehement vorangetriebenen Schlachtflottenbau einen zunehmend drohenden Charakter gewonnen hatte und durch primär innenpolitisch motivierte martialische Reden des Kaisers und des Reichskanzlers noch verschärft wurde. Im Gegenteil, von Bülow wies die Schuld allein den drei Alliierten zu und prägte dabei die Formel von einer „Einkreisung" Deutschlands.

Erste Marokkokrise

Bereits im Jahr 1905 hatte das Reich versucht, der drohenden internationalen Isolierung entgegenzutreten und die eigenen Ansprüche im Kreis der Großmächte geltend zu machen. Anlaß dazu bot das Vorgehen Frankreichs in Marokko, das nach der Einigung mit England das Sultanat ähnlich wie Tunesien in ein Protektorat umzuwandeln versuchte. Die deutsche Regierung sah die „offene Tür" und angebliche „berechtigte deutsche Interessen" bedroht und pochte darauf, bei der Entscheidung über Marokko beteiligt zu sein. Die im folgenden Jahr stattfindende Konferenz von Algeciras brachte der deutschen Diplomatie allerdings nur einen Scheinerfolg, da die politische Isolierung des Deutschen Reichs, das nur von Österreich-Ungarn unterstützt wurde, nun offen zu Tage trat. Der Dreibund-Partner Italien hatte sich bereits 1902 in einem Geheimvertrag mit Frankreich arrangiert. Damit war die deutsche Position erheblich geschwächt; die Entente war gefestigt: Das Reich hatte sich selbst „ausgekreist".

94 „Onkel Bull, bitte, laß den bösen Buben nicht mitspielen." Karikatur aus dem Simplicissimus, 1911.
Interpretieren Sie die Karikatur vor ihrem zeitgeschichtlichen Hintergrund.

Zweite Marokkokrise

Im Jahre 1911 kam es zu einer erneuten Krise um Marokko, obwohl Deutschland Frankreich dort 1909 vertraglich die Vorherrschaft eingeräumt hatte. Die Alldeutschen und Kreise aus der Industrie, die sich in Marokko engagiert hatten, setzten die Regierung durch eine massive Pressekampagne unter Druck, indem sie ihr die Preisgabe deutscher Interessen vorwarfen. Eine Verletzung des Vertrags von Algeciras durch die Franzosen nutzte die deutsche Regierung unter Reichskanzler Theobald von Bethmann Hollweg (1856–1921, Kanzler seit 1909), um ihre Kritiker zu beruhigen und gleichzeitig die deutsche Position in Afrika zu verbessern. Als Fernziel schwebte den deutschen Politikern bei ihrer nun in Szene gesetzten Marokkopolitik die Errichtung eines zusammenhängenden mittelafrikanischen Kolonialgebiets vor. Deshalb forderten sie eine Entschädigung von den Franzosen und schickten, um ihren Wünschen Nachdruck zu verleihen, das Kanonenboot „Panther" in den Hafen von Agadir. Nach längeren schwierigen Verhandlungen einigten sich Frankreich und Deutschland im November 1911 auf ein Kompensationsgeschäft: Bestätigung der französischen Vorherrschaft in Marokko, dafür Abtretung eines Teils des französischen Kongo mit Zugang zum belgischen Kongo an Deutschland.

Ein weiteres Ziel des deutschen Eingreifens in Marokko wurde jedoch nicht erreicht: Es gelang nicht, einen Keil zwischen die britisch-französische Entente zu treiben. Im Gegenteil: Die Vorgänge in Marokko fanden in England und Frankreich ein äußerst negatives Echo und verstärkten den Zusammenhalt der Entente. Gleichzeitig verschärfte sich in Deutschland die englandfeindliche Stimmung; die Kriegsbereitschaft wuchs.

Bosnienkrise

Im Jahre 1908 begann auf dem Balkan eine weitere Krise, die Europa im Verlauf der nächsten Jahre an den Rand des Krieges führen sollte. Auslöser dieser bedrohlichen Lage war die „jungtürkische Revolution" im Osmanischen Reich, die das Ende der autokratischen Herrschaft des Sultans und eine Staatsreform nach westlich-demokratischem Muster zum Ziel hatte. Gleichzeitig proklamierten die „Jungtürken" die Wiedererrichtung eines großtürkischen Reichs unter Mißachtung der Sonderrechte der nichtmuslimischen Völker auf dem Balkan und die Rückführung der seit dem Berliner Kongreß unter österreichischer Verwaltung stehenden osmanischen Provinzen Bosnien und Herzegowina in das türkische Reich. So verstärkte diese Revolution von 1908 den Nationalismus der Balkanvölker und löste in Österreich Besorgnis aus. Kurz entschlossen proklamierte Bulgarien am 5. Oktober 1908 seine Unabhängigkeit, zwei Tage später annektierte die Wiener Regierung Bosnien-Herzegowina unter heftigen Protesten der serbischen Nationalisten und Rußlands, das sich als Beschützer der slawischen Balkanstaaten empfand. Das Deutsche Reich gewährte seinem Bündnispartner Rückendeckung, während sich Frankreich, dem das Reich zur gleichen Zeit die Oberhoheit in Marokko einräumte, und England, das mit dem Zarenreich wegen der Meerengenpro-

95 Die Politik der Insektenstiche 1908. Karikatur aus dem Simplicissimus.
Erklären Sie die Bedeutung der einzelnen Personen und die zentrale Aussage der Karikatur vor ihrem historischen Hintergrund.

96 Der Balkan nach dem Berliner Kongreß von 1878.
Erklären Sie, warum man den Balkan das „Pulverfaß Europas" nannte.

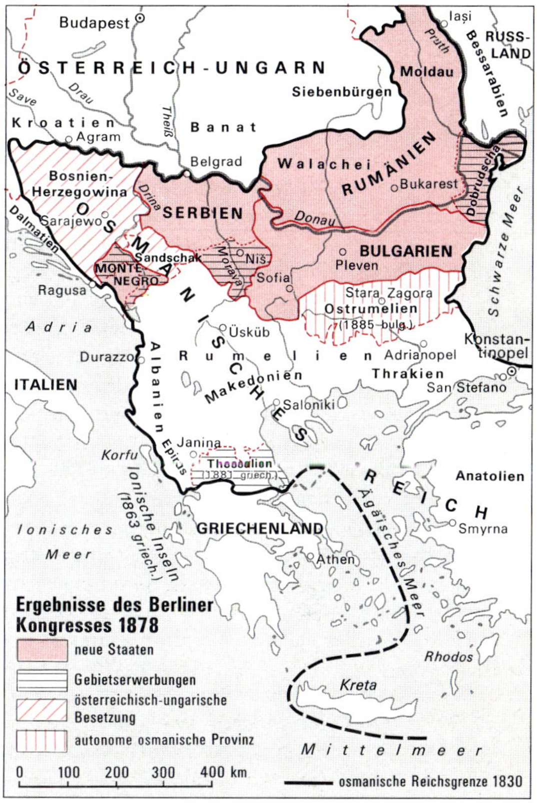

blematik Divergenzen hatte, abwartend verhielten. Deshalb mußte sich die russische Regierung, unzureichend gerüstet und auf sich allein gestellt, einem scharfen deutschen Ultimatum vom März 1909 beugen und den Status quo anerkennen. Durch deutsche Vermittlung kam auch eine Einigung zwischen Österreich und dem Osmanischen Reich zustande: Gegen eine Entschädigungszahlung erkannten die Türken die Verhältnisse auf dem Balkan an. Infolge dieser Ereignisse verstärkte das Zarenreich seine Rüstungsanstrengungen, während Italien, das sich von Österreich übergangen fühlte, mit Rußland einen Geheimvertrag schloß, der sich gegen die Vormachtstellung der Doppelmonarchie richtete und die Beibehaltung des Status quo auf dem Balkan festschrieb.

97 **„Freie Hand" für das Deutsche Reich.** Aufzeichnung von Bülows für den Chef des Ostasiatischen Kreuzergeschwaders, Prinz Heinrich von Preußen, über Deutschlands Stellung in Europa vom 14. 3. 1899:

Was Deutschlands politische Stellung in Europa anbelangt, so halten wir an der Dreibundkombination als vorläufigem Ausgangspunkt solange wie möglich fest. [Die innenpolitische Schwäche Österreich-Ungarns und die handelspolitische Verständigung Italiens mit Frankreich] nötigt uns [jedoch] noch mehr als früher, uns beizeiten anderweite Kombinationen für den Fall offenzuhalten, wo früher oder später der Dreibund versagen sollte.
Hierbei ist vornehmlich an Rußland und England zu denken. Von Rußland trennen uns keinerlei aktuelle Fragen vitaler Art. Die traditionellen dynastischen Bande der beiderseitigen Herrscherhäuser [...] bilden noch immer den festesten Hort des europäischen Friedens. [...]
Zwischen Deutschland und England liegt der gemeinsame Punkt in Südafrika, nachdem wir durch die im Sommer v. J.s abgeschlossene absolut geheimzuhaltende Verständigung eine befriedigende Abgrenzung der beiderseitigen Interessensphären für den Fall eines zu gewärtigenden Zusammenbruchs des portugiesischen Kolonialreichs erzielt, damit politischen Konflikten zwischen uns und England wegen Südafrika vorgebeugt sowie eine deutsch-englische Solidarität gegenüber störender Einmischung dritter Mächte hergestellt haben. [...]
Die Gegensätze zwischen Deutschland und England liegen jedoch auf dem Gebiet des sogenannten friedlichen Wettbewerbs. Da diese Gegensätze der Natur der Sache nach unüberbrückbare sind, so kann das Bemühen der Regierung Seiner Majestät nur darauf gerichtet sein, einem Überschlagen derselben von dem wirtschaftlichen auf das politische Gebiet nach Möglichkeit vorzubeugen und im übrigen für den Austrag des Kampfes der Tüchtigkeit des deutschen Kaufmannes und Industriellen nach Kräften fair play zu sichern. [...]
Den französischen Annäherungsversuchen an uns

stehen wir höflich, aber ohne Illusionen gegenüber, da wir in denselben zunächst nur das Bestreben erblicken können, Deutschlands Schwergewicht unter einstweiliger Offenhaltung der elsaß-lothringischen Frage zu benutzen zur Niederwerfung der Gegner Frankreichs auf kolonialem Felde, und zwar mit dem Hintergedanken, nach Lösung dieser Aufgabe, gestützt auf den dadurch erlangten Kraftzuwachs, zur endlichen Abrechnung mit uns wegen Elsaß-Lothringen zu schreiten. In den für die europäische Politik im Vordergrund stehenden großen Gegensätzen, die einmal zwischen England und Frankreich und sodann wiederum zwischen England und Rußland vorliegen, kann es für uns auch in Zukunft einstweilen nur richtig sein, eine abwartende Mittelstellung einzunehmen.

Zum Verständnis der neuesten Abwandlungsphasen in dem englisch-französischen Gegensatz sind zwei Gegenströmungen zu beachten, die sich in der englischen Politik geltend machen. Auf der einen Seite steht Lord Salisbury, der auf gute Beziehungen zu Frankreich besonderen Wert legt, auf der andern Mr. Chamberlain und Mr. Curzon[1], die von den kühneren Ideen des britischen Imperialismus beherrscht, auf jene Beziehungen weniger Rücksicht zu nehmen geneigt sind. Lord Salisburys Stellung hat unter seinem Zurückweichen in der chinesischen Frage im Herbste v. J.s gelitten, und mit dadurch gelang es Herrn Chamberlain, seinem schrofferen Standpunkt in der Behandlung der Faschoda-Angelegenheit in rücksichtsloser Ausnützung der Lage zum Siege zu verhelfen. [. . .] Die Engländer haben hierbei aufs neue gezeigt, welches Interesse sie an den Ausflüssen des Euphrat und den Küsten des Persischen Golfs nehmen. Da aber Rußland Persien als seine natürliche Einflußsphäre ansieht, so ist damit ein neuer Reibungspunkt zwischen beiden Mächten entstanden.

Zitiert nach: Quellen zur deutschen Außenpolitik im Zeitalter des Imperialismus 1890–1911, hg. von Michael Behnen, in: Ausgewählte Quellen zur deutschen Geschichte der Neuzeit, Freiherr vom Stein-Gedächtnisausgabe, Bd. XXVI, Darmstadt 1977, S. 207–210

[1] Vizekönig von Indien 1898–1905

a) Charakterisieren Sie in Stichworten die Bewertung der politischen Situation in Europa durch von Bülow.
b) Von welchen politischen Voraussetzungen geht von Bülow aus?
c) Überprüfen und beurteilen Sie diese Analyse und nehmen Sie Stellung zu von Bülows außenpolitischem Konzept.

98 Deutsch-britische Bündnissondierungen

a) Der deutsche Botschafter in London, Graf von Hatzfeld, berichtet 1901 an das Auswärtige Amt über Äußerungen des britischen Kolonialministers Chamberlain:

Er und seine Freunde im Kabinett seien sich jetzt darüber klar, daß für England die Zeit einer Politik der „splendid isolation“ vorüber sei. England müsse sich für die Zukunft nach Bundesgenossen umsehen. Die Wahl sei zwischen Rußland, Frankreich und dem Dreibund. Sowohl innerhalb des Kabinetts als auch im Volke gäbe es Stimmen, welche einen Ausgleich sowie ein festes Zusammengehen mit Rußland wünschten und eifrig betrieben und bereit seien, zur Erlangung dieses Zieles einen sehr hohen Preis zu zahlen. Er selbst gehöre nicht zu denjenigen, welche einen Anschluß an Rußland wünschten, sondern sei der Überzeugung, daß ein Zusammengehen mit Deutschland sowie Anschluß an den Dreibund vorzuziehen sei. Er persönlich werde alles tun, um eine allmähliche (sic!) Anbahnung in dieser Richtung herbeizuführen. Zunächst sei er dafür, daß ein geheimes Abkommen zwischen England und Deutschland in bezug auf Marokko auf der bereits früher erörterten Basis zustande käme. [. . .] Solange er, Chamberlain, die Überzeugung habe, daß ein dauerndes Zusammengehen mit Deutschland möglich sei, werde er sich jeder Idee eines Ausgleichs mit Rußland auf das entschiedenste widersetzen. Sollte es sich jedoch herausstellen, daß ein permanenter Anschluß an Deutschland nicht durchführbar sei, so werde auch er ein Zusammengehen mit Rußland trotz des voraussichtlich von England zu zahlenden abnormen Preises (evtl. inklusive China und des Persischen Golfs) befürworten.

Zitiert nach: Johannes Hohlfeld (Hg.), Dokumente der Deutschen Politik und Geschichte von 1848 bis zur Gegenwart, Bd. II, Berlin o. J., S. 121

b) Der Vortragende Rat im Auswärtigen Amt von Holstein (▷ S. 76) schreibt am 21. 1. 1901 zu einem Bündnis mit England:

Ich bin gegen den jetzigen Freundschaftssturm von Chamberlain und Genossen deshalb besonders mißtrauisch, weil die angedrohte Verständigung mit Rußland und Frankreich so vollständiger Schwindel ist. Englisches Zurückweichen würde den Kampf um die Existenz ein paar Jahre hinausschieben, ihn dann aber um so sicherer machen, weil die Gegner gestärkt, die Engländer an Macht und Prestige geschwächt wären. Wir könnten warten, die Zeit läuft für uns. Ein vernünftiges Abkommen mit England, d. h. ein solches, wo der beinahe sicheren Kriegsgefahr, welcher wir uns dabei aussetzen, gebührende Rechnung getragen wird, läßt sich meines Erachtens erst dann erreichen, wenn das Gefühl der Zwangslage in England allgemeiner als heute geworden ist. Die ganze Drohung, durch Zurückweichen aus China und aus dem Persischen Meerbusen die Feindschaft von Rußland und Frankreich zu entwaffnen, ist ja Unsinn und Schwindel. Erstens kommt dabei für Frankreich nicht genug heraus. Frankreich würde weder durch diese noch durch eine andere Konzession sich bewegen lassen, Tanger und damit die Meerenge von Gibraltar an England auszuliefern. Wenn England an Rußland und Frankreich große Konzessionen an Gebiet und Einflußsphären machte, so würde es damit die beiden Gegner nur in Appetit setzen und den Kampf ums Dasein, wenn auch einige Jahre später, erst recht unvermeidlich machen; ein geschwächtes England gegen gestärkte Feinde. Für Deutschland ist kaum ein größerer Vertrag mit England denkbar, der für uns nicht eine beinahe sichere Kriegsgefahr in sich schlösse. Für dieses ungeheure Risiko, das Deutschland eventuell übernimmt, wird aber eine verhältnismäßige Entschädigung erst dann von England zu erwarten sein, wenn dieses von seinen eigenen Leistungen und von der Freundschaft Amerikas eine richtigere, d. h. geringere Meinung haben wird als heute. Heute gilt in England immer noch das Wort von Salisbury an Hatzfeldt: „Sie verlangen zuviel für Ihre Freundschaft.“ Dies und auch die unter Salisbury zur Gewohnheit gewordene schlechte Behandlung Deutschlands muß erst beiderseits vergessen und verwischt sein, um dann start fresh zu können.

Zitiert nach: Johannes Hohlfeld (Hg.), a. a. O., S. 122 f.

c) Während einer Konferenz im Palais des Reichskanzlers am 3. 6. 1909 zur Frage der Verständigung mit England äußert sich der deutsche Botschafter Metternich (Protokollauszug):

Graf Metternich gibt auf Anregung des Herrn Reichskanzlers eine Schilderung der Stimmung in England: diese sei noch vor zwei Jahrzehnten uns und dem Dreibund günstig gewesen. Durch die Krüger-Depesche[1] und die Haltung der deutschen öffentlichen Meinung während des Burenkrieges habe sie allerdings eine Trübung erfahren. Sie habe sich aber gründlich und ernstlich erst verdüstert, seitdem unsere Flottenbauten und die Agitation für diese den Engländern die immer mehr anwachsende feste Überzeugung beigebracht hätten, daß unsere Flotte eine ernste Bedrohung für England bedeute, für welches die absolute Sicherheit und Überlegenheit auf maritimem Gebiet nun einmal eine Lebensfrage sei! Nicht die deutsche Konkurrenz auf dem Weltmarkt, wenn sie auch den Engländern unbequem, wäre es, welche die tiefgehende Verstimmung erzeugt habe, sondern lediglich die deutsche Flottenpolitik.

Zitiert nach: Johannes Hohlfeld (Hg.), a. a. O., S. 213

[1] 1896 gratuliert Kaiser Wilhelm II. dem Präsidenten der Burenrepublik Transvaal zur erfolgreichen Abwehr eines britischen Angriffs.

a) Beschreiben Sie die Bedeutung der britisch-deutschen Bündnissondierungen vor dem Hintergrund der von Reichskanzler von Bülow entwickelten Vorstellungen.

b) Welche Veränderungen haben sich zwischen den beiden Mächten in den Jahren zwischen 1901 und 1909 ergeben?

c) Konfrontieren Sie die diplomatischen Verhandlungen mit den politischen Absichten des Deutschen Reichs und Großbritanniens, wie sie aus ihren sonstigen Aktivitäten und Verlautbarungen bekannt sind (▷ Kapitel 3.1 und 3.2).

d) Welche Gründe führten wohl zum Scheitern der Verhandlungen?

99 **Die erste Marokkokrise.** Bernhard von Bülow gibt als Reichskanzler aus seiner Sicht eine Beurteilung der Marokkokrise von 1905/06 und der Ergebnisse der Konferenz von Algeciras:

Als wir in der Marokkofrage mit Frankreich aneinandergerieten, handelte es sich für uns nicht darum, die kolonialen Pläne Frankreichs zu durchkreuzen, sondern wir hatten gewichtige eigene Interessen und darüber hinaus unser nationales Ansehen zu wahren. [...] Gewiß hatte Frankreich, das mit seinem eigenen Kolonialbesitz Marokko benachbart ist, ein besonderes Interesse an der Entwicklung der marokkanischen Angelegenheiten. Mit dieser Tatsache ist auf deutscher Seite stets gerechnet worden. Auf der Basis der Madrider Abmachungen[1] wäre gegen eine Berücksichtigung der besonderen französischen und ebenso der spanischen Interessen nichts einzuwenden gewesen. Aber die geflissentliche Rücksichtslosigkeit, mit der Frankreich seine viel weitergehenden Aspirationen in Marokko zu verwirklichen suchte, schuf eine neue Lage. Am 8. April 1904 war zwischen England und Frankreich ein Abkommen getroffen worden, das zwischen beiden Westmächten eine Reihe alter kolonialer Streitfragen schlichtete. Es lag kein Anlaß vor, gegen denjenigen Teil dieses Abkommens Stellung zu nehmen, der sich auf Ägypten bezog. [...]

Frankreich mischte sich immer ungenierter in die marokkanischen Verhältnisse ein; es hoffte, einen neuen, großen und wertvollen Kolonialbesitz unter Ignorierung des Madrider Vertrags wie des deutsch-marokkanischen Handelsvertrags[2] erwerben zu können, in der Annahme, daß für die Verwirklichung seiner Ziele die englische Billigung und Unterstützung ausreichend wären. Es war ein deutlicher Versuch, die weltpolitischen Entscheidungen für die Westmächte allein in Anspruch zu nehmen. [...]

Die französische Marokkopolitik war ein unverhüllter Versuch, die Machtverhältnisse in Europa einer Korrektur zugunsten Frankreichs zu unterziehen. Ein Präzedenzfall wäre geschaffen worden, der notwendig zu Wiederholungen hätte reizen müssen. Darauf durften wir es nicht ankommen lassen. In diesem Sinne wurde die Marokkofrage für uns eine nationale Frage. Unserer Marokkopolitik waren die Wege gewiesen. Am 31. März 1905 legte Seine Majestät der Kaiser auf meinen Rat in Tanger an, wo er mit unzweideutigen Worten für die Unabhängigkeit und Souveränität Marokkos eintrat. Damit war die Forderung Deutschlands nach Mitentscheidung der marokkanischen Angelegenheiten vor der Welt angemeldet. [...]

In Algeciras hatten wir gegenüber den Ententemächten und bei dem geringen Interesse, das die anderen Mächte an der marokkanischen Frage nahmen, naturgemäß keine leichte Stellung. Trotzdem gelang es uns, unter Wahrung der Souveränität des Sultans, für die Organisation der Polizei und die Errichtung der marokkanischen Staatsbank eine internationale Regelung zu erreichen und den deutschen wie den wirtschaftlichen Interessen aller anderen Länder die „Offene Tür“ in Marokko zu sichern. Nicht alles Erwünschte, aber das Wesentliche war erreicht worden. Der Versuch, uns von einer großen internationalen Entscheidung auszuschließen, war durchkreuzt worden. Wir hatten nicht nur die Handelsfreiheit in Marokko erfolgreich verteidigt, sondern auch bewiesen, daß wir uns selbst durch eine Koalition anderer Mächte nicht beiseite schieben ließen. An der künftigen Gestaltung der marokkanischen Angelegenheiten war uns ein entscheidendes Mitbestimmungsrecht gesichert, auf das wir ohne ausreichende Kompensation nicht zu verzichten brauchten. Die Beschlüsse der Konferenz von Algeciras waren ein Riegel vor den Tunifikationsbestrebungen[3] Frankreichs in Marokko. Sie waren auch eine Klingel, die wir jederzeit ziehen konnten, wenn Frankreich wieder solche Tendenzen an den Tag legte.

Fürst von Bülow, Deutsche Politik, 1916, S. 96ff., zitiert nach: Guggenbühl (Hg.), a. a. O., S. 267–270

[1] Auf Grund der Konvention von Madrid (1880) öffneten sich 13 europäische Staaten auf der Basis der Meistbegünstigung freien Zugang zum marokkanischen Markt bei gleichzeitiger Anerkennung der Souveränität Marokkos.
[2] 1890 auf der Grundlage der Madrider Konvention abgeschlossen.
[3] 1881 errichtete Frankreich ein Protektorat über Tunesien.

a) Erörtern Sie das deutsche Vorgehen in Marokko im Rahmen der deutschen „Weltpolitik“ (▷ Kapitel 3.2).

b) Beurteilen Sie das kurz- und langfristige Ergebnis der ersten Marokkokrise im Hinblick auf die Konstellation der europäischen Mächte.

100 Zweite Marokkokrise

a) Aus einer Rede des britischen Schatzkanzlers Lloyd George (1863–1945) in Mansion-House am 21. 7. 1911:

Wir und andere Nationen erschließen immer neue Gebiete, deren Schätze bisher ungehoben geblieben waren. Wir verjüngen altes Land durch neue Hilfsmittel, die Welt wird reicher und reicher, das gilt nicht nur für dieses Land, sondern von jedem Lande. Das einzige, was ich über England sagen kann, ist, daß es kein Land in der Welt gibt, das ein ebenso großes Interesse an dem Wohlstande der anderen Länder hat, wie wir es haben. Wir sind die Bankiers der Welt, wir sind die Produktenmakler der Welt. Wir sind die Versicherungsgesellschaft der Welt. Wir verkaufen von unseren Gütern an die Welt mehr als irgendein anderes Land. Und deshalb haben wir ein überwiegendes Interesse an dem allgemeinen Wohlstand aller anderen Länder. Alles, was dazu beitragen kann, den Wohlstand der Welt zu heben, liegt in unserem Interesse. Alles, was ihn schädigt, schädigt hauptsächlich uns. Es gibt nur einen Umstand, der möglicherweise in diesem Augenblick dieses konstante Anwachsen von Wohlstand, dessen fruchtbarer Einfluß sich über die ganze Welt verbreitet, beeinträchtigen könnte, das wäre irgendetwas, was eine Störung des internationalen Friedens herbeiführen könnte. Friede ist die erste Bedingung für den Fortgang der Prosperität. [. . .] Aber auf der anderen Seite fühle ich mich verpflichtet zu betonen, daß ich es für im höchsten Maße wichtig halte, nicht nur im Interesse Englands, sondern auch im Interesse der Welt, daß Großbritannien unter allen Umständen seinen Platz und sein Prestige unter den Großmächten aufrechterhält. Englands mächtiger Einfluß hat sich manchesmal in der Vergangenheit unschätzbar für die Sache menschlicher Freiheit erwiesen und kann es vielleicht auch in der Zukunft sein. Es hat mehr als einmal in der Vergangenheit kontinentale Nationen, die nur manchmal zu geneigt sind, diesen Dienst zu vergessen, aus erdrückendem Unglück gerettet und sogar vor nationaler Vernichtung bewahrt. Ich glaube, daß nur Fragen von ernsterer nationaler Bedeutung eine Störung der internationalen Friedfertigkeit rechtfertigen könnten. Aber wenn uns eine Situation aufgezwungen würde, in der der Friede nur durch Aufgabe der großen und wohltätigen Stellung erhalten werden könnte, die England sich in Jahrhunderten von Heroismus und Erfolg erworben hat, und nur dadurch, daß Großbritannien in Fragen, die seine Lebensinteressen berühren, in einer Weise behandelt würde, als ob es im Rate der Nationen gar nicht mehr mitzählte, dann – ich betone es – würde ein Friede um jeden Preis eine Erniedrigung sein, die ein großes Land wie das unsrige nicht ertragen könnte.

Zitiert nach: Schönbrunn (Hg.), a. a. O., S. 711 f.

b) Aus der Rede des deutsch-konservativen Abgeordneten Ernst von Heydebrand und der Lasa (1851–1924) im Reichstag am 9. 11. 1911 zum deutsch-französischen Marokko-Abkommen vom 4. 11. 1911:

Ich komme zu dem Abkommen selbst. Meine politischen Freunde sind von dem Abkommen nicht befriedigt. Wir hatten auch mehr und Besseres erwartet. Was wir preisgeben, ist doch ganz außerordentlich wichtig. Die Algecirasakte besagt aber erheblich anderes, als jetzt erreicht worden ist. Die Konzession ist so weitgehend, daß man wohl erwarten darf und durfte, daß das, was wir eingetauscht haben gegen das Aufgeben des Einflusses in Marokko einen hohen Wert haben sollte. Diesen hohen Wert können wir in dem Gewonnenen nicht erkennen. Man hat die wirtschaftliche Forderung in Marokko in schöne Paragraphen gebracht mit allerlei Zusicherungen. Jedermann weiß, daß derartige Zusicherungen auslegungsfähig und dehnbar sind. Man hat das Gefühl, daß die Rechte nicht nur Deutschlands, sondern aller anderen Länder, die hier aufgegeben worden sind, nicht genügend kompensiert worden sind. Wo ist die Sonderstellung des Deutschen Reiches? Sind wir bloß der Mandatar Europas? Hätten wir nicht beanspruchen dürfen, daß das Deutsche Reich ein Sonderrecht erhalten hätte? Davon schweigt vollständig des Sängers Höflichkeit. [. . .] Der Reichskanzler hat gesagt, daß von vornherein den fremden Regierungen mitgeteilt worden ist, daß wir keinen Landerwerb beabsichtigen. Wenn das der englischen Regierung auch mitgeteilt worden ist und es kommt dann eine solche Rede wie die des Herrn Lloyd George, die auf der Grundlage der Beratungen des ganzen Ministeriums beruht, so ist das eine Drohung, eine Herausforderung, eine demütigende Herausforderung gewesen. (Lebhaftes Bravo!) [. . .] Wir wissen jetzt, wo unser Feind steht. Wie ein Blitz in der Nacht haben diese Vorgänge dem deutschen Volk gezeigt, wo sein Feind sitzt. (Lebhafte Zustimmung.) Das deutsche Volk weiß jetzt, wenn es seinen Platz an der Sonne sucht, wenn es den Platz sucht, der ihm von der Bestimmung zugewiesen ist, wo der Staat ist, der darüber zu entscheiden glaubt. (Lebhafte Zustimmung.) Das sind wir Deutschen nicht gewöhnt. Wenn die Reichsregierung nicht die Antwort gegeben hat, die nötig war und die wir nicht kennen, dann wird das deutsche Volk die Antwort geben. (Zustimmung.) Ich würde mich freuen, wenn wir die Antwort erfahren würden, die die deutsche Regierung nach England gegeben hat. Es handelt sich in dieser Frage um die Ehre Deutschlands, und was da geschehen ist, läßt sich kein Volk gefallen, am allerwenigsten das deutsche Volk. (Lebhafte Zustimmung.) Wenn die Stunde der Entscheidung gekommen ist, so sind wir, das erkläre ich namens meiner sämtlichen politischen Freunde, nicht nur bereit, Opfer an Blut, sondern auch Opfer an Gut zu bringen. (Stürmischer Beifall.)

Zitiert nach: Schönbrunn (Hg.), a. a. O., S. 714f.

a) Charakterisieren Sie die Stimmungslage in Deutschland und England, wie sie aus den vorliegenden Dokumenten deutlich wird.
b) Beurteilen Sie die außenpolitische Situation des Deutschen Reichs nach der zweiten Marokkokrise.

♦

1. Kennzeichnen Sie die Krisen vor dem Ersten Weltkrieg als Konsequenzen des Imperialismus.
2. Prüfen Sie die Diplomatie des Deutschen Reichs nach 1895 hinsichtlich gravierender Fehleinschätzungen und möglicher Alternativen.
3. Versuchen Sie, das Balkan-Problem heute und den Zerfall Jugoslawiens historisch abzuleiten.

5.2 Kritik am Imperialismus und Friedensinitiativen

Im Wettlauf um die Aufteilung der Welt und die allgemeine Aufrüstung, der von erheblichem propagandistischem Lärm begleitet war, gingen die zaghaften kritischen Stimmen fast unter; aber es gab sie! Menschen und Organisationen verschiedenster geistiger Herkunft und politischer oder religiöser Zielrichtung versuchten, sich dem Trend der Zeit zu widersetzen und den Prinzipien der Solidarität, des Friedens, der Zusammenarbeit und der gegenseitigen Hilfe Geltung zu verschaffen.

1892	Auf Anregung Bertha von Suttners gründet Alfred Hermann Fried die „Deutsche Friedensgesellschaft".
1899	1. Haager Friedenskonferenz (Teilnehmer: 26 europäische und nichteuropäische Staaten): Die geplante Abrüstungskonferenz scheitert, es werden nur (bis 1904) einige Waffen verboten und die Behandlung von Verwundeten und Gefangenen verbessert; das obligatorische Schiedsgericht scheitert am deutschen Widerstand.
1907	2. Haager Friedenskonferenz (Teilnehmer: 44 Staaten): Die Haager Landkriegsordnung und das Kriegs- und Neutralitätsrecht werden festgelegt; wegen der Weigerung Deutschlands und Österreich-Ungarns scheitert eine Behandlung von Abrüstungsfragen, vor allem die von England erhoffte Begrenzung der Flottenrüstung.

Haager Friedenskonferenzen

Zur gleichen Zeit, als vor allem die Engländer und die Deutschen ihre Rüstung forcierten, traten zum ersten Mal in der Geschichte Vertreter der führenden Nationen der Welt in Den Haag zusammen, um durch eine völkerrechtlich verbindliche Rechtsordnung ein Instrument zur waffenlosen Austragung von Konflikten und zur Friedenssicherung zu schaffen. Die Initiative dazu war vom russischen Zaren Nikolaus II. (1868–1918) ausgegangen, den allerdings weniger pazifistische Motive zu diesem Schritt bewogen hatten als vielmehr die Rückständigkeit der russischen Armee. Der Zar hoffte, durch eine allgemeine Begrenzung der Rüstung und eine anteilmäßige Reduzierung der Truppen die Möglichkeit zu erlangen, den Rückstand aufzuholen. Da die Vorschläge des Zaren bei den europäischen Mächten aus verschiedenen Gründen mit Skepsis betrachtet wurden, stand die am 18. Mai 1899 in Den Haag eröffnete Konferenz von vornherein unter keinem guten Stern. Deutschland und Großbritannien waren nicht bereit, die gerade begonnene Aufrüstung der Flotte wieder zurückzuschrauben; Frankreich war ebenfalls hochgerüstet und wollte auf eine Revanche gegenüber Deutschland (Elsaß-Lothringen) nicht verzichten. Die Deutschen machten sich zum Wortführer der Ablehnungsfront, so daß als Kompromiß nur die Einrichtung eines nicht ständigen Schiedsgerichts beschlossen wurde. Außerdem wurden einige Bestimmungen über die „Humanisierung der Kriegsführung" verabschiedet. Die zweite Haager Konferenz von 1907 baute das Land- und Seekriegsrecht weiter aus und legte ein ständiges Schiedsgericht fest, dessen Einrichtung aber wegen Verfahrensfragen vorerst nicht zustande kam. Erst nach dem Ersten Weltkrieg griff der Völkerbund das Projekt wieder auf und realisierte es.

Solidarischer Internationalismus

Parallel dazu entwickelte sich ein breites Spektrum privater Initiativen und Organisationen, die dem Geist der Zeit kritisch gegenüberstanden: Vertreter einer allmählich sich bildenden Friedens- und Abrüstungsbewegung, Vereinigungen einzelner Parlamentarier, linksliberale und demokratische Gruppen, Gewerkschaften, Arbeiterparteien, politisch aktive Christen, Humanisten, Freimaurer, Intellektuelle usw. Gemeinsam war ihnen die Überzeugung, daß die Zeit der politischen Isolierung und des ökonomischen Protektionismus mit den daraus entstehenden Rivalitäten für die fortschrittlichen Menschen und Staaten vorbei und der Krieg als Mittel der Politik nicht länger akzeptabel sei. Als langfristige Perspektive entwickelten diese „Internationalisten" das Konzept eines Völkerbunds als Forum zur Dis-

Pazifismus. Unter Pazifismus versteht man eine Bewegung bzw. Haltung, die aus ethischen Motiven humanistischer, christlicher oder sozialistischer Prägung Gewalt und Krieg als Mittel internationaler Auseinandersetzung ablehnt. In der organisierten Friedensbewegung fanden sich in erster Linie bürgerlich-liberale und christliche Gruppen zusammen. Die Sozialisten dagegen wollten den Frieden durch Aufhebung der Klassengegensätze verwirklichen, lehnten jedoch den gewaltsamen revolutionären Klassenkampf nicht ab. Erst unter den Vorzeichen des Ersten Weltkriegs schlossen sich auch zahlreiche Sozialisten der allgemeinen Friedensbewegung an. Die ersten Organisationen waren bereits zu Beginn des 19. Jahrhunderts in den USA (1815) und Großbritannien (1816: Peace Society) entstanden; hinter ihnen standen vor allem die christlichen Sekten der Mennoniten und Quäker. In den folgenden Jahrzehnten wurden ähnliche Gesellschaften in Frankreich, der Schweiz und Italien gegründet, auf Friedenskongressen die Ziele der Bewegung verkündet und die internationale Zusammenarbeit gefördert. Im Zeitalter des Imperialismus erhielt der Pazifismus vor allem durch das Buch der Österreicherin Bertha von Suttner (1843–1914) „Die Waffen nieder!" aus dem Jahre 1889 starken Auftrieb. Daraufhin entstanden die „Österreichische Friedensgesellschaft" in Wien und die „Deutsche Friedensgesellschaft" in Berlin. Als Zentrale wurde 1891 das Internationale Friedensbüro in Genf eingerichtet. Auf die Initiative der Friedensbewegung geht auch die Stiftung des Friedensnobelpreises zurück. Ähnliche Ziele verfolgten die bald darauf entstehenden Verbände der Kriegsdienstverweigerer. Im Zusammenhang mit dem Wirken der internationalen Pazifisten sind u. a. die Gründung des Roten Kreuzes 1863, die Haager Landkriegsordnung 1899/1907 und die Entstehung des Völkerbunds 1919 zu sehen. Während der Zeit der Herrschaft des Nationalsozialismus wurde die Friedensbewegung in Deutschland unterdrückt.

101 Zeichnung von George Grosz 1919. „Sind wir nicht völkerbundfähig?"
Nehmen Sie Stellung zu der hier deutlich werdenden Beurteilung des Ersten Weltkriegs.

kussion und Regelung anfallender Probleme und als Plattform internationaler Zusammenarbeit. Forderungen nach wirtschaftlicher Kooperation, Abrüstung und Hilfe für die noch nicht entwickelten Länder standen ebenfalls im Zentrum ihres Denkens und ihrer Agitation.
All diese Initiativen hatten jedoch vorerst wenig Erfolg, weil sie auf Grund ihrer heterogenen Herkunft und unterschiedlichen weltanschaulichen Basis nicht in der Lage waren, sich in einer schlagkräftigen Organisation zusammenzufinden, und weil sich ihre Vorstellungen und Pläne oft durch zu große Weltfremdheit auszeichneten.

Liberal-kapitalistischer Anti-Imperialismus

Während der Großteil der europäischen Wirtschaft die unliebsame Konkurrenz einerseits durch Kartell- und Monopolbildung, andererseits durch Schutzzölle auszuschalten versuchte, gab es immer noch Wirtschaftskreise, die an den Prinzipien des klassischen Liberalismus festhielten. Orientiert an dem Idealmodell Adam Smiths von 1776 gaben sie der Überzeugung Ausdruck, daß es im Interesse aller Völker liege, harmonisch zum Wohle aller im internationalen Rahmen zusammenzuarbeiten. Je höher der wirtschaftliche und zivilisatorische Entwicklungsstand sei, desto entschiedener müsse Kooperation statt Rivalität das Prinzip der Zukunft sein.

Kritik der Sozialisten

Die Sozialisten aller Länder dagegen hielten gerade das Großkapital und die hinter ihm stehenden ökonomischen Interessen für die Hauptschuldigen am Imperialismus. Sie betonten gegenüber dem übersteigerten nationalen Denken der Zeit die internationale Solidarität der ausgebeuteten Klassen. Als Gegengewicht gegen die herrschenden Kräfte sollte die 1889 gegründete Zweite Internationale dienen, in der sich die europäischen Arbeiterparteien unter Führung der deutschen Sozialdemokratie zusammengeschlossen hatten. Auf ihrem Kongreß in Stuttgart im Jahre 1907 zeigten sich jedoch deutlich die Gegensätze, die innerhalb des sozialistischen Lagers in bezug auf den einzuschlagenden Weg, die Stellung zum Kolonialerwerb und zum Krieg aufgebrochen waren. So wurde eine Resolution, die die Kolonialpolitik verurteilte, nur mit knapper Mehrheit angenommen. Und in der Frage des Krieges gelang nach langen Debatten nur die Verabschiedung einer maßgeblich von Lenin (1870–1924) und Rosa Luxemburg (1870–1919) formulierten Kompromißformel: Die arbeitenden Klassen und deren parlamentarische Vertretungen sollten einen Krieg möglichst zu verhindern suchen. Nach Ausbruch eines Krieges – hier wurde in erster Linie von den Deutschen das Recht auf nationale Selbstverteidigung gegen den reaktionären russischen Zarismus festgehalten – solle auf ein möglichst schnelles Ende hingearbeitet und gleichzeitig die allgemeine Krise zur Beschleunigung der revolutionären Beendigung der Klassenherrschaft genutzt werden. Eine klare Handlungsanweisung und bindende Verpflichtungen beinhaltete diese Formel nicht. Außerdem wurde durch die Betonung des Rechts auf nationale Selbstverteidigung den Sozialisten aller Länder der Weg zu einer Identifikation mit ihren jeweiligen Nationalstaaten geebnet. So zeigte sich beim Ausbruch des Ersten Weltkrieges auch tatsächlich die Brüchigkeit dieses Kompromisses, als sich die sozialistischen Parteien Europas bis auf wenige unbedeutende Ausnahmen in den Dienst ihres jeweiligen Landes stellten. Die Zweite Internationale brach auseinander.

Frühe antikolonialistisch-emanzipatorische Ansätze

Zeugnisse und Aktivitäten emanzipatorischer Art aus Asien oder Afrika selbst waren zunächst nur selten. So gab es auf publizistischer Ebene sowohl im Vorderen Orient als auch in Indien, Japan und China durchaus einige kritische Stimmen, die sich mit dem Vordringen und der Haltung der Europäer auseinandersetzten. Eigenständige Formen politischer Programmatik entwickelten die Vordenker Asiens und Afrikas allerdings kaum. Sowohl die Ideen nationaler Befreiung als auch die Bestrebungen kultureller und religiöser Selbstverwirklichung orientierten sich im wesentlichen an Vorbildern der abendländischen Welt. Das galt auch für die damals entstehenden „Pan-Bewegungen" wie z. B. den Panafrikanismus, Panislamismus, Panarabismus u. ä.

Der Panislamismus war eine religiös motivierte Sammlungsbewegung, die vom Herrscher des Osmanischen Reichs ins Leben gerufen worden war und zum Ziel hatte, durch einen weltweiten Zusammenschluß aller Muslime die morsche Herrschaft der Kalifen gegen fortschrittliche und säkulare Kräfte zu schützen. Im Gegensatz dazu hatte der Panarabismus einen rein weltlichen Charakter; die traditionellen kulturellen Werte der Araber gleich welcher Religion sollten gestärkt werden, und die Vielfalt der arabischen Völker sollte möglicherweise sogar zu einer politisch handlungsfähigen Einheit geformt werden – einer Vorform der „Arabischen Liga".

In Asien waren es vor allem der chinesische Arzt Sun Yat-Sen (▷ Kapitel 4.1) und der indische Dichter und Philosoph Rabindranath Tagore (1861–1941), die europäisches Gedankengut aufgriffen und es für die nationale Emanzipation der Asiaten von der europäischen Fremdherrschaft nutzten.

102 **Handel statt Eroberung.** Der britische Schriftsteller und Publizist Norman Lane Angell (1874–1967) warnt vor den Folgen der imperialistischen Politik und plädiert für ein friedliches Zusammenleben der Völker. Angell saß 1929–31 als Mitglied der Labour Party im Unterhaus; 1933 erhielt er den Friedensnobelpreis.

Weil das römische Recht und der römische Sprachgebrauch eine so große Rolle bei der Bildung unserer geistigen Vorstellungen spielen – und für Rom war eine Provinz etwas, was eine herrschende Kaste zur Ausbeutung besaß, weil die Erträge der Minen und die Steuern den Herrschern Roms zugute kamen –, glauben wir immer noch, daß die Eroberung eines Landes den Reichtum des erobernden Staates erhöht, während es natürlich bloß eine Vergrößerung des Verwaltungsgebiets ist; die Vorstellung, eine Annexion würde den erobernden Staat bereichern, wäre dann etwa gleichzusetzen mit der Annahme, der Staat New York würde seine Einwohner reicher machen, wenn er Maine erobert. [. . .] In der gleichen Weise haben wir die Terminologie und die geistigen Vorstellungen der feudalen Kämpfe übernommen, als ein Staat eine Person oder eine Familie war. Und wir sprechen über die Rivalität des deutschen Handels, als wäre Deutschland eine wirtschaftliche Einheit, ein Geschäftshaus. [. . .] Wir sprechen vom Haß oder von Freundschaft gegenüber Deutschland oder den Deutschen – 64 Millionen Männern, Frauen und Kindern, die wir nie gesehen haben und so, wie die Dinge liegen, nie sehen

werden, mit denen wir nicht in Kontakt kommen und auch nicht kommen können, deren persönliche Eigenheiten und Empfindlichkeiten uns nicht mehr berühren können als die der Bewohner Belutschistans, Tibets oder des Mars. [. . .]
Je mehr eine erobernde Nation ein Land ausspreßt, desto weniger kommt heraus, bis die Kosten, das Geld mit militärischen Mitteln einzutreiben, den Ertrag übersteigen. So war es beim spanischen Amerika der Fall: Spanien wurde desto ärmer, je mehr Gebiete es „besaß“. Der kluge Eroberer zieht darum der Eintreibung von Steuern und Abgaben ein Handelsmonopol vor – der alte Typ englischer Kolonien. Aber bei der Sicherung der Monopole verliert man mehr, als man gewinnt: Also erlaubt man den Kolonien, ihr eigenes System zu wählen. [. . .]
Endergebnis: Völliger Verzicht auf physische Gewalt, Zusammenarbeit auf der Basis wechselseitigen Gewinns als einzige Beziehung nicht nur zu den Kolonien, die nun selbständige Staaten geworden sind, sondern auch zu den wirklich fremden Staaten. Wir haben also nicht die Verschärfung des Kampfes der Menschen untereinander erreicht, sondern einen Zustand lebenswichtiger Abhängigkeit vom Wohlergehen der fremden Länder. [. . .]
Dieser Zustand wirtschaftlicher Wechselbeziehungen, der [. . .] das besondere Kennzeichen des Bankwesens ist: Die Tatsache, daß der Vorteil und die Zahlungsfähigkeit eines einzelnen mit dem Vorteil und der Zahlungsfähigkeit vieler verknüpft ist und daß es Vertrauen in die gebührende Erfüllung wechselseitiger Verpflichtungen geben muß, wenn nicht ganze Teile des Gebäudes morsch werden sollen, trägt einen großen Teil dazu bei zu beweisen, daß Moral letztlich nicht auf Selbstaufopferung begründet ist, sondern auf aufgeklärtem Eigennutz und einem klareren und vollständigeren Verständnis all der Bindungen, die uns miteinander verknüpfen. Und solch ein klareres Verständnis wird nicht nur die Beziehungen einer Gruppe zur anderen verbessern, sondern auch das Verhältnis aller Menschen zu allen anderen Menschen und so ein Bewußtsein schaffen, das eine wirkungsvollere menschliche Zusammenarbeit, eine bessere menschliche Gesellschaft bewirkt. [. . .]
Die Menschheit hat einen neuen Weg entdeckt und ist fähig, ihm zu folgen. Man hat gemerkt, daß das Glück leichter und sicherer durch Industrie als durch Plünderung, durch Geschäfte als durch Piraterie, durch Verkehr der Nationen untereinander als durch Isolierung erreicht werden kann. [. . .] Der Kampf um materielle Dinge schließt nicht notwendigerweise den Kampf zwischen getrennten Gruppen oder Staaten ein, weil nämlich diese materiellen Dinge in unendlich viel größerem Überfluß zur Verfügung stehen, wenn die Staaten aufhören zu kämpfen. Was auch immer der Ursprung dieser Konflikte war, es war jedenfalls kein unausweichlicher Konflikt in bezug auf die Ausbeutung der Erde. Wenn diese Konflikte überhaupt wegen materieller Dinge entstanden, dann geschah es wegen eines Irrtums über die beste Methode, sie zu erlangen und die Erde auszubeuten, und sie hörten auf, wenn die Betroffenen den Irrtum erkannten. [. . .]

Norman L. Angell, Arms and Industry, A Study of the Foundations of International Policy, New York/London 1914, Nachdruck New York/London 1973, S. 63 f., 109 f., 140 f., 143, 157 (Übers. A. Brückmann)

a) Analysieren Sie den Ansatz und den weltanschaulichen Hintergrund der Imperialismuskritik Angells.
b) Vergleichen Sie Angells Kritik mit der zeitgenössischen ökonomischen Argumentation für imperiale Expansion.
c) Enthält Angells Position ein entwicklungspolitisches Konzept für die Länder der sogenannten Dritten Welt?
d) Beurteilen Sie die Erfolgsaussichten des vorgetragenen Entwurfs.

103 **Kolonialismus, der Totentanz der bürgerlichen Gesellschaft.** Wilhelm Liebknecht (1829–1900), neben August Bebel (1840–1913) der bedeutendste SPD-Politiker der ersten beiden Jahrzehnte des deutschen Kaiserreichs, am 4. 3. 1885 im Reichstag:

Wir stehen gegenwärtig unter dem Zeichen der Sozialreform; auf allen Gebieten Sozialreform. Diejenige Frage, welche in der letzten Zeit am meisten Staub aufgeworfen hat, die Kolonialfrage, ist ebenfalls nur ein Teil der Sozialreform. [. . .] Man hat gerade die Kolonialfrage mit besonderem Eifer von dem Boden nüchterner Erwägung auf den des Chauvinismus, des Patriotismus, des nationalen Enthusiasmus hinüberzuführen gesucht. Das kann nur verwirren. Fragen wir uns ruhig: Was wird mit

der sogenannten Kolonialpolitik denn eigentlich bezweckt? Wenn wir auf den Grund gehen, so wird als der Zweck hingestellt: der Überproduktion und der Übervölkerung zu steuern. Aber was ist denn Überproduktion, und was ist Übervölkerung? Das sind ja doch sehr relative Begriffe. Ist Deutschland etwa übervölkert? Gerade die dichtest bevölkerten Gegenden in Deutschland liefern für die Auswanderung das geringste Kontingent, die am dünnsten bevölkerten liefern das stärkste.
Und was heißt Überproduktion? Wird etwa in Deutschland mehr produziert, als wir brauchen? Ist nicht die ungeheure Mehrzahl unserer Bevölkerung in der Lage, sehr viel zu brauchen? Sind alle Bedürfnisse befriedigt? Da kommen wir dann sofort zu dem eigentlichen Kern des Übels: Die Überproduktion, der wir steuern wollen, besteht in Wirklichkeit nicht; wenigstens nicht in der Form, wie behauptet wird. Das gleiche gilt von der Übervölkerung. Deutschland ist noch lange nicht übervölkert; bei vernünftiger sozialer Organisation, bei zweckmäßiger Organisation der Industriearbeit und bei wissenschaftlichem Betriebe des Ackerbaues könnte Deutschland eine weit größere Bevölkerung ernähren, als dies heutzutage der Fall ist. Die „Übervölkerung" liegt eben darin, daß wir mangelhafte soziale und wirtschaftliche Einrichtungen haben. Und gerade so ist es mit der Überproduktion. Da klagen unsere Fabrikanten, daß ihre Produkte keinen Absatz finden. Ja, meine Herren, warum haben sie keinen Absatz? Weil das Volk nicht kaufen kann, [...] mit dem Nationalreichtum geht Hand in Hand die Massenarmut, und weil in dem Maße, wie der Nationalreichtum und die Produktion sich vermehrt, die Massenarmut zunimmt, haben wir das furchtbare Mißverhältnis, daß auf der einen Seite riesig produziert wird und auf der anderen Seite die Konsumtionsfähigkeit schwindet. Das ist das soziale Problem, das ist das Übel, welches beseitigt werden muß. Und wird etwa durch die Kolonialpolitik etwas nach dieser Richtung erreicht? Nein, meine Herren, Sie exportieren einfach die soziale Frage. Sie zaubern vor die Augen des Volks eine Art Fata Morgana auf dem Sande und auf den Sümpfen Afrikas. [...]
Darum fällt es mir jedoch durchaus nicht ein, meine Herren, das gegenwärtige Wettrennen nach Kolonien, an welchem fast alle Kulturnationen sich beteiligen, irgendwie unbegreiflich zu finden. Die bürgerliche Gesellschaft sieht sich am Ende ihres Lateins. Das Mißverhältnis zwischen Produktion und Konsumtion, auf das ich vorhin hinwies, macht sich überall geltend; überall haben wir die Massenarmut. Und weil man im Innern die Waren nicht loswerden kann, will man nach außen hin sich Märkte verschaffen. Aus diesen selben Gründen hat England schon vor dreißig Jahren die Chinesische Mauer eingeschossen, um sein Opium zu verkaufen – und heute sind alle Nationen auf dieser Suche nach ausländischen Märkten. Aber, meine Herren, erreicht man etwa das Ziel? Das Beispiel Englands beweist am besten, daß dieses nicht der Fall ist. Das gegenwärtige Kolonialwettrennen möchte ich bezeichnen als den Totentanz der heutigen bürgerlichen Gesellschaft, die ihre letzten Karten ausgespielt hat und ihren Bankrott proklamiert. Im Lande selbst kann allein die soziale Frage gelöst werden, niemals durch Kolonialpolitik in der Ferne.

Zitiert nach: Horst Gründer, Der moderne Imperialismus, Düsseldorf 1980, S. 95 f.

a) Beschreiben Sie das Verhältnis von Innen- und Außenpolitik im Denken Liebknechts und prüfen Sie die Stichhaltigkeit seiner Argumentation.
b) Vergleichen Sie Liebknechts Position mit den Ausführungen Fabris (M 47).
c) Arbeiten Sie den sozialistischen Ansatz von Liebknechts Ausführungen heraus.

104 Afrika den Afrikanern. Der schwarze Geistliche und Gelehrte Edward W. Blyden (1832–1912) entwickelt ein antikolonialistisches Konzept für Afrika. Blyden wurde auf der damals in dänischem Besitz befindlichen westindischen Insel St. Thomas geboren und wanderte 1851 in das 1821/22 entstandene Liberia aus. Dort wirkte er später als Hochschullehrer und im Staatsdienst. Er setzte sich für die Ziele der 1816 gegründeten American Colonization Society ein, die sich um eine Rückführung freier Afro-Amerikaner nach Afrika (Gründung Liberias) bemühte.

In den letzten 25 Jahren ist eine ganze Bibliothek geschrieben worden, die genaue Einzelheiten über das Land und die Leute im Herzen des Kontinents [Afrika] enthält. Dabei wurden Gebiete bekannt, die gerade von Gott geschaffen zu sein schienen und nur darauf warteten, daß die Energien der Menschheit die zahlreichen Produkte ihres Bodens vervollkommnen würden: große Flüsse, ausgedehnte Wei-

den und Ackerland, Städte von beträchtlicher Größe, ein umfangreicher Binnenhandel und unzählige Millionen von Menschen, zum Teil mit Ansätzen zu einer eigenen Geschichte und mit der Fähigkeit, eine höhere Zivilisation zu empfangen und zu ihr beizutragen. Diese Entdeckungen haben die Aufmerksamkeit Europas mit frischer Neugier und Interesse auf Afrika gelenkt. Und dieses Interesse hat jüngst so zugenommen, daß der Wettstreit der führenden europäischen Mächte um den Besitz von Territorien an der Küste von der Londoner Times ohne die geringste Übertreibung als „Die Balgerei um Afrika“ bezeichnet worden ist. [...]
Die an der „Balgerei“ beteiligten Nationen sind alle Beispiele höchster Zivilisation, und ihre Ziele und Absichten dienen alle der Erleuchtung und dem Fortschritt. [...] Aber es erscheint uns unwahrscheinlich, daß das, was die Fremden in all den vergangenen Zeiten nicht geschafft haben, von deren Nachkommen der heutigen Generation erreicht werden wird. Das moderne Europa mit seiner ungeheuren Maschinerie intellektuellen und materiellen Fortschritts und mit all seinen humanitären Absichten steht gelähmt vor den Schwierigkeiten. [...] Angesichts der natürlichen Hemmnisse, mit denen sich die Fremden mühevoll auseinandersetzen müssen, und der durch das Eindringen der europäischen Zivilisation hervorgerufenen moralischen Probleme wollen wir [...] zu zeigen versuchen, wie eng jede Aussicht auf Erneuerung des afrikanischen Kontinents verbunden ist mit menschlichen Elementen in den Vereinigten Staaten, die dort im Überfluß vorhanden sind. [...] Der Neger im Exil ist der einzige, der, weil er ursprünglich aus Afrika stammt, dort leben, arbeiten und sich fortpflanzen kann. Sein Aufenthalt in Amerika hat ihm zahlreiche Vergünstigungen gebracht. Dadurch wurde er beschleunigt auf den Weg des Fortschritts gebracht und empfänglich gemacht für die Vergünstigungen der Zivilisation. Er erhielt ein Wissen der geoffenbarten Wahrheit in ihrer höchsten und reinsten Form. Wir glauben, daß die Deportation der Neger in die neue Welt genauso von einer weisen Vorsehung bestimmt war wie die Auswanderung der Pilgerväter von Europa nach Amerika. [...]
[Darum] muß Europa die Idee aufgeben, Afrika durch Kolonien seiner eigenen Staaten wiederzubeleben. [...] [Angesichts] der Schwierigkeiten, mit denen die Bemühungen der Europäer in Afrika ständig konfrontiert werden, kommen wir zwangsläufig zu dem Schluß [...], daß die Werkzeuge zur Wiederbelebung dieses Kontinents die Millionen Afrikaner in der westlichen Hemisphäre sind, wo sie nach fast 300 Jahren Aufenthalt immer noch als Fremde betrachtet werden. Nach unserer Meinung sollten diejenigen Europäer und Amerikaner, die sich um Afrika bemühen, diese Tatsache anerkennen; und die Nationen, die gemeinsam aktiv an der Deportation beteiligt waren, sollten genauso ernsthaft an der Wiederherstellung gemeinsam arbeiten. Das ist die Wiedergutmachung, auf die die Natur wartet, bevor sie auch nur mit einem Finger die europäischen Bemühungen unterstützt. Gerechtigkeit muß der Barmherzigkeit vorangehen. Seid erst gerecht und dann großzügig!
Der Neger wird durch den Drang seiner Natur nach Afrika gezogen. Nicht alle Farbigen sollten die Vereinigten Staaten verlassen und nach Afrika gehen. [...] Für die Arbeit, die getan werden muß, sind viel weniger als ein Zehntel der sechs Millionen nötig. [...] In diesem Land gibt es Neger genug, die sich an der Rückkehr beteiligen – Abkömmlinge Afrikas, die auf die Instinkte der Rasse vertrauen und die ihre Pflicht gegenüber ihrem Vaterland erkennen. Ich bin froh darüber zu wissen, daß es hier, wo die Lehren von Generationen die Rasse herabsetzten, viele gibt, die zuversichtlich sind, daß es Männer und Frauen gibt, die gehen werden, die ein ruheloses Gefühl der Heimatlosigkeit haben, das nicht eher beruhigt wird, bis sie in dem großen Land stehen, wo ihre Vorväter lebten. [...]

Edward W. Blyden, Christianity, Islam and the Negro Race, London 1887, Neudruck Edinburgh 1967, S. 337f., 349, 109 (Übers. A. Brückmann)

a) Beschreiben Sie Blydens Konzept für die Emanzipation Afrikas und untersuchen Sie seinen geistigen Hintergrund.
b) Erörtern und beurteilen Sie Blydens Vorstellungen hinsichtlich der Rolle der schwarzen Amerikaner und der Bedeutung der Ideen der europäischen Zivilisation.

♦

1. *Setzen Sie sich kritisch mit Tragweite und Grenze der Imperialismuskritik auseinander. Welche Position erscheint Ihnen am realistischsten und den meisten Erfolg versprechend?*
2. *Warum hatte die Kritik am Imperialismus vor dem Ersten Weltkrieg wenig Resonanz?*
3. *Prüfen Sie, ob die Überlegungen der Imperialismus-Kritiker mögliche Ansätze für die heutige entwicklungspolitische Diskussion in sich bergen.*

5.3 Der Weltkrieg

Mit dem Ersten Weltkrieg fand das Zeitalter des europäischen Imperialismus seinen Höhepunkt und Abschluß. Dieses epochale Ereignis sollte die europäische Mächtekonstellation tief erschüttern und verändern. Am Ende des Krieges mußte die politische Landkarte vor allem Osteuropas, des Balkans und des Vorderen Orients neu gezeichnet werden, die politische und gesellschaftliche Ordnung der drei bedeutenden europäischen Kaiserreiche (Deutschland, Österreich und Rußland) brach zusammen. Revolutionäre Veränderungen brachten neue Staats- und Gesellschaftssysteme hervor, die prägend für fast das ganze 20. Jahrhundert wurden.

1914	28. Juni	In Sarajewo wird der österreichische Thronfolger Franz Ferdinand von einem Mitglied der serbischen Geheimorganisation „Schwarze Hand“ ermordet.
	23. Juli	Die österreichische Regierung richtet ein scharfes Ultimatum an Serbien.
	1. August	Nach der russischen (30. Juli) und österreichischen (31. Juli) Generalmobilmachung erklärt das Deutsche Reich Rußland den Krieg. Kriegserklärung des Reiches an Frankreich (3. August), Großbritanniens an das Reich (4. August).
1917	6. April	Die USA treten mit der Kriegserklärung an Deutschland in den Krieg ein.
	24. 10. (6. 11.)	In der Oktoberrevolution übernehmen die Bolschewiken unter Lenin die Regierung in Rußland.
1918	8. Januar	Präsident Woodrow Wilson verkündet vor dem Kongreß seine „Vierzehn Punkte“.
	3. März	Im Frieden von Brest-Litowsk zwischen Rußland und Deutschland wird die russische Regierung gezwungen, auf weite Teile ihres Territoriums (Baltikum, Polen, Ukraine) zu verzichten.
	9. November	Novemberrevolution in Deutschland: Rücktritt Kaiser Wilhelms II., der „Rat der Volksbeauftragten“ aus SPD und USPD übernimmt die Regierung.
1919	28. Juni	Unterzeichnung des Versailler Vertrags: Deutschland als Kriegsschuldiger, Reparationen, territoriale Verzichte und Verlust der Kolonien; Gründung des Völkerbunds, Mandatsverwaltung der ehemaligen deutschen Kolonien und in Teilen des früheren Osmanischen Reichs.

Die Julikrise

Die explosive Lage auf dem Balkan (▷ S. 122 ff.) löste schließlich den Ersten Weltkrieg aus. Ein Attentat des großserbischen Untergrundkämpfers Gavrilo Princip auf das österreichische Thronfolgerpaar in Sarajewo, der Hauptstadt von Bosnien-Herzegowina, brachte am 28. Juni 1914 die verhängisvolle Lawine ins Rollen. Österreich-Ungarn, das sich die Slawen zuletzt durch die Annexion von Bosnien-Herzegowina zu erbitterten Feinden gemacht hatte, sah sich durch den slawischen Nationalismus existentiell bedroht. Entscheidend war nun, daß in dem eskalierenden österreichisch-serbischen Konflikt Rußland einerseits und das Deutsche Reich andererseits nicht abseits stehen wollten bzw. konnten. Die Regierung des Zaren konnte es sich nicht leisten, seinen wichtigsten Verbündeten auf dem Balkan im Stich zu lassen, während Deutschland dem letzten ihm nach den Veränderungen der gesamteuropäischen Lage noch verbliebenen Bündnispartner verpflichtet war.

Die deutsche Regierung befand sich dabei in der Gefahr, bei einem Engagement auf dem Balkan sowohl Rußland als auch dessen wichtigsten Bündnispartner Frankreich in den Konflikt mit einzubeziehen. Dabei drohte sogar die Gefahr eines gesamteuropäischen Krieges. Die Vorbereitung einer britisch-russischen Marinekonvention machte nämlich die Hoffnungen der Deutschen zunichte, Großbritannien aus dem Konflikt herauszuhalten. Die angestrebte gesamteuropäische Sicherheitspolitik im Einvernehmen mit den Briten und die auf eine forcierte Flottenrüstung (▷ Kapitel 3.2.2) gestützte und gegen Großbritannien gerichtete deutsche Weltmachtpolitik schlossen sich offensichtlich gegenseitig aus.

Der „Blankoscheck"

Unbestritten ist, daß die deutsche Regierung durch die Zusage der vollen Rückendeckung und Bündnistreue gegenüber Österreich („Blankoscheck" vom 5. Juli 1914) den Verbündeten zu einem raschen Vorgehen gegen Serbien ermunterte. Nicht völlig geklärt sind dagegen die leitenden Motive bei diesem letztlich verhängnisvollen Schritt. Zwei Interpretationen stehen zur Diskussion:

(1) Deutschland wollte den Balkan-Konflikt nutzen, um seine seit langem gehegten Weltmachtpläne durch ein bewaffnetes Vorgehen voranzutreiben; dabei sollte vor allem die Machtbasis in Mitteleuropa erweitert und gefestigt werden; gleichzeitig sollte der Krieg die bedrohte gesellschaftliche Stellung der bisher herrschenden Schichten stabilisieren. Als Beleg für diese Sichtweise dient vornehmlich das sogenannte „Septemberprogramm" (▷ M 116 a)) der deutschen Reichsregierung.

(2) Deutschland versuchte, Rußland durch eine Strategie des „kalkulierten Risikos" auszumanövrieren und gleichzeitig die Machtstellung des bedrohten österreichischen Bündnispartners zu festigen: In einem lokalisierten Krieg auf dem Balkan sollte dem Zarenreich entweder die Rolle des nachgebenden Schwächlings zugeschoben werden, so daß es in den Augen Frankreichs und Großbritanniens diskreditiert war (Sprengung der Entente); oder Rußland würde den Serben militärisch zu Hilfe eilen und damit einen internationalen Krieg auslösen: Dadurch hätte es sich als Angreifer in Mißkredit gebracht, während sich der Krieg in Deutschland innenpolitisch als Verteidigungsakt rechtfertigen ließe.

Als der Kronrat in Rußland nach einem scharf formulierten Ultimatum Österreichs an Serbien beschloß zu intervenieren, war die Katastrophe trotz letzter britischer Vermittlungsversuche nicht mehr aufzuhalten. Nun ging es – entsprechend der verhängnisvollen Automatik der Bündnisverpflichtungen und gebunden von den Fesseln offensiver militärischer Strategien – Schlag auf Schlag: Am 28. Juli erklärte Österreich Serbien den Krieg, worauf zunächst Rußland und dann Deutschland mit der Generalmobilmachung reagierten. Am 1. August erklärte das Reich den Russen, am 3. August den Franzosen den Krieg, am 4. August folgte nach der Verletzung der belgischen Neutralität durch die deutschen Truppen (Schlieffen-Plan, s. u.) die Kriegserklärung Großbritanniens an Deutschland.

Kriegsmentalität

Der Ausbruch des Krieges wurde vor allem in Deutschland mit ungeheurer Begeisterung begrüßt. Sie ist kennzeichnend für eine im Zeitalter des Imperialismus weit verbreitete Mentalität. In Europa und in Deutschland besonders galt der Krieg als durchaus erlaubtes Mittel der Durchsetzung wichtiger staatlicher oder gesellschaftlicher Interessen. Der Sozialdarwinismus mit seiner Vorstellung vom Kampf der Völker ums Dasein und vom Recht des Stärkeren lieferte dazu die pseudowissenschaftliche Legitimation. Als moralische Begründung für den Krieg sprach man von der „reinigenden Kraft" oder der schmerzhaften, aber heilsamen Wirkung des Krieges. Damit wurde das grausame Kriegsgeschehen idealistisch überhöht. Während der Krisenzeit vor dem Krieg entwickelte sich verstärkt ein Freund-Feind-Denken; Kampfbereitschaft, Härte, Aggressivität und Kompromißlosigkeit galten als Leitlinien des Handelns, Verhandlungen, Kompromisse, Nachgeben dagegen als Schwäche. Diese Vorstellungen wurden getragen von konservativen Verbän-

Ausmarsch (1915)

Als wir aus der Stadt marschiert,
sangen wir ein Abschiedslied.
Stolze Mädchen sahn uns nach,
und die treue Mutter sprach:
Sohn, leb wohl!

Eine, die ich gut gekannt,
gab mir ihre weiße Hand,
hing mir eine Nelke an!
Liebes Herz, erfreu Dich dran,
komm gut heim!

Jene Nelke welkte bald,
's Feld ist jetzt mein Aufenthalt.
Kann nicht mehr nach Blumen sehn,
muß in Blut und Schlachten gehn
manchen Tag.

Nachts, wenn mich ein Traum erfüllt,
seh ich meiner Heimat Bild.
Und zwei Augen blinken fern,
freundlich wie ein Gottesstern
nach mir hin.

Liebes, braunes Augenpaar,
leuchtest du mir immerdar?
Wirst du auch in Todespein
und im Sterben bei mir sein,
wenn's mich trifft?

Treue Liebe weint und wacht,
harrt und hofft durch Tag und Nacht.
Kehr' ich glücklich wieder heim,
wird bald eine Hochzeit sein!
Lache, Schatz!

Oskar Wöhrle, Kanonier

105 Kriegsbegeisterung bei Ausbruch des Krieges: Ausmarsch. Simplicissimus, 1915.
Bestimmen Sie die propagandistische Wirkung von Abbildung und Gedicht und nehmen Sie dazu Stellung.

den wie den Alldeutschen und dem Flottenverein und bestimmten immer stärker die Publizistik, die wiederum die öffentliche Meinung prägte.

Kriegsverlauf

Anfangs wurde der Kriegsverlauf im wesentlichen durch den 1905 vom deutschen Generalstabschef Alfred von Schlieffen (1833–1913) entwickelten Plan bestimmt, der einem Zweifrontenkrieg Rechnung tragen sollte: Die Ostfront und der südliche Teil der Westfront zwischen Metz und der Schweizer Grenze sollten nur schwach gesichert werden, während die Hauptkraft der deutschen Armeen in einer umfassenden und schnell vorgetragenen Zangenbewegung von Norden durch die neutralen Länder Belgien und Luxemburg vorstoßen und die französischen Streitkräfte einkreisen und vernichten sollte. Den Franzosen gelang es jedoch, in der Schlacht an der Marne im September 1914 den Vormarsch der Deutschen zu stoppen, so daß sich der geplante Bewegungskrieg für die nächsten Jahre zum grausamen Stellungs-, Graben- und Abnutzungskrieg wandelte, in dem Millionen von deutschen, französischen und britischen Soldaten ums Leben kamen. Die zur gleichen Zeit vorgetragene russische Offensive gegen die geschwächte deutsche Ostfront konnte in Ostpreußen durch zwei siegreiche Schlachten bei Tannenberg und den Masurischen Seen zum Stillstand gebracht werden. Im weiteren Kriegsverlauf an der Ostfront dominierten die Mittelmächte.

Krieg zur See

Dagegen konnte zur See die mit so viel Propaganda aufgerüstete deutsche Kriegsflotte nie entscheidend in den Kriegsverlauf eingreifen. Im Gegenteil: Der britischen Flotte gelang es weitgehend, eine Fernblockade des Ärmelkanals und des Seegebiets zwischen Schottland und Norwegen aufrechtzuerhalten und so die Mittelmächte vom Welthandel und den notwendigen Lebensmitteleinfuhren abzuschneiden. Strategisch blieb die deutsche Flotte fast ohne Wirkung, da die Marineleitung das Risiko einer Auseinandersetzung mit der überlegenen britischen Flotte scheute. Daran änderte auch der Achtungserfolg der Deutschen in der einzigen größeren Seeschlacht des Krieges vor dem Skagerrak im Sommer 1916 nichts. Aus diesem Grund suchte die deutsche Führung nach der Skagerrakschlacht ab dem 1. Februar 1917 ihre Zuflucht im uneingeschränkten U-Boot-Krieg, der sich auch gegen Handels- und Passagierschiffe neutraler Staaten richtete, dabei bewußt das Risiko eines Kriegseintritts der USA in Kauf nehmend, der dann auch am 6. April 1917 erfolgte.

Vorstufe zum totalen Krieg

Nach dem Scheitern des Schlieffen-Plans und dem Übergang vom schnellen Bewegungskrieg zum Stellungskrieg änderte sich der Charakter des Krieges grundlegend. Je länger die Auseinandersetzung dauerte, desto weniger ließ sie sich im Stil der „Kabinettskriege“ des 18. und 19. Jahrhunderts in Grenzen halten. Im Zeitalter der fortgeschrittenen Technisierung wurden nun zunehmend die gesamten technischen, wirtschaftlichen und menschlichen Ressourcen der kriegführenden Mächte aktiviert, so daß der Erste Weltkrieg immer stärker Züge dessen annahm, was später als „totaler Krieg“ bezeichnet wurde: Einsatz moderner Kampfmittel mit hoher Vernichtungskraft (Tanks, Flugzeuge, Giftgas, Flammenwerfer, Trommelfeuer usw.), Beeinträchtigung der Zivilbevölkerung durch Handelsblockade, Mobilisierung der Bevölkerung zum Arbeitseinsatz (Frauenarbeit) und Kriegswirtschaft. So war der Erste Weltkrieg eine Übergangsform zwischen dem Nationalkrieg der früheren Zeit, der vornehmlich auf dem Schlachtfeld ausgefochten wurde und dem er vor allem in der Anfangsphase noch ähnelte, und dem totalen Krieg späterer Zeiten (Zweiter Weltkrieg, Vietnam-Krieg usw.), der die Vernichtung großer Teile der Bevölkerung, der Ressourcen, der Infrastruktur und der Natur des feindlichen Landes durch massive Bombardierung aus der Luft mit der Möglichkeit eines verheerenden Nuklearschlages zum Ziel hatte.

Kriegsziele

Vor allem in Deutschland spielte während des Krieges die Diskussion der Kriegsziele eine wichtige Rolle. In ihr wurde ein Bündel von ökonomischen, innen- und machtpolitischen Motiven offenbar, die die krisenhafte Struktur des Reichs widerspiegeln. Hinter und über allem stand dabei die Frage, ob primär die Sicherung der damaligen Machtstellung oder die Machterweiterung und die Hegemonie in Europa das Hauptziel sein sollte. Diese Frage trennte die politischen Lager und bewirkte eine bis weit in die gesellschaftliche Öffentlichkeit reichende Polarisierung zwischen „Annexionisten“ und Verständigungsbereiten. Hauptvertreter der ersten Gruppe waren die Konservativen, die Nationalliberalen und zu Anfang auch das Zentrum, dazu kamen die führenden industriellen Wirtschaftsverbände, die Alldeutschen und auch zahlreiche Intellektuelle. Auf der anderen Seite stand die organisierte Arbeiterbewegung mit der SPD an der Spitze und die linksliberale Fortschrittspartei.

Ökonomische Interessen – der Gewinn von Rohstoffquellen und Nahrungsmittelressourcen – zeigten sich zwar schon früh und ganz offen in den Programmen der Annexionisten. Aber es wäre verfehlt, die Kriegszielfrage auf industrielle Expansionsgelüste oder Autarkiebestrebungen zu reduzieren. Vielmehr war den herrschenden Kräften klar, daß die gefährdeten konservativen Machtstrukturen nur bei einem Sieg gerettet werden konnten. Der Massenkrieg hatte nämlich die gesellschaftlichen und politischen Werte der Vorkriegszeit weitgehend ausgehöhlt, so daß bei einer Niederlage oder auch nur dem Erhalt des Status quo kein Weg an den bisher verhinderten Verfassungsreformen oder gar einer Revolution vorbeiführen würde. Über die Realisierung expansiver Kriegsziele hofften die alten Kräfte, die Politik, die zum Krieg geführt hatte, zu rechtfertigen und damit auch gleichzeitig die alten Herrschaftsverhältnisse wieder zu festigen. Das war unter anderem auch deswegen wichtig, weil die westlichen Alliierten, zu denen 1917 auch die USA stießen, als weitgehend demokratisch geordnete Nationalstaaten den Krieg als „Kampf der Demokratie gegen die Autokratie" verstanden. Konkreter Ausdruck der deutschen Macht- und Expansionsinteressen war das auf Veranlassung von Reichskanzler Bethmann Hollweg (▷ S. 136) entworfene „Septemberprogramm" aus dem Jahre 1914, das als Ziel des Kriegs eine deutsche Hegemonie über Mitteleuropa formulierte.

Friedensversuche

Als der deutsche Angriff in Frankreich steckenblieb, gewann Bethmann Hollweg allmählich die Überzeugung, daß Deutschland keinen militärischen Sieg erringen könne. Daher machte der Kanzler im Dezember 1916 öffentlich vor dem Reichstag ein allgemein gehaltenes Friedensangebot an die Kriegsgegner. Diese lehnten das Angebot umgehend ab, weil es keine konkreten Angebote oder Bedingungen enthielt. Gleichzeitig hatte Bethmann Hollweg gehofft, durch seine Initiative den radikalen Annexionisten das Wasser abzugraben, die angesichts der immer wirkungsvoller werdenden englischen Seeblockade den uneingeschränkten U-Boot-Krieg propagierten. Wie sich zeigte, konnte er sich jedoch nicht gegen die rabiaten Vertreter eines „Siegfriedens" durchsetzen, an deren Spitze seit dem Sommer 1916 die Führung der Obersten Heeresleitung (OHL) unter den Generälen Paul von Hindenburg (1847–1934) und Erich Ludendorff (1865–1937) stand. Ein Dokument ihrer Zielvorstellungen ist der Diktatfriede von Brest-Litowsk vom März 1918. Nach der Eroberung Serbiens, Montenegros und Rumäniens und dem militärischen Zusammenbruch Rußlands diktierte Deutschland der nach dem revolutionären Umsturz des Zarenreichs an die Macht gekommenen, aber noch schwachen neuen Regierung der Bolschewiki unter Lenin und Trotzki (1879–1940) ihre Friedensbedingungen: Rußland verlor das Baltikum und Polen an Deutschland, Finnland und die Ukraine wurden unter deutschem Einfluß stehende, formal selbständige Staaten. Als Ziel schwebte der „Siegfriedens-Partei" ein deutsches Ostimperium vor, in gewisser Weise ein Vorspiel zu nationalsozialistischen, mit dem Rußlandfeldzug verbundenen Plänen.

Dies alles geschah, obwohl im Jahre 1917 die Bestrebungen, die auf einen Verhandlungsfrieden drängten, wieder stärker aufgelebt waren. Drei Faktoren waren dafür verantwortlich: Die russische Februarrevolution und die Formel des Petrograder Sowjets vom „Frieden ohne Annexionen und Kontributionen" (2. (15.) Mai 1917) verfehlten ihre Wirkung bei den Deutschen nicht; im Innern des Reichs signalisierte eine Streikbewegung gegen Hunger (nach dem „Steckrübenwinter" 1916/17) und Arbeitsbelastung den wachsenden Unmut der Bevölkerung; der Kriegseintritt der USA im April machte die militärische Lage noch aussichtsloser. Auf diesem Hintergrund entwickelte der Reichstag erstmals eine – ihm laut Verfassung nicht zustehende – außenpolitische Initiative und verabschiedete, getragen von einer Mitte-Links-Mehrheit, seine Friedensresolution vom 19. Juli 1917: Er forderte einen Frieden „ohne Annexionen" und „ohne Kriegsentschädigung auf Grund des Selbstbestimmungsrechts der Völker". An der Politik der nicht an das Parlament gebundenen Regierung oder gar der OHL änderte sich freilich nichts. Die Initiative zur Parlamentarisierung war noch zu früh: Die gemeinsame Basis der Reformkräfte war sehr schmal, und eine anerkannte Führerpersönlichkeit fehlte.

Kriegswirtschaft

Alle kriegführenden Staaten mußten ihre Wirtschaft mit Beginn des Krieges stark umstellen. Nach und nach wurden die freiheitlichen Wirtschaftsformen der Vor-

106 Frauen beim Granatendrehen während des Ersten Weltkriegs. Postkarte.
Welche Veränderungen im Leben der Zivilbevölkerung bewirkte der Krieg?

kriegszeit durch eine vom Staat kontrollierte Zwangs- und Planwirtschaft ersetzt. Zwei Faktoren bestimmten dabei den Grad und den Charakter der Kriegswirtschaft: (1) die Quantität und Qualität der Rohstoffbasis und der Lebensmittelproduktion des eigenen Landes; (2) der Zugang zu den weltweiten Transport- und Handelswegen.

Schon im ersten Kriegswinter gab es allenthalben erhebliche Engpässe bei der Lebensmittelversorgung, die sich im Verlauf der nächsten Jahre verschärften und zu ernsthaften Ernährungsproblemen führten. In Deutschland waren dafür zwei Faktoren verantwortlich: (1) Bereits in der Vorkriegszeit war Deutschland zu einem Teil auf Getreide-, Fleisch- und sonstige Nahrungsmittelimporte angewiesen. Dieser Importbedarf verstärkte sich zusehends dadurch, daß nach dem Kriegsausbruch die Landwirtschaft mehr und mehr zugunsten der Rüstungsindustrie und der Streitkräfte benachteiligt wurde. (2) Die Blockade der Seehandelswege durch die britische Flotte war so wirkungsvoll, daß Deutschland von ausländischen Einfuhren praktisch abgeschnitten war.

Die Versorgung mit Rohstoffen unterlag ähnlichen Einschränkungen. Eine zum Teil erhebliche Umstellung der Wirtschaft auf mehr oder weniger unzulängliche Ersatzstoffe, auf die Ausbeutung von Rohstoffen in besetzten Gebieten, auf Sparmaßnahmen, auf die Verwertung von Abfällen u. ä. war die Folge. Jedoch gingen durchaus innovatorische Impulse von dieser Mangelsituation aus: Die synthetische Gewinnung von Salpetersäure mit Hilfe des Luftstickstoffs (Ammoniaksynthese: Haber-Bosch-Verfahren 1913) wurde mit staatlichen Mitteln zur großindustriellen Produktionsreife gebracht, so daß die heimische Chemieindustrie ab 1915 die notwendigen Rohstoffe für die Pulver- und Sprengstoffproduktion sowie – in eingeschränktem Maße – für die Düngemittelindustrie zur Verfügung stellen konnte. Ohne dieses Verfahren hätten die deutschen Streitkräfte bereits Anfang 1915 mangels Munition die Kampfhandlungen einstellen müssen.

Formen einer kriegsbedingten Planwirtschaft

Zur Meisterung der wirtschaftlichen Probleme wurden in Deutschland wie auch in anderen Ländern Formen der Plan- und Zuteilungswirtschaft mit den entsprechenden Behörden ins Leben gerufen. Im Bereich der Lebensmittelversorgung waren das die Reichsgetreidestelle, die im Mai 1916 im Kriegsernährungsamt aufging. Bereits nach dem zweiten Kriegswinter mußte diese Behörde alle Grundnahrungsmittel rationieren. Dies führte zu Unterernährung und ernsthaften Hungerkrisen: Der Unmut in der Bevölkerung wuchs und äußerte sich in Kriegsmüdigkeit und massiver Kritik am herrschenden System.

Erheblich effektiver wurde das Problem der Rohstoffversorgung und der Kriegsproduktion angegangen. Bereits im August 1914 übernahm der Industrielle Walther Rathenau (1867–1922), gestützt auf die Stellvertretenden Generalkommandos, in deren Händen während des Kriegs die exekutive Gewalt lag, die Kriegsrohstoffabteilung im Kriegsministerium. In ihrer Hand lag die Zwangsbewirtschaftung der Rohstoffvorräte, die Rohstoffbeschaffung, die Lenkung der Produktion und die Herstellung von Ersatzstoffen. Dazu wurden sogenannte Kriegsgesellschaften ins Leben gerufen, gemischtwirtschaftliche Verwaltungs- und Lenkungsorgane unter staatlicher Aufsicht, die mit Hilfe detaillierter Jahrespläne die staatlichen Vorgaben realisieren sollten.
Nachdem Hindenburg und Ludendorff die Oberste Heeresleitung übernommen hatten, verkündeten sie im Sommer 1916 das sogenannte „Hindenburg-Programm": Die Verdoppelung der Munitionsproduktion und die Verdreifachung der Herstellung von Geschützen und Maschinengewehren. Zur Realisierung dieses Konzepts wurde die Kriegsrohstoffabteilung in das neue „Kriegsamt" mit General Wilhelm Groener an der Spitze integriert, bei dem alle Fäden der Rüstungswirtschaft zusammenlaufen sollten.

Das Ende 1918

Als nach dem Frieden von Brest-Litowsk die im Westen mit letzter Kraft vorgetragene deutsche Frühjahrs- und Sommeroffensive des Jahres 1918 an der energischen Gegenoffensive der Alliierten scheiterte, zerbröckelte die deutsche Front zusehends, und die Truppen zogen sich auf die deutschen Grenzen zurück. Um einer drohenden Niederlage zuvorzukommen, drängte die Oberste Heeresleitung wegen der Aussichtslosigkeit des Krieges auf einen sofortigen Waffenstillstand. Daraufhin machte die deutsche Regierung den Alliierten am 4. Oktober ein entsprechendes Angebot, wobei sie sich auf die Kongreßbotschaft des amerikanischen Präsidenten Woodrow Wilson (1856–1924) vom Januar 1918 bezog („14 Punkte"). Danach signalisierte die Meuterei einiger Mannschaftsteile der deutschen Flotte, die sich bald zu einer Revolution von Soldaten und Arbeitern mit rätedemokratischen Formen ausweitete („Novemberrevolution"), den politischen Zusammenbruch des Kaiserreichs (Abdankung des Kaisers und Proklamation der Republik am 9. November) noch vor dem eigentlichen Waffenstillstand mit den Entente-Mächten, der am 10. November unterzeichnet wurde und am Tag darauf in Kraft trat.

Friedensverträge und Ende der Kaiserreiche

Das Ende des Krieges bedeutete auch das Ende der monarchisch-konservativen Herrschaftssysteme mit vordemokratischen Strukturen in Europa: Das Regime des russischen Zaren hatte schon im Februar 1917 sein Ende gefunden, mit der Niederlage und dem Zerfall ihrer Macht mußten auch der deutsche Kaiser Wilhelm II. und der österreichische Kaiser Karl ihren Thron räumen. Deutschland mußte außerdem territoriale Verluste hinnehmen, blieb jedoch als Großmacht erhalten. Der 1919 geschlossene Friedensvertrag von Versailles sah die Abtretung von Elsaß-Lothringen und dem polnischen Korridor sowie von Eupen-Malmedy, Nordschleswig und einem Teil Oberschlesiens (nach Volksabstimmungen) vor. Danzig wurde zur Freien Stadt erklärt und zusammen mit dem Saarland, das den Franzosen für fünfzehn Jahre zur wirtschaftlichen Nutzung überlassen wurde, dem Völkerbund unterstellt. Die Deutschen verloren alle ihre Kolonien, die den Siegern als Völkerbundmandate übergeben wurden. Weitere Bestimmungen sollten die Gefahr einer künftigen Hegemonie des Reichs in Europa verhindern: Reduzierung des Heeres auf 100 000 Mann, Verbot schwerer Waffen, Entmilitarisierung des linksrheinischen Gebiets und Besetzung wichtiger grenznaher Städte wie Köln oder Koblenz. Außerdem wurde Deutschland zur Zahlung von Reparationen verpflichtet.
Weitere Friedensverträge (Pariser Vorortverträge) galten den Verbündeten Deutschlands, mit dem Ergebnis, daß weite Teile Osteuropas neu gegliedert wurden. Österreich verlor seine Gebiete auf dem Balkan und wurde auf den deutschsprachigen Teil (mit Ausnahme von Südtirol, das an Italien fiel) reduziert. Gleichzeitig bildeten die Siegermächte als neue souveräne Staaten Ungarn, die Tsche-

choslowakei, Polen und Jugoslawien, wobei sie nur wenig auf nationale Besonderheiten Rücksicht nahmen. So entstand z. B. auf dem Balkan mit Jugoslawien ein neuer Vielvölkerstaat mit allen seinen Problemen. Auch das Osmanische Reich zerfiel nach der Niederlage: Es verlor fast seinen gesamten noch verbliebenen territorialen Besitz in Europa und im Nahen Osten und mußte sich auf das Gebiet der heutigen Türkei beschränken. Die Nahostgebiete teilten Großbritannien (Irak, Palästina, Protektorat über das Königreich Hedschas auf der arabischen Halbinsel) und Frankreich (Syrien und Libanon) untereinander auf. In den nächsten Jahren gelang es der nationaltürkischen Erneuerungsbewegung Mustafa Kemals („Atatürk", 1880–1938), die Macht in der Türkei zu übernehmen. Ende 1922 mußte der letzte Sultan Mohammed VI. seinen Abschied nehmen, aus der Türkei wurde eine Republik mit Mustafa Kemal als erstem Präsidenten.

Perspektiven einer neuen Weltordnung

In seiner Kongreßbotschaft vom Januar 1918 hatte der amerikanische Präsident Wilson neben Friedensbedingungen die Perspektiven einer neuen Weltordnung entwickelt, die eine Gemeinschaft freier demokratisch legitimierter und regierter Völker zum Ziel hatte. Dieser Plan wurde nach dem Krieg realisiert. Die Gründung des „Völkerbunds" mit Sitz in Genf war Teil des Vertragswerks von Versailles und Paris im Jahre 1919. Dieses internationale Gremium, ein Vorläufer der heutigen Vereinten Nationen, sollte über die Verbindlichkeit von Grenzen und Verträgen wachen und mögliche Konflikte durch die Anrufung eines Schiedsgerichts in Den Haag schlichten. Verstöße gegen die Friedensordnung sollten durch Sanktionen, Boykottmaßnahmen oder unter Umständen auch mit Hilfe einer internationalen Streitmacht geahndet werden. Die ihm zugedachte Rolle konnte der Völkerbund jedoch nicht erfüllen, da die USA sich an ihm gar nicht und die UdSSR erst ab 1933 beteiligten. Auch Deutschland betrachtete dieses Gremium, dem es erst 1926 beitreten konnte, mit Skepsis.

Ende des europäischen Zeitalters

Mit dem Ausgang des Ersten Weltkriegs zerfiel das europäische Staatensystem des 19. Jahrhunderts. Die neuen Großmächte USA und UdSSR traten ins Rampenlicht der Geschichte, die Gewichte der Weltpolitik verschoben sich. Diese beiden Supermächte spielten für die nächsten rund siebzig Jahre, vor allem nach dem Ende des Zweiten Weltkriegs, die dominierenden Rollen in Weltpolitik und -wirtschaft. Die europäischen Staaten mußten ins zweite Glied zurücktreten. So läutete der Erste Weltkrieg das Ende der Vorherrschaft der europäischen Mächte über die übrige Welt ein. Frankreich und Großbritannien behielten zwar noch ihre Kolonien, aber der Geist von nationaler Unabhängigkeit und demokratischer Selbstbestimmung konnte seine Wirkung auf die beherrschten Völker nicht verfehlen. Die Katastrophe des Zweiten Weltkriegs besiegelte schließlich das Ende des europäischen Zeitalters. Die von den Kolonialmächten in weiten Teilen unserer Welt mit verursachten wirtschaftlichen, politischen, sozialen und psychischen Schäden und deren Folgeerscheinungen sind jedoch bis heute nicht behoben.

107 **Präventivkrieg?** Gottlieb von Jagow (1863–1935, 1913–1916 Staatssekretär des Auswärtigen Amtes) über ein Gespräch mit Generalstabschef Helmuth von Moltke (1848–1916) im Mai/Juni 1914:

Unterwegs entwickelte mir Moltke seine Auffassung unserer militärischen Lage. Die Aussichten in die Zukunft bedrückten ihn schwer. In 2–3 Jahren würde Rußland seine Rüstungen beendet haben. Die militärische Übermacht unserer Feinde wäre dann so groß, daß er nicht wüßte, wie wir ihrer Herr werden könnten. Jetzt wären wir ihnen noch einigermaßen gewachsen. Es bleibe seiner Ansicht nach nichts übrig, als einen Präventivkrieg zu führen, um den Gegner zu schlagen, so lange wir den Kampf noch einigermaßen bestehen können. Der Generalstabschef stellte mir demgemäß anheim, unsere Po-

litik auf die baldige Herbeiführung eines Krieges einzustellen. [...]
Ich entgegnete ihm, daß ich mich nicht dazu verstehen könnte, einen Präventivkrieg heraufzubeschwören und erinnerte an das Bismarcksche Wort, man könne der Vorsehung nicht in die Karten sehen. Den Ernst unserer Lage verhehlte ich mir zwar nicht. Ich habe auch nie den Gedanken eines Präventivkrieges prinzipiell und a limine [von vornherein] verurteilt. Ein solcher kann unter Umständen als Defensivkrieg – so wie es Moltke auch jetzt ansah – zur unvermeidlichen Aufgabe einer vorausschauenden Politik werden. Erscheint ein Krieg unvermeidlich, so soll man sich den Moment nicht von dem Feind diktieren lassen, sondern ihn selbst bestimmen. Auch der fanatischste Friedensfreund wird, wenn er nicht ein ganz hirnverbrannter Doktrinär ist, diese Regel anerkennen. [...] Aber abgesehen davon, daß der geeignete Moment vielleicht schon verpaßt war (bei dem Zusammenschluß der Tripel-Entente und 1908/09, wo Rußland notorisch noch nicht wieder kampffähig war), hoffte ich noch, unser Verhältnis zu England würde sich so weit bessern lassen, daß ein allgemeiner Krieg ziemlich ausgeschlossen oder doch weniger gefährlich sein würde. Denn wenn mit Englands Teilnahme nicht mehr zu rechnen war, würden die Russen und Franzosen ohne diese Rücklehnung kaum versucht sein, einen Waffengang mit uns zu provozieren. Deutschland aber würde bei friedlicher Weiterentwicklung seiner wirtschaftlichen Stellung automatisch immer stärker und schwerer besiegbar.

Erwin Hölzle (Hg.), Quellen zur Entstehung des Ersten Weltkrieges. Internationale Dokumente 1901–1914, Ausgewählte Quellen zur deutschen Geschichte der Neuzeit, Freiherr vom Stein-Gedächtnisausgabe, Bd. 27, Darmstadt 1978, S. 243 f.

a) Erläutern Sie die Begründung von Moltkes für einen Präventivkrieg.
b) Erörtern Sie die innen- und außenpolitischen Voraussetzungen und Konsequenzen eines derartigen Plans.

108 Der „Blankoscheck". Graf von Szögyény, 1892–1914 österreichisch-ungarischer Gesandter in Berlin, telegraphiert am 5. 7. 1914 an seinen Außenminister Leopold von Berchtold über eine Unterredung mit dem deutschen Kaiser Wilhelm II.:

Nach dem Déjeuner, als ich nochmals Ernst der Situation mit großem Nachdrucke betonte, ermächtigte mich Seine Majestät, unserem Allergnädigsten Herrn zu melden, daß wir [...] auf die volle Unterstützung Deutschlands rechnen können. Wie gesagt, müsse er vorerst Meinung des Reichskanzlers anhören, doch zweifle er nicht im geringsten daran, daß Herr von Bethmann Hollweg vollkommen seiner Meinung zustimmen werde. Insbesonders gelte dies betreffend eine Aktion unsererseits gegenüber Serbien. Nach seiner [Kaiser Wilhelms] Meinung muß aber mit dieser Aktion nicht zugewartet werden. Rußlands Haltung werde jedenfalls feindselig sein, doch sei er hierauf schon seit Jahren vorbereitet, und sollte es sogar zu einem Krieg zwischen Österreich-Ungarn und Rußland kommen, so könnten wir davon überzeugt sein, daß Deutschland in gewohnter Bundestreue an unserer Seite stehen werde. Rußland sei übrigens, wie die Dinge heute stünden, noch keineswegs kriegsbereit und werde es sich gewiß noch sehr überlegen, an die Waffen zu appellieren. Doch werde es bei den anderen Mächten der Tripelentente gegen uns hetzen und am Balkan das Feuer schüren. Er begreife sehr gut, daß es Seiner k. und k. Apostolischen Majestät bei seiner bekannten Friedensliebe schwer fallen würde, in Serbien einzumarschieren; wenn wir aber wirklich die Notwendigkeit einer kriegerischen Aktion gegen Serbien erkannt hätten, so würde er [Kaiser Wilhelm] es bedauern, wenn wir den jetzigen, für uns so günstigen Moment unbenützt ließen.
[Einen Tag später berichtet er über ein Gespräch mit Bethmann Hollweg:]
Unser Verhältnis zu Serbien betreffend stehe deutsche Regierung auf dem Standpunkt, daß wir beurteilen müßten, was zu geschehen hätte, um dieses Verhältnis zu klären; wir könnten hierbei – wie auch immer unsere Entscheidung ausfallen möge – mit Sicherheit darauf rechnen, daß Deutschland als Bundesgenosse und Freund der Monarchie hinter ihr stehe. Im weiteren Verlaufe der Konversation habe ich festgestellt, daß auch Reichskanzler,

ebenso wie sein kaiserlicher Herr ein sofortiges Einschreiten unsererseits gegen Serbien als radikalste und beste Lösung unserer Schwierigkeiten am Balkan ansieht. Vom internationalen Standpunkt hält er den jetzigen Augenblick für günstiger als einen späteren [...].

Zitiert nach: Hölzle, a. a. O., S. 307 f., 313 f.

a) Welche Bedeutung haben die Äußerungen der deutschen Regierung gegenüber Österreich-Ungarn?
b) Geben Sie mögliche Motive und Ziele an, die die deutsche Regierung bei ihrem Verhalten leiteten.

109 Lokalisierbarer Konflikt? Auszüge aus dem Tagebuch Kurt Riezlers (1882–1955), eines engen Mitarbeiters von Reichskanzler Bethmann Hollweg. Der Quellenwert der für die Motive der Berliner Regierung im Juli 1914 höchst bedeutsamen und 1972 erstmals publizierten Tagebuchnotizen Riezlers ist nicht unumstritten. Von einigen Wissenschaftlern wird der Vorwurf erhoben, die Notizen Riezlers seien nachträglich von ihm selber oder anderen manipuliert oder gar teilweise gefälscht worden. Die Mehrheit der Forscher geht jedoch heute von der Authentizität der Texte aus.

7. Juli 1914: Diesmal ist es schlimmer wie 1912;[1] denn diesmal ist Oesterreich gegen die serbisch-russischen Umtriebe in der Verteidigung. Eine Aktion gegen Serbien kann zum Weltkrieg führen. Der Kanzler erwartet von einem Krieg, wie er auch ausgeht, eine Umwälzung alles Bestehenden. Das Bestehende sehr überlebt, ideenlos, „alles so sehr alt geworden". Heydebrand[2] habe gesagt, ein Krieg würde zu einer Stärkung der patriarchalischen Ordnung und Gesinnung führen. Der Kanzler empört über solchen Unsinn. Überhaupt ringsherum Verblendung, dicker Nebel über dem Volke. In ganz Europa das gleiche. Die Zukunft gehört Russland, das wächst und wächst und sich als immer schwererer Alb auf uns legt.

8. Juli 1914: Kommt der Krieg aus dem Osten, so daß wir also für Oesterreich-Ungarn und nicht Oest[erreich]-Ungarn für uns zu Felde zieht, so haben wir Aussicht, ihn zu gewinnen. Kommt der Krieg nicht, will der Zar nicht oder rät das bestürzte Frankreich zum Frieden, so haben wir doch noch Aussicht, die Entente über diese Aktion auseinanderzumanoeuvrieren.

11. Juli 1914: Ein schnelles fait accompli,[3] und dann freundlich gegen die Entente, dann kann der Choc ausgehalten werden. Und mit gutem und erdrücken-

Tafel 3 A Humorous Diplomatic Atlas of Europe and Asia. Japanisches Flugblatt von 1904 nach einer englischen Karikatur aus dem Jahre 1877. Der Text lautet: „Black Octpus is a name newly given to Russia by a certain prominent Englishman. For the black octpus is as avaricious that he stretches out his eight arms in all directions, and seizes up everything that comes within his reach. But as it sometimes happens he gets wounded seriously even by a small fish, owing to his too much covetousness. Indeed, a Japanese proverb says: „Great avarice is like unselfishness." We Japanese need not to say, that the further existence of the Black Octpus will depend entirely upon how he comes out of this war. The Japanese fleet has already practically annihilated Russia's naval power in the Orient. The Japanese army is about to win a signal victory over Russia in Corea & Manchuria. And when ... St. Petersburg? Wait and see! The ugly Black Octpus! Hurrah! Hurrah! for Japan."
Erklären Sie die einzelnen Elemente der Karikatur und erläutern Sie ihre Absicht in England 1877 und in Japan 1904.

Tafel 4 „Neu-Geographie." Postkarte aus dem Jahre 1915.
Vergleichen Sie die Abbildung mit dem „Septemberprogramm" Bethmann Hollwegs vom September 1914 (M 116 a). Nehmen Sie Stellung zu der dargestellten Szene.

滑稽 歐亞外交地圖
A Humorous Diplomatic Atlas of Europe and Asia.
ATLANTIC OCEAN
MEDITERRANEAN SEA
GREAT BRITAIN
SPAIN
PORTUGAL
FRANCE
ITALY
DENMARK
NORWAY
SWEDEN
FINLAND
GREECE
CRETE
SICILY
SARDINIA
CORSICA
TURKEY
BLACK SEA
CASPIAN SEA
PERSIA
ARABIA
AFGHANISTAN
BELTISTAN
TURKESTAN
TIBET
INDIA
CHINA
SIBERIA
RUSSIA
COREA
PORT ARTHUR
VLADIVOSTOK
JAPAN
FORMOSA
PACIFIC OCEAN

Tafel 4

Im Krieg benahmt Ihr Euch wie's Vieh –
Drum lernet jetzt: „Neu-Geographie"!
Zum Deutschen Reich kommt nun dazu
Ost-Frankreich, Belgien, in aller Ruh!
Und Westrussland das teiln wir gleich
Zu Deutschland und zu Österreich,
Mit Kolonien von England viel,
Beendet wird alsdann das Spiel!
DEUTSCHES REICH
Einst WEST-RUSSLAND
Einst BELGIEN
Einst FRANKREICH
FRANKREICH
PARIS
NORD SEE
DER KANAL
LONDON
ITALIEN
Corsica
Sardinien

dem Material, das keine Einwände zulässt, gegen die serbischen Umtriebe herausrücken.

14. Juli 1914: Unsere Lage ist schrecklich. Wenn der Krieg kommen sollte und die Schleier dann fallen, wird das ganze Volk folgen, getrieben von Not und Gefahr. Der Sieg ist die Befreiung. Der Kanzler meint, ich wäre zu jung, um nicht dem Reiz des Ungewissen zu unterliegen, des Neuen, der grossen Bewegung. Für ihn ist die Aktion ein Sprung ins Dunkle und dieser schwerste Pflicht.

20. Juli 1914: Wir haben unsere Unterstützung [Österreichs] eindeutig zugesagt. Sehr ernste Stimmung. Eine schwere Decke von noch offener Trauer und grösster Verantwortung über den Menschen und allen Gesprächen [...] Der Kanzler entschlossen und schweigsam. Seltsamer Mensch. [...]

Die früheren Fehler, gleichzeitig Türkenpolitik gegen Russland, Marokko gegen Frankreich, Flotte gegen England, alle reizen und sich allen in den Weg stellen und keinen dabei wirklich schwächen. Grund: Planlosigkeit, Bedürfnis kleiner Prestigeerfolge und Rücksicht auf jede Strömung der öffentlichen Meinung. Die „nationalen" Parteien, die mit dem Radau über die auswärtige Politik ihre Parteistellung halten und festigen wollen.

23. Juli 1914: Briefwechsel des Kanzlers mit dem Kronprinzen. Der, von lauter alldeutschen und gänzlich ungebildeten Offizieren umgeben, hat wieder einige kriegslustige Depeschen an alldeutsche Redner und Schriftsteller losgelassen. Der Kanzler empört, läßt Maltzahn[4] zu rede stellen und bittet den Kaiser [...] telegraphisch seinem Sohn alle solche Depeschen eindeutig zu verbieten. Der Kaiser thut es. Der Kronprinz schreibt einen langen Brief, verlangt Krieg und Sozialistengesetz, Kampf und Gewalt. Dumme Redensarten. Wo sind nur die gebildeten Offiziere hingeraten, die Preussen gross gemacht haben?

Karl Dietrich Erdmann (Hg.). Kurt Riezler, Tagebücher, Aufsätze, Dokumente, Göttingen 1972, S. 183–190

[1] Anspielung auf den Balkankrieg, in den Österreich 1912 eingreifen wollte.
[2] Der deutsch-konservative Reichstagsabgeordnete Ernst von Heydebrand und der Lasa (1851–1924)
[3] Vollendete Tatsache
[4] Hans Jaspar Freiherr von Maltzahn (1869–1929), deutsch-konservatives Mitglied des preußischen Abgeordnetenhauses, politischer Berater des Kronprinzen

a) Zeichnen Sie ein Bild der Motive, der Absichten und des Verhaltens der deutschen Regierung in der Julikrise nach den Aussagen Riezlers.
b) Beschreiben Sie die Rolle Bethmann Hollwegs, des Kaisers und des Kronprinzen.
c) Wie beurteilt Riezler die Maßnahmen der Regierung?

110 **Braucht Deutschland Österreich?** Staatssekretär von Jagow an den deutschen Botschafter in Großbritannien, Karl Max von Lichnowsky, am 18. 7. 1914:

[...] ob wir bei dem Bündnis mit dem sich immer mehr zersetzenden Staatengebilde an der Donau ganz auf unsere Rechnung kommen, läßt sich diskutieren, aber ich sage da mit dem Dichter – ich glaube, es war Busch –: „Wenn Dir die Gesellschaft nicht mehr paßt, such' Dir eine andere, wenn Du eine hast." Und zu einem vollen Erfolg bietenden Verhältnis zu England sind wir leider noch immer nicht gekommen, konnten nach allem, was vorausgegangen, auch gar nicht dazu kommen, wenn wir überhaupt je dazu kommen können. Österreich, welches durch seine mangelnde Aktionskraft mehr und mehr Einbuße an seinem Ansehen erlitten hat, zählt schon jetzt kaum mehr als vollwertige Großmacht. Die Balkankrise hat seine Stellung noch geschwächt. Durch dieses Zurückgehen der österreichischen Machtstellung ist auch unsere Bündnisgruppe entschieden geschwächt worden. [...]

Österreichs Erhaltung, und zwar eines möglichst starken Österreichs, ist für uns aus inneren und äußeren Gründen eine Notwendigkeit. Daß es sich nicht ewig wird erhalten lassen, will ich gern zugeben. Aber inzwischen lassen sich vielleicht Kombinationen finden. Wir müssen sehen, den Konflikt zwischen Österreich und Serbien zu lokalisieren. Ob dies gelingen kann, wird zunächst von Rußland und in zweiter Linie von dem mäßigenden Einfluß seiner Ententebrüder abhängen. Je entschlossener sich Österreich zeigt, je energischer wir es stützen, um so eher wird Rußland still bleiben. Einiges Gepolter in Petersburg wird zwar nicht ausbleiben, aber im Grunde ist Rußland jetzt nicht schlagfertig. Frankreich und England werden jetzt auch den Krieg nicht wünschen. In einigen Jahren wird Rußland nach aller kompetenten Annahme schlagfertig sein. Dann erdrückt es uns durch die Zahl seiner Soldaten, dann hat es seine Ostseeflotte und seine strategischen Bahnen gebaut. Unsere Gruppe wird inzwischen immer schwächer. In Rußland weiß man es wohl, und will deshalb für einige Jahre absolut noch Ruhe. [...]

Läßt sich die Lokalisierung nicht erreichen und greift Rußland Österreich an, so tritt der casus foederis[1] ein, so können wir Österreich nicht opfern. Wir ständen dann in einer nicht gerade proud zu nennenden Isolation. Ich will keinen Präventivkrieg, aber wenn der Kampf sich bietet, dürfen wir nicht kneifen. Ich hoffe und glaube auch heute noch, daß der Konflikt sich lokalisieren läßt. Englands Haltung wird dabei von großer Bedeutung sein. Ich bin vollständig überzeugt, daß die Öffentliche Meinung dort sich nicht für Österreichs Vorgehen begeistern wird, und erkenne alle ihre Argumente in dieser Hinsicht als richtig an. Aber man muß tun, was irgend möglich ist, daß sie sich nicht zu sehr für Serbien begeistert, denn von Sympathie und Antipathie bis zur Entfachung eines Weltbrandes ist doch noch ein weiter Weg.

Zitiert nach: Imanuel Geiss (Hg.), Julikrise und Kriegsausbruch 1914, Bd. 1, Bonn-Bad Godesberg, 2. Aufl. 1976, S. 207 f.

[1] Bündnisfall

a) Erläutern Sie die Position des deutschen Außenministers in der Julikrise vor dem Hintergrund der politischen Situation in Europa im Jahre 1914.

b) Beurteilen Sie aufgrund Ihrer bisherigen Kenntnisse die Tragweite und die Gefahren seiner Einschätzung.

c) Boten sich nach Ihrer Meinung der deutschen Regierung Alternativen?

111 Die Position Großbritanniens. Der britische Hilfsunterstaatssekretär im Außenministerium Eyre A. Crowe kommentiert am 25. 7. 1914 ein Schreiben des britischen Botschafters in Sankt Petersburg an Außenminister Edward Grey (▷ S. 76 f.) vom 24. 7. 1914 über die Reaktion Rußlands und Frankreichs auf das österreichische Ultimatum an Serbien:

Der Augenblick ist vorüber, als es vielleicht noch möglich war, die französische Unterstützung für einen Versuch, Rußland zurückzuhalten, zu gewinnen. Es ist klar, daß Frankreich und Rußland entschlossen sind, den ihnen hingeworfenen Handschuh aufzuheben. Was wir auch von der rechtlichen Seite der österreichischen Anklagen gegen Serbien halten mögen, Frankreich und Rußland sind der Ansicht, daß sie Vorwände sind und daß die größere Frage von Dreibund gegen Dreiverband endgültig aufgeworfen ist. Ich glaube, es wäre unklug, um nicht zu sagen gefährlich, wenn England versuchte, dieser Meinung zu widersprechen oder durch Vorstellungen in St. Petersburg und Paris diese klare Sachlage zu verdunkeln.

Worauf es ankommt, ist, ob Deutschland zu diesem Krieg jetzt absolut entschlossen ist oder nicht. Es besteht noch die Möglichkeit, Deutschland wankend zu machen, indem man ihm die Sorge einflößt, daß der Krieg England auf seiten Frankreichs und Rußlands finden wird. Ich vermag bloß ein wirksames Mittel vorzuschlagen, um dies der deutschen Regierung klarzumachen, ohne uns in diesem Stadium absolut und endgültig festzulegen. Wenn Seiner Majestät Regierung im Augenblick, wo entweder Österreich oder Rußland zu mobilisieren beginnen, Befehl erteilt, unsere ganze Flotte unverzüglich auf Kriegsfuß zu setzen, so mag dies denkbarerweise Deutschland die Augen über den Ernst der Gefahr öffnen, der es ausgesetzt wäre, falls England am Kriege teilnähme. Angenommen, dieser Entschluß könnte jetzt gefaßt werden, dann wäre es richtig, die französische und russische Regierung davon zu unterrichten, und das wäre wiederum das

beste, was wir tun könnten, um das Entstehen einer sehr ernsten Lage zwischen England und Rußland zu verhindern. [...]
Sollte der Krieg ausbrechen und England unbeteiligt bleiben, dann muß sich folgendes ergeben: a) Entweder siegen Deutschland und Österreich, sie erdrücken Frankreich und demütigen Rußland. Die französische Flotte verschwunden, Deutschland im Besitz des Kanals, mit der bereitwilligen oder widerstrebenden Kooperation Hollands und Belgiens: wie wird dann die Lage eines freundlosen England sein? b) Oder Frankreich und Rußland siegen. Wie werden sie sich dann gegen England verhalten? Und wie wird's mit Indien und dem Mittelmeer stehen? In diesem Kampf, der nicht um den Besitz Serbiens geht, sondern bei dem es sich um das Ziel Deutschlands, seine politische Vorherrschaft in Europa zu errichten, und um den Wunsch der Mächte handelt, ihre individuelle Freiheit zu erhalten – in diesem Kampf sind unsere Interessen mit denen Frankreichs und Rußlands verknüpft. Wenn wir dazu beitragen können, den Konflikt zu verhüten, indem wir unsere maritime Stärke zeigen, jederzeit zum Einsatz bereit, dann wäre es falsch, diesen Versuch nicht zu machen.

Zitiert nach: Hölzle, a. a. O., S. 382 f.

a) Bestimmen Sie die Position Großbritanniens am Vorabend des Ersten Weltkriegs.
b) Welche Konsequenzen ergeben sich aus der Haltung Großbritanniens für die deutsche Politik im Juli 1914?

112 **Der Konflikt spitzt sich zu.** Telegramm des deutschen Botschafters Lichnowsky an Staatssekretär Jagow über ein Gespräch mit dem britischen Außenminister Grey vom 24. 7. 1914 (in Klammern Randbemerkungen Wilhelms II.):

Sir E. Grey ließ mich soeben zu sich bitten. Der Minister war sichtlich unter Eindruck der österreichischen Note, die seiner Ansicht nach alles überträfe, was er bisher in dieser Art jemals gesehen habe. Er sagte, er habe bisher keine Nachricht aus Petersburg und wisse daher nicht, wie man dort die Sache auffasse. Er bezweifelt aber sehr, dass es der russischen Regierung möglich sein werde, der serbischen Regierung die bedingungslose Annahme der österreichischen Forderungen anzuempfehlen. Ein Staat, der so etwas annehme, höre doch eigentlich auf, als selbständiger Staat zu zählen (das wäre sehr erwünscht. Es ist kein Staat im Europ. Sinne, sondern eine Räuberbande!). Es sei für ihn, Sir E. Grey, auch schwer, in diesem Augenblick in Petersburg irgendwelche Ratschläge zu geben. Er könne nur hoffen, dass dort eine milde und ruhige Auffassung der Lage Platz greife. Solange es sich um einen [...] lokalisierten Streit zwischen Österreich und Serbien handele, ginge ihn, Sir Grey, die Sache nichts an (richtig), anders würde die Frage aber, wenn die öffentliche Meinung in Russland die Regierung zwinge, gegen Österreich vorzugehen.
Auf meine Bemerkung, dass man die Balkanvölker nicht mit demselben Masstabe messen dürfe wie europäische Kulturvölker (richtig – sind eben keine!), und dass man daher ihnen gegenüber, das habe schon die barbarische Art ihrer Kriegführung gezeigt (richtig), eine andere Sprache führen müsse wie etwa gegen Briten und Deutsche, entgegnete der Minister, dass, wenn auch er diese Auffassung vielleicht teilen könne, er doch nicht glaube, dass sie in Russland geteilt werde (dann sind die Russen eben auch nicht besser). Die Gefahr eines europäischen Krieges sei, falls Österreich serbischen Boden betrete (das wird sicher kommen), in nächste Nähe gerückt. Die Folgen eines solchen Kriegs zu vier, er betonte ausdrücklich die Zahl vier, und meinte damit Russland, Österreich-Ungarn, Deutschland und Frankreich (er vergisst Italien), seien vollkommen unabsehbar. Wie auch immer die Sache verlaufe, eines sei sicher, dass nämlich eine gänzliche Erschöpfung und Verarmung Platz greife, Industrie und Handel vernichtet und die Kapitalkraft zerstört würde. Revolutionäre Bewegungen wie im Jahre 1848 infolge der darniederliegenden Erwerbstätigkeit würden die Folge sein. Was Sir E. Grey am meisten beklagt, neben dem Ton der Note, ist die kurze Befristung, die den Krieg beinahe unvermeidlich mache. Er sagte mir, er würde bereit sein, mit uns zusammen im Sinne einer Fristverlängerung in Wien vorstellig zu werden, da sich dann vielleicht ein Ausweg finden lasse. Er bat mich, diesen Vorschlag Ew. Exz. zu übermitteln. Ferner regte er an, dass für den Fall einer gefährlichen Spannung zwischen Russland und Österreich, die vier nicht unmittelbar beteiligten Staaten England, Deutschland, Frankreich und Italien zwischen Russland und Österreich-Ungarn die Vermittlung übernehmen sollen. (ist überflüssig! Da Österreich Russland

schon orientiert hat, und Grey ja nichts anderes vorschlagen kann. Ich tue nicht mit, nur wenn Österreich mich ausdrücklich darum bittet, was nicht wahrscheinlich. In Ehren- und *vitalen* Sachen konsultiert man Andere nicht.)

Zitiert nach: Geiss, Julikrise, a.a.O., S. 348 f.

a) Erläutern Sie die Bedeutung dieses Gesprächs für die Zuspitzung der Krise Ende Juli 1914.
b) Beschreiben Sie das deutsch-britische Verhältnis aus Sicht der Deutschen und der Briten und zeigen sie mögliche Konfliktpunkte auf.
c) Nehmen Sie Stellung zu den Randbemerkungen des deutschen Kaisers.

113 **Heilsamer Krieg?** 1915 schreibt der Göttinger Theologieprofessor Arthur Titius:

Wenn die Friedensfreunde mit ihrer Einschätzung des Friedens recht hätten, wenn unter allen Umständen der Völkerfriede das höchste Gut der Völkergemeinschaft wäre, so müßte freilich der Krieg als Zerstörung dieses höchsten Kulturgutes das schlimmste Übel sein. Aber beides werden wir nicht im Ernste behaupten können. Nicht jeder Frieden hat sittlichen Wert. Ein Frieden, der nur der Steigerung materieller Kultur und sinnlichen Genusses diente, der das geistige Leben verflachte und die Völker zu praktischem Materialismus verführte, wäre verwerflich; ein Frieden, der alle vorwärtsstrebenden Kräfte lahmlegte und einen Zustand der Ungerechtigkeit zu verewigen versuchte, wäre ein fauler Frieden in Unehren – ein Völkerfrieden, der von gegenseitigem Mißtrauen und allseitigem Wettrüsten angefüllt ist, wirkt wie eine fressende innere Krankheit, der schließlich durch einen tiefen Eingriff entgegengetreten werden muß. Wahrhaft wertvoll ist nur ein solcher Frieden, der die Völker in echtem Vertrauen miteinander verbindet und ihnen zur Entfaltung aller wirtschaftlichen und geistigen Kräfte freie Bahn schafft. Ein solcher Frieden wäre allerdings gleichsam das Himmelreich auf Erden, das unvergleichlich höchste Ziel allen politischen Strebens. Aber alle wirkliche Geschichte zeigt bestenfalls eine langsame Annäherung an dieses Ziel; solcher Annäherung kann ebenso, ja vielleicht in höherem Grad der Krieg dienen als jener bewaffnete Frieden.

Arthur Titius, Unser Krieg. Ethische Betrachtungen, 1915, S. 3 f.; zitiert nach: Karl Hammer, Deutsche Kriegstheologie 1870–1918, München 1974, S. 114

a) Nach welchen Kriterien untersucht der Autor den „sittlichen Wert" von Krieg und Frieden?
b) Formulieren Sie Argumente gegen die vorgetragenen Thesen.
c) Zeigen Sie die Grenzen und politischen Konsequenzen seiner Argumentation auf.

114 **Der deutsche Mensch.** 1915 schreibt der Philosoph Leopold Ziegler:

Wir wurden deutsches Volk, kollektive Bewußtheit und Erlebniseinheit, in welcher der einzelne nur noch insoweit Bestand und Wirklichkeit hat, als er an jener Erleuchtung teil nimmt. Von hier aus fanden wir eine neue Form des Lebens. Wir waren nicht mehr im Raum zusammengepferchte Knechte, zu irgend einem Zwecke von der Allmacht des Goldes unterjochte Hörige, wir waren kein künstlich aus Einzelwesen zusammengeschweißter Zweckverband, sondern nur mehr ein einziger mit millionenfach geteilten Organen wirkender Mensch. [...] Unter dem Gesichtswinkel dieses neuen und sozusagen metaphysischen Faktums will es mir vorkommen, daß alle bisherigen Philosopheme, Staats- und Gesellschaftstheorien, Psychologien, Wirtschafts- und Sittenlehren im Irrtum befangen waren, wenn sie das menschliche Bewußtsein als individuelles Ereignis beschrieben, erläutert und gedeutet haben. Es ist gewiß, daß uns dieses Erlebnis nicht nur zu beispielloser Tat, sondern gleichzeitig zu unerhörten, alle Möglichkeiten von Himmel und Erde umspannenden Gedanken ermutigen und befähigen wird. Wie wir in diesem Kampf um unsere deutsche Menschlichkeit Kräfte entfesseln werden, deren wir uns nie vorher bewußt waren und nicht bewußt sein durften – so wird aus den Wolkendünsten fiebernder Schlachten das reine Gestirn eines noch ungedachten Weltgedankens glanzreich emporsteigen. Und wie es auch kommen mag, werden wir nach diesem Kriege anders sein, und mit uns wird die Welt ein neu Gesicht empfangen haben [...]. Diese Verschwörung unserer Feinde wider Wahrheit und Ehrlichkeit, diese Preisgabe von Stolz, Aufrichtigkeit und Wohlanstand, dieser Bankerott aller ritterlichen, aller europäischen Tugenden ist es, was wir nicht zu begreifen vermögen. Wir verstehen es schlechterdings nicht, was es nützen soll, das Grade krumm zu heißen, wir verstehen es nicht, wie man die Lüge zum Weltgesetz, zur unbedingten Weltmacht erheben mag und so das tausendjährig erschütternde Ringen unsrer Art um Wahrheit und Seelenheil zu begrinsen wagen kann. Die Männer vom Schlag der Grey und Iswolsky, Churchill und Sasonow[1] markieren für unser Bewußtsein die untere Schwelle der Menschlichkeit. [...] Leidenschaftlich fühlen wir nur eins – entweder ist die Welt für einen anthropoiden Typus ihres Schlages zugerichtet – dann haben wir auf diesem mißratenen Planeten nichts mehr zu schaffen, und es ist nicht der Mühe wert, weiter noch davon zu reden. [...] Oder aber, die Welt ist doch, wie wir es hoffen, daß sie sei. Dann ist die Zeit erfüllt, und das Reich ist nah herbeigekommen. Dann wird das schlecht verwaltete Gut in reine Hände übergehen müssen, so und so. Dann wird, mit einem Wort, zum erstenmal in der menschlichen Geschichte die Wahrheit mit der Macht umgürtet werden. Ob dieses möglich sei, das ist die bittere Alternative dieses Krieges, um ihretwillen ist er kein politischer Krieg [...] So mußte der Haß auch für uns ein unentbehrliches Mittel zum Sieg werden. Es ist einfach Pflicht für uns, zu hassen: aus übervollem Herzen, unzerstückter, ganzer Seele und mit tiefer Innigkeit. Der Haß allein, der glühende und gierige Wunsch, die Person des Feindes auszulöschen, wird uns die Zahl der Widersacher vergessen lassen. Und wir werden auf der zertrümmerten Welt der Vergangenheit zuerst diese neue Flagge hissen müssen.

Leopold Ziegler, Der deutsche Mensch, Berlin 1915; zitiert nach Ernst Johann (Hg.), Innenansicht eines Krieges. Deutsche Dokumente 1914–1918, München 1973, S. 65 f.

[1] Britischer Außenminister, russischer Botschafter in Frankreich, erster Lord der Admiralität in England, russischer Außenminister

a) Was versteht der Autor unter dem „deutschen Menschen"? Welches Menschen- und Gesellschaftsbild verbirgt sich hinter seinen Äußerungen?
b) Erläutern Sie die These, der Erste Weltkrieg sei kein „politischer Krieg".
c) Charakterisieren Sie die Geisteshaltung, die aus den Texten von Titius und Ziegler spricht.

115 „Für den Altar des Vaterlandes!" Zwei junge Frauen auf dem Weg zur Kriegsmetallsammelstelle. Postkarte des Jahres 1916.
Deuten Sie die in der Abbildung und der Bildunterschrift zum Ausdruck kommende Symbolik.

116 Kriegsziele der Mächte

a) Deutschland. Vom deutschen Reichskanzler Bethmann Hollweg autorisierte Denkschrift über die deutschen Kriegsziele vom 6. 9. 1914 („Septemberprogramm"):

Allgemeine Kriegsziele: Sicherung des Deutschen Reiches nach West und Ost auf erdenkliche Zeit. Zu diesem Zweck muß Frankreich so geschwächt werden, daß es als Großmacht nicht neu erstehen kann, Rußland von der deutschen Grenze nach Möglichkeit abgedrängt und seine Herrschaft über die nichtrussischen Vasallenvölker gebrochen werden.

Ziele des Kriegs im einzelnen:

1. Frankreich. Von den militärischen Stellen zu beurteilen, ob die Abtretung von Belfort, des Westabhangs der Vogesen, die Schleifung der Festungen und die Abtretung des Küstenstrichs von Dünkirchen bis Boulogne zu fordern ist. In jedem Falle abzutreten, weil für die Erzgewinnung unserer Industrie nötig, das Erzbecken von Briey. Ferner eine in Raten zahlbare Kriegsentschädigung; sie muß so hoch sein, daß Frankreich nicht imstande ist, in den nächsten achtzehn bis zwanzig Jahren erhebliche Mittel für Rüstung anzuwenden. Des weiteren: ein Handelsvertrag, der Frankreich in wirtschaftliche Abhängigkeit von Deutschland bringt, es zu unserem Exportland macht, und es ermöglicht, den englischen Handel in Frankreich auszuschalten. Dieser Handelsvertrag muß uns finanzielle und industrielle Bewegungsfreiheit in Frankreich schaffen – so, daß deutsche Unternehmungen nicht mehr anders als französische behandelt werden können.

2. Belgien. Angliederung von Lüttich und Verviers an Preußen, eines Grenzstriches der Provinz Luxemburg an Luxemburg. Zweifelhaft bleibt, ob Antwerpen mit einer Verbindung nach Lüttich gleichfalls zu annektieren ist. Gleichviel, jedenfalls muß Belgien, wenn es auch als Staat äußerlich bestehen bleibt, zu einem Vasallenstaat herabsinken, in etwa militärisch wichtigen Hafenplätzen ein Besatzungsrecht zugestehen, seine Küste militärisch zur Verfügung stellen, wirtschaftlich zu einer deutschen Provinz werden. Bei einer solchen Lösung, die die Vorteile der Annexion, nicht aber ihre innerpolitisch nicht zu beseitigenden Nachteile hat, kann franz. Flandern mit Dünkirchen, Calais und Boulogne, mit großenteils flämischer Bevölkerung diesem unveränderten Belgien ohne Gefahr angegliedert werden. [. . .]

3. Luxemburg. Wird deutscher Bundesstaat und erhält einen Streifen aus der jetzt belgischen Provinz Luxemburg und eventuell die Ecke von Longwy.

4. Es ist zu erreichen die Gründung eines mitteleuropäischen Wirtschaftsverbandes durch gemeinsame Zollabmachungen, unter Einschluß von Frankreich, Belgien, Holland, Dänemark, Österreich-Ungarn, Polen und eventuell Italien, Schweden und Norwegen. Dieser Verband, wohl ohne gemeinsame konstitutionelle Spitze, unter äußerlicher Gleichberechtigung seiner Mitglieder, aber tatsächlich unter deutscher Führung, muß die wirtschaftliche Vorherrschaft Deutschlands über Mitteleuropa stabilisieren.

5. Die Frage der kolonialen Erwerbungen, unter denen in erster Linie die Schaffung eines zusammenhängenden mittelafrikanischen Kolonialreichs anzustreben ist, desgleichen die Rußland gegenüber zu erreichenden Ziele werden später geprüft. [. . .]

6. Holland. Es wird zu erwägen sein, durch welche Mittel und Maßnahmen Holland in ein engeres Verhältnis zu dem Deutschen Reich gebracht werden kann.

Zitiert nach: Fritz Fischer, Der Griff nach der Weltmacht, Düsseldorf, 4. Aufl. 1971, S. 116–118

a) Grenzen Sie politische und wirtschaftliche Aspekte in den deutschen Kriegszielen vom September 1914 voneinander ab.
b) Erläutern Sie die langfristige Bedeutung beider Gesichtspunkte für die Stellung Deutschlands in Europa.
c) Welche Rolle sollen die kleineren Staaten Europas einerseits und die Kolonien andererseits in diesem Konzept spielen?
d) Beurteilen Sie das Programm vor dem Hintergrund der deutschen Politik seit der Jahrhundertwende und der Haltung der Regierung in der Julikrise.

b) Rußland. Bericht des französischen Botschafters in St. Petersburg, Maurice Paléologue, über ein Gespräch mit dem russischen Außenminister Sergei D. Sasonow, 12. 9. 1914:

Auf dem Wege der vertraulichen Mitteilungen fortschreitend hat Herr Sasonow uns in großen Zügen mitgeteilt, wie er die Umwandlungen auffaßt, die in der Karte und der Verfassung Europas vorzunehmen im Interesse der drei Verbündeten liegen würde.

1. Das Hauptziel der drei Verbündeten würde sein, die Macht Deutschlands und seinen Anspruch auf militärische und politische Herrschaft zu brechen.
2. Die territorialen Veränderungen müssen durch den Grundsatz der Nationalitäten bestimmt werden.
3. Rußland würde sich den Unterlauf des Njemen und den östlichen Teil Galiziens aneignen. Es würde dem Königreich Polen das östliche Posen, Schlesien (unleserlich) und den westlichen Teil Galiziens angliedern.
4. Frankreich würde Elsaß-Lothringen wiedernehmen, wobei es ihm freisteht, einen Teil Rheinpreußens und der Pfalz hinzuzufügen.
5. Belgien würde [. . .] einen bedeutenden Gebietszuwachs erhalten.
6. Schleswig-Holstein würde an Dänemark zurückgegeben werden.
7. Das Königreich Hannover würde wiederhergestellt werden.
8. Österreich würde eine dreigeteilte Monarchie bilden, bestehend aus dem Kaiserreich Österreich, dem Königreich Böhmen und dem Königreich Ungarn [. . .].
9. Serbien würde sich Bosnien, die Herzegowina, Dalmatien und Nordalbanien angliedern.
10. Bulgarien würde von Serbien eine Kompensation in Mazedonien erhalten.
11. Griechenland würde sich Südalbanien angliedern [. . .].
12. England, Frankreich und Japan würden sich in die deutschen Kolonien teilen.
13. Deutschland und Österreich würden eine Kriegskontribution zahlen. Herr Sasonow hat uns dringend gebeten, [. . .] „dieser Skizze eines Gemäldes, dessen Einschlag noch nicht gewoben ist", keine offizielle Bedeutung beizumessen. Aber einige Worte, die er mir gegenüber beiseite einfließen ließ, haben mich verstehen lassen, daß ihm daran gelegen ist, uns jetzt schon in seinen Gedankengang zu versetzen und daß er mehr Wert als je darauf legt, mit uns in enger Fühlung zu sein.

c) Frankreich. Bericht des russischen Botschafters in Paris, Alexander Iswolski, über ein Gespräch mit dem französischen Außenminister Théophile Delcassé, 13. 10. 1914:

Mit dem Vorbehalt, daß es jetzt noch zu früh sei, „das Fell des Bären zu verkaufen", [. . .] gab Delcassé zu, daß es nicht sinnlos wäre, unter Verbündeten die gegenseitigen Ansichten und Wünsche beizeiten klarzustellen. Er sei überzeugt, daß dabei zwischen Rußland, Frankreich und England keine Unstimmigkeiten entstehen könnten. [. . .] Für sich suche Frankreich in Europa keine Gebietserwerbungen, natürlich mit Ausnahme der Rückgabe Elsaß-Lothringens. In Afrika strebe es ebenfalls nach keinen neuen Erwerbungen und werde sich mit [. . .] der Berichtigung einiger kolonialer Grenzen begnügen. Sodann sei das Hauptziel Frankreichs – und darin seien alle drei verbündeten Mächte völlig solidarisch – die Vernichtung des Deutschen Reiches und die möglichste Schwächung der militärischen und politischen Macht Preußens. Man müsse es so machen, daß die einzelnen deutschen Staaten selbst daran interessiert seien. Von den Einzelheiten der künftigen Organisation Deutschlands zu sprechen, sei noch verfrüht. England werde wahrscheinlich die Wiederherstellung eines selbständigen Hannovers verlangen, und dem würden sich natürlich weder Rußland noch Frankreich widersetzen. Schleswig und Holstein müßten an Dänemark fallen. [. . .] England suche ebenfalls keine Erwerbungen in Europa, werde aber kolonialen Zuwachs auf Kosten Deutschlands verlangen, wogegen Frankreich nichts einzuwenden habe. Was Rußland betreffe, so [. . .] werde Rußland natürlich die Freiheit der Meerengen und genügende Garantien in dieser Hinsicht fordern, und hier werde Rußland volle Unterstützung bei Frankreich finden, das in dieser Frage eine für uns nützliche Einwirkung auf England ausüben könne.

Beide Quellen aus: Otto Hoetzsch (Hg.), Die Internationalen Beziehungen im Zeitalter des Imperialismus, Reihe 2, Bd. 6/1, Berlin 1934, S. 102 f., 304; zitiert nach: Peter Alter u. a. (Hg.), Grundriß der Geschichte, Dokumente, Bd. 2, Stuttgart 1986, S. 131 f.

a) Skizzieren und gewichten Sie die Kriegsziele der Alliierten.
b) Vergleichen Sie die alliierten Kriegsziele mit denen der Deutschen und nehmen Sie Stellung.

117 „Wenn wir unterliegen!" Postkarte aus dem Jahre 1917. Im Hintergrund das Niederwalddenkmal mit der Germania und zerstörte Städte und Industrieanlagen.
Erläutern Sie die dargestellten Figuren und bestimmen Sie die politische Aussage der Postkarte.

118 **Wilsons „Vierzehn Punkte".** Botschaft des amerikanischen Präsidenten Thomas Woodrow Wilson (▷ S. 141 f.) vom 8. 1. 1918 an den Kongreß:

I. Öffentliche Friedensverträge, öffentlich beschlossen, nach denen es keine privaten internationalen Abmachungen irgendwelcher Art geben darf. Vielmehr soll die Diplomatie stets frei und vor aller Öffentlichkeit sich abspielen.

II. Absolute Freiheit der Schiffahrt auf der See außerhalb der territorialen Gewässer sowohl im Frieden wie im Kriege, außer wenn die See ganz oder teilweise auf Grund internationalen Vorgehens zur Erzwingung internationaler Verträge gesperrt wird.

III. Soweit als möglich die Aufhebung sämtlicher wirtschaftlicher Schranken und die Fortsetzung gleichmäßiger Handelsbeziehungen zwischen sämtlichen Nationen, die dem Frieden zustimmen und sich zu seiner Aufrechterhaltung vereinigen.

IV. Angemessene Garantien, gegeben und genommen, daß die nationalen Rüstungen auf den niedrigsten Grad, der mit der inneren Sicherheit vereinbar ist, herabgesetzt werden.

V. Eine freie, offenherzige und absolute unparteiische Ordnung aller kolonialen Ansprüche, gegründet auf strenge Beachtung des Prinzips, daß bei Bestimmungen aller derartigen Fragen der Souveränität das Interesse der betreffenden Bevölkerung gleiches Gewicht haben muß wie die billigen Ansprüche der Regierung, deren Rechtstitel festgesetzt werden soll.

VI. Die Räumung des gesamten russischen Gebietes und eine derartige Erledigung aller Rußland berührenden Fragen, um die beste und freieste Zusammenarbeit der übrigen Nationen der Welt zu sichern zur Erlangung einer ungehemmten und ungeschmälerten Möglichkeit zur unabhängigen Bestimmung ihrer eigenen politischen Entwicklung und nationalen Politik, um in ihnen eine aufrichtige Aufnahme innerhalb der Gesellschaft freier Nationen zu gewährleisten unter Gesetzen ihrer eigenen Wahl, ja über eine freundschaftliche Aufnahme hinaus auch jede Art von Beistand, den sie benötigen und selbst wünschen mögen [...].

VII. Belgien, dem wird die ganze Welt zustimmen, muß, ohne jeden Versuch, die Souveränität, deren es sich gleich allen anderen freien Nationen erfreut, zu beschränken, geräumt und wiederhergestellt werden. Keine andere Einzelhandlung wird so wie diese dazu dienen, das Vertrauen unter den Nationen in die Gesetze wieder zu beleben, die sie selbst aufgestellt und als maßgebend für ihre Beziehungen zueinander festgesetzt haben. Ohne eine solche heilsame Handlung bleibt die gesamte Struktur und die Gültigkeit internationaler Gesetze für immer geschädigt.

VIII. Das gesamte französische Gebiet muß befreit und die verwüsteten Teile wiederhergestellt werden. Ebenso müßte das Frankreich durch Preußen 1871 in Sachen Elsaß-Lothringen angetane Unrecht, das den Weltfrieden nahezu fünfzig Jahre bedroht hat, berichtigt werden, um dem Frieden im Interesse aller wieder Sicherheit zu verleihen.

IX. Eine Berichtigung der Grenzen Italiens sollte gemäß den klar erkennbaren Nationalitätenlinien bewirkt werden.

X. Den Völkern Österreich-Ungarns, deren Platz unter den Nationen wir gefestigt und gesichert zu sehen wünschen, sollte die freieste Möglichkeit autonomer Entwicklung gewährt werden.

XI. Rumänien, Serbien und Montenegro sollten geräumt werden, besetzte Gebiete wieder hergestellt, Serbien freier und gesicherter Zugang zum Meere gewährt und die Beziehungen der verschiedenen Balkanstaaten zueinander auf Grund freundschaftlicher Verabredung gemäß den historisch festgesetzten Grenzen, der Untertanenpflicht und der Nationalität festgelegt werden [...].

XII. Dem türkischen Teil des gegenwärtigen ottomanischen Reiches sollte eine gesicherte Souveränität gewährleistet werden, aber den anderen Nationalitäten, die sich jetzt unter türkischer Herrschaft befinden, sollte eine unzweifelhafte Sicherung des Lebens und eine absolute und ungestörte Möglichkeit der autonomen Entwicklung verbürgt und die Dardanellen sollten dauernd als freier Durchgang für die Schiffe und den Handel aller Nationen unter internationalen Garantien geöffnet werden.

XIII. Ein unabhängiger polnischer Staat sollte errichtet werden, der die von unbestreitbar polnischer Bevölkerung bewohnten Gebiete umfassen soll, denen ein freier und sicherer Zugang zum Meere gewährleistet und dessen politische und ökonomische Unabhängigkeit sowie dessen territoriale Integrität durch internationalen Vertrag garantiert werden sollen.

XIV. Eine allgemeine Gesellschaft der Nationen muß auf Grund eines besonderen Bundesvertrages gebildet werden zum Zweck der Gewährung gegenseitiger Garantien für politische Unabhängigkeit und territoriale Integrität in gleicher Weise für die großen und kleinen Staaten. In bezug auf diese notwendige Berichtigung von Unrecht und Sicherung des Rechtes betrachten wir uns als intime Genossen sämtlicher Regierungen und Völker, die sich gegen die Imperialisten zusammengeschlossen haben. Es gibt für uns keine Sonderinteressen oder andersartige Ziele. Bis zum Ende stehen wir zusammen.

Zitiert nach: Geschichte in Quellen, Bd. V, Weltkriege und Revolutionen 1914–1945, bearb. von Günter Schönbrunn, München 1961, S. 104–106

a) Charakterisieren Sie die politischen Grundsätze, die Wilsons 14 Punkten zugrundeliegen, und vergleichen Sie diese mit den Prinzipien der europäischen Politik des imperialistischen Zeitalters.
b) Stellen Sie dieses Dokument den Kriegszielen Deutschlands und der Alliierten gegenüber und nennen Sie die wesentlichen Unterschiede.
c) Zeigen Sie die Konsequenzen dieses Vorschlags für die kriegführenden Mächte auf.
d) Erörtern Sie die langfristigen Perspektiven und die Bedeutung dieses Dokuments.

♦

1. *Kennzeichnen Sie die epochale und einschneidende Bedeutung des Ersten Weltkriegs.*
2. *Erläutern Sie die kurz- und langfristigen Folgen des Ersten Weltkriegs für die bis dahin von den Europäern beherrschten Gebiete.*
3. *Begründen Sie, warum sich die demokratischen Nationalstaaten gegen die monarchisch gelenkten Obrigkeitsstaaten durchsetzen konnten.*

Zur Diskussion

Die Kriegsschuldfrage: Julikrise und Kriegsausbruch

Die sogenannte „Julikrise" des Jahres 1914 gehört zu den am besten dokumentierten und erforschten Zeitabschnitten der jüngeren Geschichte. Ihre Bedeutung liegt darin, daß sie den Ersten Weltkrieg als „Urkatastrophe" dieses Jahrhunderts ausgelöst hat. Dieser erste moderne Massenkrieg steht seinerseits in engem Zusammenhang mit der noch viel größeren Katastrophe des Zweiten Weltkriegs. Der Erforschung der tieferen Ursachen dieser verhängnisvollen Ereignisse hat sich daher eine Vielzahl von Historikern mit immensem Fleiß gewidmet. Nach dem Versailler Vertrag, der den Deutschen die Alleinschuld am Ausbruch des Weltkrieges zuwies, stand die deutsche Geschichtsschreibung zwischen den Kriegen zunächst ganz im Zeichen der Rechtfertigung und bemühte sich, die Behauptung von der Schuld des Reichs am Krieg zu widerlegen. Eine radikale Wende trat erst 1961 ein, als der Hamburger Historiker Fritz Fischer sein monumentales Werk „Griff nach der Weltmacht" veröffentlichte. Das auf breitem Quellenstudium aufgebaute Buch Fischers löste eine kontroverse und zum Teil heftige Diskussion aus, die erst in den letzten Jahren zu einem gewissen Konsens geführt hat.

119 **Fritz Fischer** (1965):

Die historische Betrachtung des Ersten Weltkrieges wird in der Tradition der deutschen Geschichtsschreibung vom „Zeitalter des Imperialismus" getrennt. Im Weltkrieg wären – nach dieser Ansicht – neue Elemente für die Politik aller Länder wesentlich geworden. Demgegenüber betone ich, daß es unhaltbar ist, die Politik der Nationen vor dem Krieg von der im Krieg zu trennen. Das gilt für die Politik aller Mächte. Alle Mächte kennzeichnete ein imperialistischer Anspruch, Prestigebedürfnis und Ausbreitungsdrang. Doch allein Deutschland – und darin bestand ein gravierender Unterschied zu England, Frankreich, Rußland, den USA – sah seine Stellung, die es im Konzert der Mächte einnahm, im Blick auf seine Potenz als industriereichste Nation des Kontinents, im Blick auf seine 68 Millionen Einwohner mit einer jährlichen Zuwachsquote von über 850 000 Menschen und im Bewußtsein einer eigenständigen politischen Ordnung und kulturellen Tradition, die sich tief geschieden wußte von westlicher Demokratie wie von östlichem Despotismus, als nicht angemessen an. Deutschland war mit vollem Bewußtsein und mit aller Energie aufgebrochen, sich von der unter Bismarck erreichten Großmachtstellung in der alteuropäischen Pentarchie zur „Weltmacht" aufzuschwingen. Der weltweite Expansionsdrang der deutschen Politik und Wirtschaft hatte jedoch binnen eines Jahrzehnts (1897–1907) in die Sackgasse der als „Einkreisung", als „eiserner Ring um Deutschland" empfundenen Selbstisolierung des Deutschen Reiches geführt [...].
Deutschland benutzte Sarajewo bewußt als die sich bietende Gelegenheit, um die Blockierung der deutschen Weltpolitik zu überwinden. Dazu galt es, den als „Einkreisung" empfundenen und publizistisch aufgebauschten Gürtel der Entente-Mächte um Deutschland zu sprengen – durch Krieg oder strikte Androhung des Krieges. Der von Deutschland gewünschte und geforderte Blitzkrieg gegen Serbien war als eine gezielte Provokation für Rußland berechnet. Nahm Rußland die Herausforderung an, so hoffte man in Berlin, Rußland und Frankreich jetzt noch militärisch besiegen zu können. Sollte aber Rußland – wider Erwarten – ein drittes Mal, wie 1910 und 1912/13 zurückweichen und Serbien fallenlassen, so hätte Deutschland „doch noch" die Sprengung der Entente erreicht, und der Weg zum Balkan und zum Osmanischen Reich wäre frei geworden.
[...] [Der] Krieg gegen Rußland und Frankreich war bereits im Selbstbewußtsein der deutschen Führung Kampf um die Hegemonialstellung. Die ganze deutsche Vorkriegskonzeption vom Krieg [...] läßt kein anderes Verständnis des im August 1914 begonnenen Krieges zu, als daß durch die Ausschaltung Frankreichs und Rußlands als selbständige Machtfaktoren Deutschland darauf zielte, die Hege-

monie in Europa zu erwerben, um so für „erdenkliche Zeit“ Deutschlands Machtstellung abzusichern.

Fritz Fischer, Weltmacht oder Niedergang. Deutschland im Ersten Weltkrieg, Hamburger Studien zur neueren Geschichte, Bd. 1, Frankfurt 1965, zitiert nach: Wolfgang Schieder (Hg.), Erster Weltkrieg. Ursachen, Entstehung und Kriegsziele, Neue Wissenschaftliche Bibliothek, Band 32, Köln / Berlin 1969, S. 88–90, 96

Es handelt sich bei dem im Juli 1914 von den deutschen Politikern ausgelösten Krieg zweifelsohne nicht um einen Präventivkrieg aus „Furcht und Verzweiflung“, sondern um den Versuch, bevor die gegnerischen Mächte zu sehr erstarkt waren, diese zu unterwerfen und die deutschen politischen Ziele, die sich unter dem Begriff der Hegemonie Deutschlands über Europa subsumieren lassen, durchzusetzen.

Fritz Fischer, Krieg der Illusionen, Düsseldorf, 2. Aufl. 1969, S. 682

a) Bestimmen Sie das Verhältnis zwischen Imperialismus und Erstem Weltkrieg für das Deutsche Reich nach Fritz Fischer.

b) Welche Konsequenzen ergeben sich aus Fischers Analyse für die Kriegsschuldfrage?

120 Egmont Zechlin (1983):

Als die Reichsleitung am 5./6. Juli 1914 mit der sogenannten Blankovollmacht Österreich-Ungarn freie Hand für eine „Aktion“ gegen Serbien gab, wollte sie nicht nur das verbündete Habsburger-Reich stützen und erhalten, sondern einer sich anbahnenden Machtverschiebung im Staatensystem entgegenwirken. Die Sorgen, die sich in diesen Wochen zuspitzten und tieferliegende Ursachen hatten, betrafen:

1. Umwälzungen in Südosteuropa. Nachdem Rußland dort in den achtziger Jahren unter dem ideologischen Banner des Panslawismus eine Kriegsgefahr heraufbeschworen hatte, boten sich ihm mit den Siegen der Balkanstaaten über die europäische Türkei von 1912 Chancen, den Machtkampf mit der Habsburger-Monarchie um die Vorherrschaft in diesem Raum wieder aufzunehmen. [. . .]

2. Aus Nachrichten, die der deutschen Führung insgeheim aus der russischen Botschaft in London zugingen, ergab sich, daß die Tripleentente im Begriff war, sich zu einem fester gefügten Allianzsystem zu entwickeln. Dem sollte eine Marinekonvention zwischen Rußland und England dienen, die analog der französisch-englischen von 1912 auch eine politische Bindung für das Inselreich bedeutete – „ein letztes Glied in der Kette“, kommentierte Bethmann Hollweg am Abend der Blankovollmacht. In London konnte man sich dem Drängen des französischen und des russichen Ententepartners um so weniger entziehen, als Rußland dafür ein Junktim mit einem neuen umfassenden Abkommen über Mittelasien anbot, mit dem es sich zur Zurückhaltung in Persien und damit für die „Sicherheit Indiens“ verbürgte. Damit verdichtete sich nach dem Höhepunkt der imperialistischen Offensive der Jahrhundertwende ein Entwicklungsprozeß, mit dem die Tripleentente durch Abgrenzung ihrer Interessensphären in der Kolonial- und Weltpolitik Kräfte freibekam, um sich wieder mehr den Konflikten und Krisen in Europa zuzuwenden. Wollte man sich hier der Dynamik des aufsteigenden Deutschen Reiches erwehren, so geriet Deutschland in Gefahr, einem konzentrischen Druck ausgesetzt zu werden, wie er Bismarck als „cauchemar des coalitions“[1] bis in die Tage seines Todes beunruhigt hatte. Zumindest drohte seine Bewegungs- und Handlungsfreiheit als Großmacht und in der Weltpolitik eingeschränkt zu werden.

3. mußte der deutsche Generalstab und damit die Reichsleitung in Zukunft mit einer militärischen Unterlegenheit rechnen. Während über der k. u. k. Armee das Damoklesschwert einer Zersetzung durch die Nationalitätenbewegungen schwebte, verfügte Rußland etwa 1916 mit dem Abschluß einer großen Heeresreform und des strategischen Eisenbahnnetzes in Polen über ein Massenheer jener russischen „Dampfwalze“, die imstande zu sein schien, auf Berlin zuzurollen, wenn die deutsche Hauptmacht im Feldzug in Frankreich engagiert war. [. . .]

Der schwerwiegende Wandel in der Lagebeurteilung in den Wochen und Monaten vor dem Attentat von Sarajevo veranlaßte die deutsche Führung, den lokalen österreichisch-serbischen Konflikt zur präventiven Abwehr der zunehmend gefährlicher erscheinenden außenpolitischen Bedrohung zu benutzen. Dieser primär und der Intention nach defensiven Aufgabe der Sicherung und Stärkung der internationalen Position des Reiches und seiner Bewegungsfreiheit in der Weltpolitik galt die deutsche Politik im Juli 1914. Dagegen lassen sich keinerlei Zeugnisse aus der Vorkriegsgeschichte oder gar der Julikrise für die These erbringen, daß die deutsche Regierung [...] zielstrebig in Übereinstimmung mit den „imperialistischen Eroberungszielen der nationalen Führungsschicht" einen Expansionskrieg mit Eroberungen in Ost und West geplant habe, um die Hegemonie in Europa und damit die Basis für eine – über den Anspruch auf „Weltgeltung" hinausgehende – Weltmachtspolitik zu gewinnen. Hier wird vielmehr die Planung für einen Kriegsfall mit der Absicht identifiziert, den Krieg herbeizuführen, und es werden der Regierungspolitik Tagträume politischer, gesellschaftlicher und wirtschaftlicher Gruppen von einem „größeren Deutschland" und „Kriegsziele" unterstellt, die sich erst als Produkt der Kriegssituation ergaben und schließlich zu einem gegenseitigen Hegemonialstreben ausgewachsen haben.

Egmont Zechlin, Juli 1914. Antwort auf eine Streitschrift, Geschichte in Wissenschaft und Unterricht, Jg. 34, 1983, S. 238f.

[1] Wörtlich: Alptraum der Koalitionen

a) Kennzeichnen Sie den Stellenwert politischer und militärischer Faktoren in der deutschen Politik des Jahres 1914.
b) Erläutern Sie die Bedeutung von Zechlins Überlegungen für die von Fritz Fischer in Gang gesetzte Debatte über die Kriegsschuldfrage.
c) Wie sind die Ausführungen Zechlins hinsichtlich einer Bewertung der deutschen Politik zu interpretieren?

121 Imanuel Geiss (1965):

Daß Deutschland aber der Angreifer war, läßt sich heute kaum noch bestreiten, denn die deutsche Politik des kalkulierten Risikos und der gezielten Provokation gegen Rußland in Gestalt des von Österreich gegen Serbien exekutierten lokalen Blitzkriegs trieb Rußland, Frankreich und England in eine Position hinein, in der sie nicht anders handeln konnten, wollten sie nicht vor dem massiven deutschen Machtanspruch zurückweichen und als Großmächte abdanken. [...]

Die Motive für die deutsche Reichspolitik lassen sich in der kritischen Distanz aus einem halben Jahrhundert sehr wohl verstehen: Der Mord von Sarajewo schien die Chance zu bieten, den langersehnten Durchbruch zur deutschen Weltmachtstellung zu erzwingen, sei es durch Androhung des Kriegs, sei es durch den Krieg selbst. Wichtiger aber waren vielleicht noch die ideologischen Motive, die zu universalhistorischen Perspektiven führen: Das Deutsche Reich fühlte sich als Vorkämpfer des konservativen, monarchischen Prinzips, als Fels in der steigenden Flut der Demokratie. Ähnlich wie Österreich-Ungarn lehnte es das nationale Selbstbestimmungsrecht der Völker als mit der eigenen Reichsidee unvereinbar ab. Daher erkannte die führende Schicht des Reichs deutlich, daß die nationalrevolutionäre und nationaldemokratische Bewegung der Südslawen Teil der demokratischen Kräfte war, daß selbst ihr friedlicher Sieg der Auflösung der konservativen, dynastischen Donaumonarchie gleichgekommen wäre. Das Deutsche Reich hätte somit seinen letzten Verbündeten verloren, ohne den es niemals hoffen konnte, den Status als Weltmacht zu erreichen. Zugleich wäre die Grundlage des antidemokratischen Reichs durch den Sieg der Nationalitäten auf dem Balkan, später im Reich selbst (Polen, Dänen, Wallonen, Franzosen), unhaltbar geworden. Die gesamte gesellschaftliche Basis des Reichs wäre durch die drohende Demokratisierung ins Wanken geraten, erst recht, nachdem 1912 die SPD zur stärksten Partei des Reichstags geworden war. Die demokratische Flut stieg also von außen und innen an und die rasche Niederwerfung Serbiens, die Demütigung oder militärische Niederlage Rußlands und Frankreichs schienen, zusammen mit der damit erreichten Hegemonialstellung in Europa, auch die konservativen Grundlagen des Deutschen Reichs und seiner feudal-bürgerlichen Gesellschaft noch einmal sicherzustellen. Die Angst vor der Demokratie war letzten Endes die große Angst, [...] die das Reich und seine Führer 1914 in den großen Krieg trieb, mit dem sie – ungewollt – der Demokratie und der Revolution erst recht neuen Auftrieb gaben. In der so oft geforderten universalhistorischen Sicht läßt sich auch das Paradoxon zwischen subjektiv defensivem Selbstverständnis des deutschen Reichspatriotismus seit 1914 und seinem objektiv offensiven Ausgreifen mit und im Krieg auflösen: Der primäre, gleichsam lebenserhaltende Impuls der deutschen Reichspolitik war defensiv, galt der Verteidigung der eigenen konservativen Staats- und Gesellschaftsordnung in einer sich revolutionierenden Epoche. Das Mittel, das Berlin wählte, war offensiv, das einkalkulierte Kriegsrisiko, die Bereitschaft, es diesmal – im Unterschied zu 1911 – bis zum großen Krieg durchzuhalten, diesmal nicht zu bluffen.

Imanuel Geiss, Juli 1914. Die europäische Krise und der Ausbruch des Ersten Weltkriegs, München, 2. Aufl. 1980, S. 376–378

a) Charakterisieren Sie die Einschätzung der Rolle Deutschlands beim Ausbruch des Ersten Weltkriegs durch Imanuel Geiss.
b) Vergleichen Sie seine Argumentation mit der Fritz Fischers und arbeiten Sie Gemeinsamkeiten und Unterschiede heraus.

1. *Diskutieren Sie den Zusammenhang von innen- und außenpolitischen Faktoren in Deutschland zu Beginn des Jahrhunderts.*
2. *Stellen Sie die Argumente für den aggressiven und den defensiven Charakter der deutschen Außenpolitik vor dem Ersten Weltkrieg zusammen und beziehen Sie Stellung.*
3. *Erörtern Sie die politische Bedeutung der Diskussion um die Kriegsschuldfrage nach dem Ersten Weltkrieg und nach dem Zweiten Weltkrieg in der Bundesrepublik.*
4. *Welche Rolle spielen die Tagebuchaufzeichnungen Riezlers (▷ M 109) für die Beurteilung der Kriegsschuldfrage?*
5. *Formulieren Sie vor dem Hintergrund der oben angeführten unterschiedlichen Positionen eigene Thesen über den Ausbruch des Ersten Weltkriegs; beziehen Sie dabei auch die Politik der anderen europäischen Mächte mit ein.*

6. Eigenart, Triebkräfte und Dauer des Imperialismus – eine Bilanz

Schon sehr früh haben Historiker, Soziologen, Ökonomen und Parteipolitiker sich darum bemüht, das Phänomen des Imperialismus theoretisch zu erfassen. Dabei waren sie von unterschiedlichen Motiven geleitet, je nach der Zielsetzung, die sie bei ihrer Analyse verfolgten. Besonders deutlich ist das bei den Theoretikern sozialistischer Provenienz, denen es vor allem darum ging, den Imperialismus als „Sumpfblüte" des trotz der Voraussagen von Marx und Engels immer noch kräftig wachsenden Kapitalismus zu erklären. Ihre theoretischen Schriften sollten gleichzeitig propagandistische und handlungsorientierende Perspektiven für die Mitglieder der von ihnen repräsentierten Parteien liefern. Auch die Analysen bürgerlicher Wissenschaftler vor dem Ersten Weltkrieg bewegen sich durchaus im Rahmen ihrer Zeit und interpretieren den Imperialismus primär aus den ökonomischen Bedingungen Europas. Nach dem Zweiten Weltkrieg und der allmählichen Dekolonisierung nahm das Gewicht der nun zur Unabhängigkeit gelangten ehemaligen Kolonien allmählich zu, andererseits wurden die strukturellen Schwächen der „Dritten Welt" offenbar, und die Kluft zwischen reichen Industrieländern und armen Nationen in Afrika, Asien und Südamerika wuchs ständig. Diese Entwicklung verlieh der theoretischen Diskussion des Imperialismus neue Impulse. Erstens kam die sogenannte „Peripherie" in den Blick, und man löste sich zusehends von der eurozentrierten Perspektive; zweitens vertraten zahlreiche Forscher die These von der Fortdauer des Imperialismus in neuer Gestalt.

6.1 Imperialismustheorien

122 **Imperialismus und Wirtschaft.** Der englische Nationalökonom und Historiker John A. Hobson war der erste, der sich unter dem Eindruck des Burenkrieges theoretisch mit dem Phänomen des Imperialismus befaßte. 1902 schreibt er in seinem Hauptwerk „Imperialism":

Wenn wir sehen, daß der Imperialismus der letzten drei Jahrzehnte als Wirtschaftspolitik dadurch eindeutig verurteilt ist, daß er unter enormen Kosten einen geringfügigen, unguten, unsicheren Zuwachs an Märkten verschafft und zugleich den gesamten Reichtum der Nation in Gefahr gebracht hat, indem er bei den anderen Nationen ein starkes Ressentiment hervorrief, so mögen wir uns wohl fragen: „Wie kommt es denn, daß die britische Nation sich in ein derartig ungesundes Geschäft einläßt?" Die einzig mögliche Antwort lautet, daß die geschäftlichen Interessen der Nation als Ganzes denen gewisser Sondergruppen untergeordnet sind, die sich die Kontrolle über die Hilfsquellen des Landes verschaffen und sie für ihren privaten Nutzen ausbeuten [...].

Der neue Imperialismus ist für die Nation ein schlechtes Geschäft; er ist aber ein gutes Geschäft für bestimmte Klassen und Gewerbe innerhalb der Nation. Die riesigen Rüstungsausgaben, die kostspieligen Kriege, die schweren Risiken und Störungen für unsere Außenpolitik, die Behinderung politischer und sozialer Reformen in Großbritannien selbst sind von großem Schaden für die Gesamtheit, jedoch sehr nützlich für die gegenwärtigen Geschäftsinteressen gewisser Industrien und Berufszweige [...].

Bei weitem der wichtigste wirtschaftliche Faktor im Imperialismus ist der mit den Investitionen zusammenhängende Einfluß. Der zunehmende Kosmopolitismus des Kapitals ist das bedeutendste neue Phänomen auf ökonomischem Gebiet in der letzten Generation. Jede fortgeschrittene Industrienation zeigt die Tendenz, einen größeren Anteil ihres Kapitals außerhalb ihrer eigenen politischen Grenzen, in fremden Ländern oder in Kolonien anzulegen und aus dieser Quelle ein steigendes Einkommen zu beziehen [...].

Aggressiver Imperialismus, der den Steuerzahler so teuer zu stehen kommt, der für den Fabrikanten und den Händler von so geringem Wert ist, der den Staatsbürger einer so schweren, unberechenbaren

Gefahr aussetzt, ist eine Quelle fetten Gewinns für den Investierenden, welcher daheim für seine Gelder die von ihm erstrebte profitable Verwendung nicht finden kann und darauf besteht, daß seine Regierung ihm zu einträglichen und gesicherten Kapitaleinlagen im Ausland verhelfe.

Wenn wir angesichts der riesigen Ausgaben für Rüstungen, der ruinösen Kriege, der diplomatischen Waghalsigkeit oder Schurkerei, mit der neuzeitliche Regierungen ihre territoriale Macht zu erweitern suchen, die simple, praktische Frage stellen: „Cui bono?“, dann ist die erste und offensichtlichste Antwort: dem Kapitalanleger [...].

Jede Verbesserung von Produktionsmethoden, jede Konzentration von Besitz und Kontrolle scheint die Tendenz zu verstärken. In dem Maße, wie eine Nation nach der anderen zur maschinellen Produktion übergeht und neuzeitliche Produktionsmethoden einführt, wird es für ihre Fabrikanten, Kaufleute und Bankiers schwieriger, ihre materiellen Hilfsquellen mit Gewinn auszubeuten. So geraten sie mehr und mehr in Versuchung, sich ihrer Regierung zu bedienen, damit sie ihnen durch Annektierung oder Protektoratsverfahren irgendein fernes, unerschlossenes Land für den eigenen Gebrauch zur Verfügung stellt.

Dieser Prozeß, sagt man uns wohl, ist unvermeidlich, und bei einer oberflächlichen Betrachtung scheint das auch der Fall. Überall erscheinen übergroße Produktionskräfte, übergroße Kapitalien, die nach Investition verlangen. Sämtliche Geschäftsleute geben zu, daß der Zuwachs an Produktionsmitteln in ihrem Lande die Zunahme der Konsumtion übertrifft, daß mehr Güter hervorgebracht als mit Gewinn abgesetzt werden können, daß mehr Kapital vorhanden ist, als lohnend angelegt werden kann.

Diese ökonomische Sachlage bildet die Hauptwurzel des Imperialismus. Doch wenn das konsumierende Publikum in unserem Lande seinen Konsumtionsstandard derartig steigern würde, daß er mit jeder Steigerung der Produktivkräfte Schritt hielte, dann könnte es gar keinen Überschuß an Waren, könnte es gar kein Kapital geben, das laut nach dem Imperialismus ruft, damit er ihm Absatzgebiete verschaffe [...].

Damit kommen wir zu dem Schluß: Imperialismus ist das Bestreben der großen Industriekapitäne, den Kanal für das Abfließen ihres überschüssigen Reichtums dadurch zu verbreitern, daß sie für Waren und Kapitalien, die sie zu Hause nicht absetzen oder anlegen können, Märkte und Anlagemöglichkeiten im Ausland suchen.

John A. Hobson, Imperialism. A Study, dt.: Der Imperialismus, hg. von H.-Chr. Schröder, Köln und Berlin 1968, S. 61, 71, 73f., 92, 95f.; zitiert nach Peter Alter, Der Imperialismus, Stuttgart 1989, S. 86–88

a) Erläutern Sie die Hauptaussagen der ökonomischen Imperialismustheorie.

b) Überprüfen Sie die ökonomische Imperialismustheorie anhand der Daten und Informationen in Kapitel 3.

c) Erörtern Sie Tragweite und Grenzen dieser Theorie und ziehen Sie dabei auch den zeitgeschichtlichen Hintergrund ihrer Entstehung in Betracht.

123 **Imperialismus und Kapitalismus.** Rosa Luxemburg (▷ S. 130) schreibt in ihrem Buch „Die Akkumulation des Kapitals“ aus dem Jahre 1913:

Die kapitalistische Produktion ist von Anbeginn in ihren Bewegungsformen und -gesetzen auf die gesamte Erde als Schatzkammer der Produktivkräfte berechnet. In seinem Drange nach Aneignung der Produktivkräfte zu Zwecken der Ausbeutung durchstöbert das Kapital die ganze Welt, verschafft sich Produktionsmittel aus allen Winkeln der Erde, errafft oder erwirbt sie von allen Kulturstufen und Gesellschaftsformen. Die Frage nach den sachlichen Elementen der Kapitalakkumulation [...] verwandelt sich [...] in eine ganz andere Frage: zur produktiven Verwendung des realisierten Mehrwerts ist erforderlich, daß das Kapital fortschreitend immer mehr den gesamten Erdball zur Verfügung hat, um in seinen Produktionsmitteln quantitativ und qualitativ unumschränkte Auswahl zu haben [...].

Das Kapital braucht zur Nutzbarmachung von Erdstrichen, in denen die weiße Rasse arbeitsunfähig ist, andere Rassen, es braucht überhaupt die unumschränkte Verfügungsmöglichkeit über alle Arbeitskräfte des Erdrunds, um mit ihnen alle Produktivkräfte der Erde – soweit dies in den Schranken der Mehrwertproduktion möglich – mobil zu machen. Diese Arbeitskräfte findet es aber meist in festen Banden überkommener vorkapitalistischer Produktionsverhältnisse, aus denen sie erst „befreit“ werden müssen, um in die tätige Armee des Kapitals enrolliert zu werden. Der Prozeß der Ausscheidung von Arbeitskräften aus primitiven sozialen Verhältnissen und ihr Aufsaugen durch das kapitalistische Lohnsystem ist eine der unumgänglichen historischen Gesetze des Kapitalismus [. . .].

Wir sehen [. . .], daß der Kapitalismus auch in seiner vollen Reife in jeder Beziehung auf die gleichzeitige Existenz nichtkapitalistischer Schichten und Gesellschaften angewiesen ist. Dieses Verhältnis erschöpft sich nicht durch die nackte Frage des Absatzmarktes für das „überschüssige Produkt" [. . .]. Das Kapital kann ohne die Produktionsmittel und die Arbeitskräfte des gesamten Erdballes nicht auskommen, zur ungehinderten Entfaltung seiner Akkumulationsbewegung braucht es die Naturschätze und die Arbeitskräfte aller Erdstriche. Da diese sich tatsächlich in überwiegender Mehrzahl in den Banden vorkapitalistischer Produktionsformen befinden – dies das geschichtliche Milieu der Kapitalakkumulation –, so ergibt sich daraus der ungestüme Drang des Kapitals, sich jener Erdstriche und Gesellschaften zu bemächtigen. An sich wäre der kapitalistischen Produktion z. B. auch mit kapitalistisch betriebenen Kautschukplantagen, wie sie z. B. in Indien bereits angelegt sind, gedient. Aber die tatsächliche Vorherrschaft nichtkapitalistischer Gesellschaftsverhältnisse in den Ländern jener Produktionszweige ergibt für das Kapital die Bestrebung, jene Länder und Gesellschaften unter seine Botmäßigkeit zu bringen, wobei die primitiven Verhältnisse allerdings so außerordentlich rasche und gewaltsame Griffe der Akkumulation ermöglichen, wie sie unter rein kapitalistischen Gesellschaftsverhältnissen ganz undenkbar wären.

Rosa Luxemburg, Die Akkumulation des Kapitals. Ein Beitrag zur ökonomischen Erklärung des Kapitalismus, Berlin 1913, S. 329 ff., zitiert nach: Ludwig Helbig, Imperialismus. Das deutsche Beispiel, Frankfurt / Berlin / München, 5. Aufl. 1975, S. 124–126

a) Vergleichen Sie die zentralen Thesen der marxistischen Imperialismustheorie mit der klassischen ökonomischen Variante dieser Theorie und arbeiten Sie Gemeinsamkeiten und Unterschiede heraus.

b) Ordnen Sie die marxistische Imperialismustheorie in die ökonomischen, gesellschaftlichen und historischen Vorstellungen des Marxismus ein.

c) Erörtern Sie den Erklärungswert und die propagandistische Wirkung dieser Theorie.

124 Kolonialismus, Imperialismus und Modernisierung. Der Schweizer Historiker Herbert Lüthy (1961):

Die Kolonisierung der Welt durch Europa ebenso wie all die Teilkolonisierungen, die ihr vorangingen, war weder eine Kette von Verbrechen noch eine Kette von Wohltaten: sie war die qualvolle Geburt der modernen Welt. Keines der ehemaligen Kolonialvölker erinnert sich ihrer mit Dankbarkeit, denn sie war eine Fremdherrschaft; aber keines von ihnen möchte die Uhr zurückstellen, und das ist ihre historische Rechtfertigung. „Kolonialismus" kann abgeschafft, verurteilt und gerächt werden. Aber wenn man versucht, die Kolonisation aus der Geschichte zu streichen, wird man entdecken, daß sie nicht ein Kapitel, sondern das ganze Buch ist: die verworrene und gewaltsame Genesis einer Welt, die zum ersten Mal erfährt, daß sie *eine* Welt ist, deren Gesichtskreis nicht mehr am sichtbaren Horizont endet.

Es war ein Werk, das getan werden mußte, gut oder schlecht, weise oder blind; und wie die meisten menschlichen Dinge wurde es blind und ziemlich schlecht getan von Menschen, die selten wußten, was sie taten; aber keine Vorstellungskraft reicht aus, es auch nur in Gedanken wieder rückgängig zu machen. Die Geschichte der „europäischen Ära" ist nicht einfach europäische Geschichte und auch nicht die Geschichte der europäischen Hegemonien. Sie ist jetzt Teil der Geschichte aller Länder der Welt. Die Vereinigten Staaten so gut wie Brasilien oder Nicaragua, Indien so gut wie Ghana, Nigeria oder der Kongo können nicht einmal ihre eigene Geschichte als nationale Einheiten beschreiben, ohne sie auf einen kolonialen Gründungsakt zurückzuführen. Die beiden großen Ausnahmen – wenn wir Rußland als das betrachten, was es ist, als eine der großen kolonisierenden europäischen Nationen – sind die fernöstlichen Imperien, die nie eine europäische Herrschaft erlebt haben. Das eine, Japan, ist das hervorragende Beispiel einer erfolgreichen Antwort auf die Herausforderung der aggressiven westlichen Zivilisation und einer revolutionären Integration ihrer assimilierbaren Elemente in das System eines stark organisierten Staates. Das andere, China, ist das erschütterndste Beispiel dafür, was mit einem großen Land geschah, das gewaltsam aus seiner Isolierung herausgerissen, aber nicht kolonisiert wurde, dessen alte Ordnung durch den erzwungenen Kontakt mit dem Westen zerbrach, für das aber niemand die Verantwortung übernahm [...] Viele Kapitel dieses gewaltigen historischen Prozesses müssen noch geschrieben werden. Aber meiner Auffassung nach können sie nur angemessen geschrieben werden, wenn man sie als Teil der Entstehungsgeschichte der modernen Menschheit im letzten halben Jahrtausend betrachtet.

Herbert Lüthy, Die Kolonisation und die Einheit der Geschichte, in: Hans-Ulrich Wehler (Hg.), Imperialismus, Köln / Berlin 1970, S. 53 f.

a) Erklären Sie Inhalt und Zielsetzung von Lüthys Position.
b) Charakterisieren und diskutieren Sie kritisch die Kriterien seiner Analyse.
c) Wie beurteilen Sie Lüthys Einschätzung der marxistischen Position?

125 **Imperialismus und soziale Krise.** Schlagen Sie Hans-Ulrich Wehlers Ausführungen dazu auf: M 64, S. 81 f.

a) Arbeiten Sie die besondere Eigenart der Sozialimperialismustheorie im Vergleich zu den anderen Imperialismustheorien heraus.
b) Erörtern Sie die Frage, ob sich die von Wehler am Beispiel Deutschlands entwickelte Theorie auch auf Großbritannien anwenden läßt und ob sie alle Phänomene des Imperialismus erklären kann.
c) Setzen Sie sich mit der These auseinander, die Sozialimperialismustheorie sei eine Modifikation der marxistischen Imperialismustheorie.

126 **Imperialismus als Wechselbeziehung zwischen den Metropolen und der Peripherie.** Der britische Historiker Ronald Robinson (1972):

Man kann den europäischen Imperialismus historisch als eine politische Wechselbeziehung zwischen einer nicht-europäischen und zwei europäischen Komponenten definieren. Aus Europa stammte der wirtschaftliche Antrieb, jüngst kolonisierte Regionen und alte agrarische Reiche als Märkte und Anlagegebiete in die Industriewirtschaft zu integrieren. In Europa hatte auch der „strategische Imperativ" seine Wurzel, diese Gebiete gegen Rivalen im politischen Kampf um die Weltmacht zu sichern. [...] Allerdings ist die Bedeutung dieser beiden Komponenten übertrieben worden. Sie alleine machten das Entstehen imperialistischer Herrschaft noch nicht zwingend. Wenn es so wäre, hätten die territorialen „Raufereien" des späten 19. Jahrhunderts statt in Afrika und Asien eher in Amerika stattgefunden, wo Europa den größten Teil seiner Exportwirtschaft und seiner Bevölkerungsreserven investierte. Ein Land kann mit einem anderen Handel treiben und auch in strategischer Hinsicht an ihm interessiert sein, ohne sich in seine Politik einzumischen. [...] Die wirtschaftliche und strategische Expansion Europas nahm imperialistische Formen an, wenn diese beiden Komponenten sich mit der dritten nichteuropäischen Komponente kreuzten: Kollaboration oder Widerstand in den einheimischen Gesellschaften. Der fehlende Schlüssel einer stärker historisch orientierten Theorie kann vielleicht in diesem dritten Element gefunden werden. [...]
Die Kollaborationstheorie geht davon aus, daß das Funktionieren des Imperialismus in jedem Stadium seiner Entwicklung von der Ausbreitung bis zur Dekolonisation von den einheimischen Kollaborationssystemen abhing; erst durch sie wurden die europäischen und afroasiatischen Komponenten des Imperialismus miteinander verbunden. Ja, seine Wirkung

resultierte mindestens ebenso sehr, oft sogar in noch stärkerem Maße, aus den politischen Gegebenheiten in Afrika und Asien als aus den Folgen europäischer Politik und Wirtschaftsmacht. Zunächst (erstens) hing es vom Vorhandensein oder Nichtvorhandensein einflußreicher einheimischer Kollaborateure und vom Charakter des Gesellschaftsgefüges des betreffenden Landes ab, ob überhaupt ein imperialistischer Zugriff in Afrika oder Asien möglich war oder nicht. Zweitens: der Übergang von der ersten zur nächsten Phase des Imperialismus wurde durch die Notwendigkeit bestimmt, ein zusammenbrechendes Kollaborationssystem wiederherzustellen und zu festigen. Das Scheitern der Kollaboration mit Einheimischen machte in vielen Fällen erst jene weitergehende Form imperialistischer Intervention erforderlich, die zur Übernahme der Herrschaft führte. Drittens: die Auswahl der einheimischen Kollaborateure bestimmt mehr als alles andere die Organisationsform und den Charakter der Kolonialherrschaft; mit anderen Worten: die koloniale Verwaltungs-, Verfassungs-, Land- und Wirtschaftspolitik hing weitgehend von den einheimischen politischen Partnern ab, die auch für ihren Bestand sorgten. Viertens: wenn die Kolonialherren keine einheimischen Kollaborateure mehr vorfanden, entschlossen sie sich entweder freiwillig, die Kolonie zu verlassen, oder sie wurden gezwungen zu gehen. Ihren national eingestellten Gegnern in den neuen Eliten gelang es früher oder später, die einheimischen Träger der Politik vom Kolonialregime zu lösen, bis sie schließlich in die gemeinsame Antikollaborationsfront eintraten. Von nun an bestimmte die Umkehrung von Kollaboration in Nicht-Kooperation weitgehend den Zeitpunkt der Dekolonisation. Fünftens und letztens: da antikoloniale Bewegungen, als Koalitionen gegen die Zusammenarbeit mit der Kolonialmacht, aus dem breiten Spektrum von ehemaligen Kollaborateuren bis hin zu radikalen Vertretern einer Unabhängigkeitspolitik hervorgingen, waren in der ersten Phase der Unabhängigkeit die nationalen afrikanischen und asiatischen Parteien und Regierungen in gewisser Weise immer noch eine Art Spiegelbild der Kollaboration während der imperialistischen Zeit.

Ronald Robinson, Non-European Foundations of European Imperialism: Sketch for a Theory of Collaboration, in: Roger Owen / Bob Sutcliffe (Hg.), Studies in the Theory of Imperialism, London 1972, S. 119f., 138f. (Übers.: A. Brückmann (Absatz 1), Horst Gründer (Absatz 2, nach: ders., Der moderne Imperialismus, Düsseldorf 1980, S. 108f.))

a) Kennzeichnen Sie die Theorie des „peripheren Imperialismus" und erläutern Sie diese an einem Beispiel aus dem britischen Imperialismus.

b) Diskutieren Sie, inwieweit die peripherieorientierte Theorie der Komplexität des Phänomens Imperialismus gerecht wird. Erörtern Sie die Vor- und die Nachteile von Robinsons Theorie.

c) Vergleichen Sie Robinsons Theorie mit der Wehlers hinsichtlich ihrer Voraussetzungen, ihrer Tragweite und der aus ihnen zu ziehenden historischen und politischen Konsequenzen.

127 Drei zeitgenössische Karikaturen über die Bedeutung und Formen von Kolonialismus und Imperialismus bis heute.
Erklären Sie die Karikaturen und vergleichen Sie sie mit den in M 128 gemachten Äußerungen.

6.2 Fortdauer des Imperialismus

128 Neo-Kolonialismus als letztes Stadium des Imperialismus: Kwame Nkrumah. Kwame Nkrumah (1909–1972) war einer der profiliertesten afrikanischen Politiker: 1945 Mitorganisator des 5. Panafrikanischen Kongresses, 1951 erster Ministerpräsident der Goldküste, 1960 Staatspräsident von Ghana, prominenter Vertreter des Panafrikanismus und des afrikanischen Sozialismus. 1966 wurde er durch einen Militärputsch gestürzt. In seinem 1965 erstmals erschienenen Buch „Neo-Colonialism. The Last Stage of Imperialism" schreibt er in der Einleitung:

Der heutige Neo-Kolonialismus stellt den Imperialismus in seinem letzten und vielleicht gefährlichsten Stadium dar. Früher konnte man ein Land, über das man eine Kolonialherrschaft errichtet hatte – Ägypten im 19. Jahrhundert ist ein gutes Beispiel –, in eine Kolonie umwandeln. Das ist heute nicht mehr möglich. Der Kolonialismus alter Prägung ist jedoch noch keinesfalls abgeschafft. Für Afrika stellt er immer noch ein Problem dar, aber er ist überall auf dem Rückzug. Wenn ein Territorium einmal unabhängig geworden ist, ist es nicht mehr – wie im letzten Jahrhundert noch – möglich, diesen Prozeß umzukehren. Auch wenn es noch koloniale Restbestände gibt, so werden doch keine neuen Kolonien mehr geschaffen. Heute benutzt der Imperialismus als Hauptinstrument nicht mehr den Kolonialismus, sondern den Neo-Kolonialismus.

Das Wesen des Neo-Kolonialismus ist, daß der Staat, der ihm ausgeliefert ist, theoretisch unabhängig ist und über alle äußeren Merkmale internationaler Souveränität verfügt. In Wirklichkeit jedoch wird sein Wirtschaftssystem und daher auch seine Politik von außen gelenkt.

Methode und Form dieser Lenkung können verschiedene Gestalt annehmen. Beispielsweise können in einem Extremfall sogar die Truppen der Imperialmacht das Gebiet es neo-kolonialen Staats besetzen und so seine Regierung kontrollieren. Öfter allerdings wird die neo-kolonialistische Kontrolle durch wirtschaftlichen Einfluß und Geld ausgeübt. So kann der neo-koloniale Staat verpflichtet sein, gewerbliche Produkte der imperialistischen Macht und keine anderen Konkurrenzprodukte zu kaufen. Kontrolle über die Regierungspolitik eines neo-kolonialen Staates kann auf folgende Weise sichergestellt werden: durch Zahlungen zur Sicherung des Staatshaushalts, durch das Einsetzen von Beamten in Positionen, von denen aus sie die Politik diktieren können, und durch Überwachung des Geldverkehrs mit dem Ausland durch die Errichtung eines von der Imperialmacht kontrollierten Banksystems. [...]

Das Ergebnis des Neo-Kolonialismus ist, daß fremdes Kapital mehr zur Ausbeutung als zur Entwicklung der unterentwickelten Gebiete der Welt benutzt wird. Neo-kolonialistische Investitionen vergroßern die Kluft zwischen reichen und armen Ländern, statt sie zu verringern. [...]

Neo-Kolonialismus ist auch die schlimmste Form des Imperialismus. Für die, die ihn praktizieren, bedeutet er Macht ohne Verantwortung, und für die, die unter ihm leiden, Ausbeutung ohne Hilfe. Zu Zeiten des alten Kolonialismus mußte die Imperialmacht immerhin zu Hause ihre Aktionen im Ausland erklären und rechtfertigen. In einer Kolonie konnten diejenigen, die der Imperialmacht dienten, wenigstens auf deren Schutz gegen gewaltsame Aktionen ihrer Gegner vertrauen. Im Neo-Kolonialismus ist keins von beidem der Fall. [...]

Neo-Kolonialismus ist wie der Kolonialismus ein Versuch, die sozialen Konflikte der kapitalistischen Länder zu exportieren. Den augenblicklichen Erfolg dieser Politik kann man an der sich ständig vergrößernden Kluft zwischen reichen und armen Ländern der Welt erkennen. Aber wegen der inneren Widersprüche und Konflikte des Neo-Kolonialismus kann dieser als ständiges Prinzip der Weltpolitik mit Sicherheit nicht bestehen bleiben. Das Problem, wie er beendet werden kann, muß vor allem von den entwickelten Nationen der Welt untersucht werden, denn sie werden die volle Stoßkraft seines endlichen Zusammenbruchs zu spüren bekommen. Je länger er bestehen bleibt, desto sicherer wird sein unausweichlicher Kollaps das soziale System zerstören, das sie auf ihm gegründet haben.

Kwame Nkrumah, Neo-Colonialism. The Last Stage of Imperialism, New York 1966, S. IX–XII (Übers.: A. Brückmann)

a) Stellen Sie die Hauptthesen Nkrumahs zusammen und untersuchen Sie ihre weltanschaulichen Hintergründe.
b) Erörtern Sie den von Nkrumah betonten Zusammenhang zwischen Neo-Kolonialismus und Krisen in den kapitalistischen Ländern.
c) Formulieren Sie mögliche Befreiungsmöglichkeiten aus der neokolonialen Abhängigkeit im Sinne Nkrumahs.

129 Der „kleine Bruder" ist erwachsen geworden: Das Ende des Imperialismus.

Der britische Historiker Ronald Robinson (1986):

Die Grundidee ist einfach. Imperialismus spielt sich nach den Regeln der internationalen ökonomischen und politischen Märkte ab, wo die unterschiedlichen Grade von Monopolbildung und Wettbewerb in den Beziehungen sowohl in der ganzen Welt, als auch zwischen den Metropolen und auf lokaler Ebene seine Notwendigkeit und Gewinnträchtigkeit bestimmen. In einer zusammenhängenden Welt, die immense Unterschiede von Reichtum und Macht aufweist, brauchen vergleichsweise schwache Gesellschaften für ihre wirtschaftliche Entwicklung im Inneren und ihren Schutz nach außen die Hilfe eines „großen Bruders", auch wenn sie das nicht wollen. Während des Zeitalters des klassischen Imperialismus konnten die europäischen Mächte das internationale Gleichgewicht in Verbindung mit einer expandierenden Wirtschaft aufrecht erhalten und sicherstellen, daß jeder „kleine Bruder" nur einen „großen Bruder" hatte; und so lange der kleine Bruder kollaborierte, konnte der große Bruder seine inneren Angelegenheiten und seine äußeren Beziehungen übernehmen, wo es profitabel oder notwendig war. Im Weltmaßstab gesehen war der Imperialismus eher eine Randerscheinung der rivalisierenden nationalen Wirtschafts- und Staatssysteme in Europa; aber vom Standpunkt des kleinen Bruders aus gesehen hatte er eine koloniale Staatsbildung in der einen oder anderen Form zur Folge, durch die er schließlich seine die kolonialistischen Strukturen ersetzende nationale Organisation entwickelte und seine Übernahme der kolonialen Staaten vorantrieb.

Das gelang dem kleinen Bruder während der stürmischen Veränderungen des internationalen Gleichgewichts von Reichtum und Macht und – als Endergebnis – hat er nun die Auswahl zwischen verschiedenen großen Brüdern. Gewöhnlich ist er jetzt in einer besseren Position, seine Wahlmöglichkeiten auf den ökonomischen und politischen Märkten der Welt zu nutzen. Diese werden zwar immer noch von sogar noch mächtigeren Expansionssystemen beherrscht, aber der Süden liegt weitaus mehr am Rande der kontinentalen Systeme von Ost und West, als es im Verhältnis zum alten europäischen Weltsystem der Fall war. Große Brüder haben jetzt ein relativ geringeres Bedürfnis, kleine Brüder auszubeuten, als früher. Der Wettstreit zwischen den großen Brüdern bedeutet überdies, daß die Angelegenheiten unabhängiger kleiner Brüder nicht mehr länger den wirkungsvollen nationalen Monopolen zur Verfügung stehen, was den alten Imperialismus gewinnträchtig machte, es sei denn unter nicht akzeptablen Risiken und Kosten.

Diese grundlegenden Veränderungen der Verhandlungsposition schwächerer Gesellschaften im Vergleich mit der kolonialen Ära ziehen bestimmte Schlußfolgerungen nach sich. Erstens: Wenn nationale Politik tatsächlich die Fortsetzung des Imperialismus mit anderen Mitteln ist, dann ist es ein Imperialismus völlig anderer Art. Das Weiterleben des wilden Tiers von früher in einer revolutionierten Umgebung ist unwahrscheinlich. Zweitens: Die rivalisierenden Weltsysteme der nachkolonialen Ära streben eher danach, die politische und ökonomische Unabhängigkeit schwacher Staaten zu festigen, als sie zu untergraben. Wo nämlich ein expandierendes Weltsystem darauf abzielt, ihre Unabhängigkeit zu erschüttern, da bemüht sich in der Regel ein konkurrierendes Weltsystem darum, sie zu stabilisieren. Ein Scheitern bei der Festigung der nationalen Organisation und des wirtschaftlichen Wachstums des kleinen Bruders öffnet den Weg für die andere Seite. Drittens: Man sagt, daß die internationale kapitalistische Wirtschaft einen Imperialismus eigener Art entwickelt hat, und das ist in doppelter Weise wahr: Man liefert Güter und Materialien in der Absicht, einen informellen Imperialismus zu errichten, und man durchsetzt die Organisation des kleinen Bruders mit den Prinzipien und Institutionen eines guten kapitalistischen Managements im Sinne eines „Weltbank-Imperialismus". Dort gibt es jedoch enormen Widerstand, um nicht zu sagen Trägheit. Und sehr wenige Wirtschaftsplaner im Osten oder Westen, wenn überhaupt, hatten auf lange Sicht Erfolg damit, die Politik des kleinen Bruders zu bestimmen oder seine Unabhängigkeit für fremde Zwecke unter Kontrolle zu bringen. Viele kleine Brüder sind längst nicht mehr so klein, und viele große Brüder sind nicht mehr so groß. Daher ist diese Art des informellen Imperialismus, obwohl er noch überlebt, normalerweise sehr teuer, und seine Erträge sind – abgesehen von der Stabilisierung der Unabhängigkeit – höchst problematisch.

Viertens: Noch viel bezeichnender ist, daß diese Art wirtschaftlicher Imperialismus nicht länger als Instrument irgendeiner nationalen Weltstrategie genutzt werden kann. Das bedeutet: Die expandierende Wirtschaft hat sich von der expansiven Machtpolitik rivalisierender Weltsysteme gelöst, während im vergleichsweise monopolartigen europäischen Weltsystem der Kolonialära die Expansionsbestrebungen der nationalen Wirtschaft meist dazu benutzt wurden, die Weltmachtposition der eigenen Nation auszudehnen. Schließlich: Vom Standpunkt des Südens aus gesehen ist völlig eindeutig, daß der Faktor Imperialismus in seinen internationalen Beziehungen so klein geworden ist, daß man ihm im Vergleich zur Kolonialära überhaupt nicht mehr wiedererkennen kann.

Ronald Robinson, The Excentric Idea of Imperialism, in: Wolfgang J. Mommsen / Jürgen Osterhammel (Hg.), Imperialism and After, Continuities and Discontinuities, London 1986, S. 286f. (Übers.: A. Brückmann)

a) Kennzeichnen Sie den Imperialismus-Begriff Robinsons.
b) Charakterisieren Sie das Verhältnis zwischen „großen und kleinen Brüdern" während der Zeit des klassischen Kolonialismus und heute nach Robinson.
c) Zeigen Sie den Zusammenhang zu seiner peripherieorientierten Theorie auf.
d) Konfrontieren Sie Nkrumahs Position mit Robinsons Analyse und nehmen Sie kritisch Stellung.
e) Läßt sich Robinsons These angesichts der weltpolitischen Veränderungen zu Beginn der neunziger Jahre dieses Jahrhunderts noch aufrechterhalten?

1. *Ordnen Sie die verschiedenen Imperialismustheorien in ihren historischen Hintergrund ein und erörtern Sie die mit ihnen möglicherweise verbundenen politischen Absichten.*
2. *Analysieren Sie die Zusammenhänge zwischen einer stärker an der Peripherie orientierten bzw. eurozentrischen Sichtweise des Imperialismus einerseits und der Betonung von Kontinuität bzw. Diskontinuität imperialistischer Herrschaft andererseits.*
3. *Diskutieren Sie das Problem von Rückständigkeit und Unterentwicklung zahlreicher Länder heute als mögliche Folge des Imperialismus mit Hilfe der in den obigen Texten geäußerten Thesen und Urteile.*
4. *Kann man Ihrer Meinung nach heute noch von Imperialismus sprechen? Begründen Sie Ihre Stellungnahme.*

Literatur zur Vertiefung

Allgemeine Literatur: Gesamtdarstellungen, Monographien und Aufsatzsammlungen

Albertini, Rudolf von (Hrsg.): Moderne Kolonialgeschichte, Neue Wissenschaftliche Bibliothek 39, Köln/Berlin 1970

Beck, Thomas/Menninger, Annerose/Schleich, Thomas (Hrsg.): Kolumbus' Erben. Europäische Expansion und überseeische Ethnien im Ersten Kolonialzeitalter, 1415–1815, Darmstadt 1992

Fieldhouse, David K.: Die Kolonialreiche seit dem 18. Jahrhundert, Fischer Weltgeschichte, Bd. 29, Frankfurt 1987

Gründer, Horst: Welteroberung und Christentum. Ein Handbuch zur Geschichte der Neuzeit, Gütersloh 1992

Hammer, Karl: Weltmission und Kolonialismus. Sendungsideen des 19. Jahrhunderts im Konflikt, München 1978

Mommsen, Wolfgang J.: Das Zeitalter des Imperialismus. Fischer Weltgeschichte, Bd. 28, Frankfurt 1969

Mommsen, Wolfgang J. (Hrsg.): Der moderne Imperialismus, Stuttgart/Berlin/Köln/Mainz 1971

Mommsen, Wolfgang J.: Der europäische Imperialismus, Aufsätze und Abhandlungen, Göttingen 1979

Mommsen, Wolfgang J.: Imperialismustheorien, Göttingen, 3. Aufl. 1987

Reinhard, Wolfgang: Geschichte der europäischen Expansion, Band 1, Die Alte Welt bis 1818; Band 2, Die Neue Welt; Band 3, Die Alte Welt seit 1818; Band 4, Dritte Welt Afrika, Stuttgart/Berlin/Köln/Mainz, 1983, 1985, 1988, 1990

Reinhard, Wolfgang (Hrsg.): Imperialistische Kontinuität und nationale Ungeduld im 19. Jahrhundert, Frankfurt 1991

Schieder, Theodor: Staatensystem als Vormacht der Welt 1848–1918, Propyläen Geschichte Europas, Band 5, Frankfurt/Berlin/Wien 1977

Schmidt, Gustav: Der europäische Imperialismus, München/Wien 1989

Schöllgen, Gregor: Das Zeitalter des Imperialismus, Grundriß der Geschichte, Band 15, München, 2. Aufl. 1990

Wehler, Hans-Ulrich (Hrsg.): Imperialismus, Neue Wissenschaftliche Bibliothek 37, Köln/Berlin 1970

Altamerikanische Kulturen, „Entdeckung" Amerikas und spanischer Kolonialismus

Bitterli, Urs: Die Entdeckung Amerikas. Von Kolumbus bis Alexander von Humboldt, München 1991

Davies, Nigel: Die Azteken. Meister der Staatskunst – Schöpfer hoher Kultur, Reinbek 1989

Galeano, Eduardo: Die offenen Adern Lateinamerikas. Die Geschichte eines Kontinents von der Entdeckung bis zur Gegenwart, Wuppertal, 7. Aufl. 1980

Johnson, William Weber: Cortez. Die Eroberung und Zerstörung des Aztekenreichs, Wiesbaden 1979

Konetzke, Richard: Überseeische Entdeckungen und Eroberungen, in: Propyläen Weltgeschichte, hg. von Golo Mann und August Nitschke, Bd. 6, Berlin/Frankfurt am Main 1986, S. 535 ff.

Konetzke, Richard: Süd- und Mittelamerika I. Die Indianerkulturen Altamerikas und die spanisch-portugiesische Kolonialherrschaft, Fischer Weltgeschichte, Bd. 22, Frankfurt 1965

Pleticha, Heinrich (Hrsg.): Kolumbus. Person, Zeit, Nachwelt, Gütersloh 1977

Prem, Hanns J.: Geschichte Altamerikas, Oldenbourg Grundriß der Geschichte, Band 23, München 1989

Westphal, Wilfried: Der Adler auf dem Kaktus. Eine Geschichte der Azteken von den Anfängen bis zur Gegenwart, Braunschweig 1990

Handelskompanien und britischer Imperialismus

Braudel, Fernand: Sozialgeschichte des 15.–18. Jahrhunderts. Aufbruch zur Weltwirtschaft, München 1986
Embree, Ainslee T./Wilhelm, Friedrich: Indien, Geschichte des Subkontinents von der Induskultur bis zum Beginn der englischen Herrschaft, Fischer Weltgeschichte, Bd. 17, Frankfurt 1967
Fisch, Jörg: Geschichte Südafrikas, München 1991
Rothermund, Dietmar: Europa und Asien im Zeitalter des Merkantilismus, Erträge der Forschung Bd. 80, Darmstadt 1978
Westphal, Wilfried: Herrscher zwischen Indus und Ganges. Das britische Kolonialreich in Indien, München 1980

Deutscher Imperialismus

Baumgart, Winfried: Deutschland im Zeitalter des Imperialismus 1890–1914. Grundkräfte, Thesen und Strukturen, Stuttgart / Berlin / Köln / Mainz, 4. Aufl. 1982
Gründer, Horst: Geschichte der deutschen Kolonien, Paderborn, 2. Aufl. 1991
Hildebrand, Klaus: Deutsche Außenpolitik 1871–1918, Enzyklopädie deutscher Geschichte, Band 2, München 1989
Steltzer, Hans Georg: Die Deutschen und ihr Kolonialreich, Frankfurt 1984
Wehler, Hans-Ulrich: Das Deutsche Kaiserreich 1871–1918, Deutsche Geschichte, hg. von Joachim Leuschner, Band 9, Göttingen 1973
Westphal, Wilfried: Geschichte der deutschen Kolonien, Berlin 1987

Russischer Imperialismus

Geyer, Dietrich: Der russische Imperialismus. Studien über den Zusammenhang von innerer und auswärtiger Politik 1860–1914, Kritische Studien zur Geschichtswissenschaft, Bd. 27, Göttingen 1977
Hoetzsch, Otto: Rußland in Asien. Geschichte einer Expansion, Stuttgart 1966
Stökl, Günther: Russische Geschichte, Stuttgart, 4. Aufl. 1983

China

Bauer, Wolfgang (Hrsg.): China und die Fremden. 3000 Jahre Auseinandersetzung in Krieg und Frieden, München 1980
Fairbank, John K.: Geschichte des modernen China 1800–1985, München 1989
Franke, Herbert/Trauzettel, Rolf: Das chinesische Kaiserreich, Fischer Weltgeschichte, Bd. 19, Frankfurt 1968

Namibia

Drechsler, Horst: Aufstände in Südwestafrika. Der Kampf der Herero und Nama 1904–1907 gegen die deutsche Kolonialherrschaft, Berlin 1984
Helbig, Helga und Ludwig: Mythos Deutsch-Südwest. Namibia und die Deutschen, Weinheim / Basel 1983
Melber, Henning (Hrsg.): In Treue fest, Südwest! Eine ideologiekritische Dokumentation von der Eroberung Namibias über die deutsche Fremdherrschaft bis zur Kolonialapologie der Gegenwart, edition südliches afrika 19, Bonn 1984
Patemann, Helgard: Lernbuch Namibia. Ein Lese- und Arbeitsbuch, Wuppertal 1984

Der Erste Weltkrieg und seine Vorgeschichte

Berghahn, Volker R.: Rüstung und Machtpolitik. Zur Anatomie des „Kalten Krieges" vor 1914, Mannheimer Schriften zur Politik und Zeitgeschichte 5, Düsseldorf 1973
Geiss, Imanuel: Der lange Weg in die Katastrophe, München /Zürich, 2. Aufl. 1991
Hardach, Gerd: Der Erste Weltkrieg, Geschichte der Weltwirtschaft im 20. Jahrhundert, Band 2, München 1973
Hillgruber, Andreas: Deutschlands Rolle in der Vorgeschichte der beiden Weltkriege, Göttingen, 3. Aufl. 1986
Hürten, Heinz: Die Epoche der Nationalstaaten und der Erste Weltkrieg, Studienbuch Geschichte, Darstellung und Quellen, Heft 9, Stuttgart 1981

Mai, Gunther: Das Ende des Kaiserreichs. Politik und Kriegführung im Ersten Weltkrieg, Deutsche Geschichte der neuesten Zeit, München 1987
Schieder, Wolfgang (Hrsg.): Erster Weltkrieg. Ursachen, Entstehung und Kriegsziele, Neue Wissenschaftliche Bibliothek, Band 32, Köln / Berlin 1969
Schöllgen, Gregor (Hrsg.): Flucht in den Krieg? Die Außenpolitik des kaiserlichen Deutschland, Darmstadt 1991

Kritik am Imperialismus

Geiss, Imanuel: Panafrikanismus. Zur Geschichte der Dekolonisation, Frankfurt 1968
Holl, Karl: Pazifismus in Deutschland, Frankfurt 1988
Riesenberger, Dieter: Geschichte der Friedensbewegung in Deutschland. Von den Anfängen bis 1933, Göttingen 1985

Register

Kursiv gesetzte Seitenzahlen verweisen auf Abbildungen, **halbfett** gesetzte Seitenzahlen auf Grundbegriffe, (K) verweist auf Karten.

Personenregister

Sachregister

Bildnachweis

Umschlag, BPK, Berlin; S. 11, BPK, Berlin; S. 15, Bavaria, Photo Hädeler, Gauting; S. 19, Bibliothèque Nationale, Photo C. Burland, Paris; S. 22, Rijksprentenkabinet, Rijksmuseum, Amsterdam; S. 27, Kupferstichkabinett der Kunstsammlungen der Veste Coburg (Inv.-Nr. X, 387, 2, K 654 III); S. 30, Museo de América, Photo Mas, Madrid; S. 40, Victoria & Albert Museum, Photo A. C. Cooper, London; S. 41, Rijksmuseum, Amsterdam; S. 49, Praxis Geschichte, 1/93, Westermann, Braunschweig; S. 57, Punch, 10. 12. 1892; S. 59, Propyläen Geschichte Europas, Bd. 5, hrsg. v. Th. Schieder, Berlin 1977; S. 61, Kladderadatsch 1878; S. 67, Hans Dollinger, „Lachen streng verboten!" Die Geschichte der Deutschen im Spiegel der Karikatur, Südwest Verlag, München 1972; S. 68, Mary Evans Picture Library, London; S. 71, BPK, Berlin; S. 72, The Maji Shrine Memorial Picture Galery, Tokio; S. 77, Karikatur von Johann Braakensieck, Weekblad voor Neederland, Amsterdam 1838; S. 79 und 87, BPK, Berlin; S. 95 und 97, Propyläen Weltgeschichte, Bd. 9, hrsg. v. Walter Goetz, Berlin 1933; S. 98, Wolfgang Bauer (Hrsg.), China und die Fremden, C. H. Beck'sche Verlagsbuchhandlung, München 1980; S. 102, Propyläen Weltgeschichte, Bd. 9, hrsg. v. Walter Goetz, Berlin 1933; S. 106, Praxis Geschichte 1/93, Westermann, Braunschweig; S. 108, Heinrich Pleticha (Hrsg.), Deutsche Geschichte, Bd. 10, Bertelsmann Verlag, Gütersloh 1987; S. 111, Hanns Michael Schindler, Hechendorf/Seefeld; S. 120, Simplicissimus, Jg. 16, Nr. 48, 1912; S. 121, Simplicissimus, Jg. 16, Nr. 18, 1911; S. 122, Simplicissimus, Jg. 13, Nr. 32, 1908; S. 130, Graphische Sammlung, Staatsgalerie Stuttgart; S. 137, Simplicissimus, Jg. 19, Nr. 51, o. J. (Prien Privatbesitz); S. 140, 149 und 152, Wilhelm Stöckle, Filderstadt; S. 162 li., Geschichte lernen, H. 25/1992, Friedrich Verlag, Seelze; S. 162 Mi., Nordelbische Arbeitsgemeinschaft der Referenten für kirchliche Entwicklungshilfe, Hamburg; S. 162 re., Geschichte lernen, H. 17/1990, Friedrich Verlag, Seelze; Farbtafel 1, 2 und 3, BPK, Berlin; Farbtafel 4, Wilhelm Stöckle, Filderstadt